DICTIONNAIRE PRATIQUE

DE

DROIT COMPARÉ

PREMIÈRE PARTIE

LÉGISLATIONS EUROPÉENNES

PAR

Hector Lambrechts,

DOCTEUR EN DROIT, ATTACHÉ AU MINISTÈRE DE L'INDUSTRIE ET DU TRAVAIL DE BELGIQUE

avec le concours de MM.

Dimitri Alexandresco, Ancien Secrétaire Général au Ministère de la Justice, professeur à la Faculté de droit de Jassy (Roumanie).

Arsène Laurent, docteur en droit, professeur à la Faculté catholique de Paris (France).

Chevalier **O. Q. van Swinderen,** docteur en droit et juge au tribunal de 1re Instance à Groningue (Pays-Bas).

Hector de Rolland, docteur en droit, avocat général près le tribunal Supérieur de Monaco (Principauté).

(*Voir suite au verso.*)

PARIS

CHEVALIER-MARESCQ & Cie, ÉDITEURS

RUE SOUFFLOT, 20

BRUXELLES
Ve Ferd. LARCIER, Éditeur
RUE DES MINIMES

LA HAYE
BELINFANTE FRÈRES, Éditeurs
WAGENSTRAAT

Edoardo Cabella, avocat à Gênes (Italie).

Dr **Arthur Freund,** avocat près la Cour d'appel à Vienne (Autriche).

Auguste Liger, avocat à Luxembourg (Grand Duché).

John Mac Mahon, avocat à Londres.

E. Richter, Justizrath Coblenz, (Pr. Rhénane).

Dr **H. Koch,** Regierungs Assessor à Burgdorf (Hanovre).

E. R. Salem, avocat à Salonique (Turquie).

Mario Pinheiro Chagao, avocat à Lisbonne (Portugal).

Etienne de Sobilewski, avocat à Varsovie (Pologne Russe).

A. Hindenburg, avocat près la Cour Suprême à Copenhague (Danemark).

S. Daneff, docteur en droit, à Sofia (Bulgarie).

V. Velicovics, Secrétaire Général au Ministère des Finances, à Belgrade (Serbie).

Georges Callispérès, professeur à l'université, à Athènes (Grèce).

Louvain — Typ. J.-B. Istas.

BELGIQUE

§ 1. Naissance.

1. — Le moment de la naissance fixe la nationalité. — Celle-ci dépend du père, pour les enfants légitimes, ainsi que pour les enfants naturels reconnus par leur père et par leur mère à la fois. (Cassation 17 févr. 1873. Appel, Gand 27 sept. 1861.)

Le fait de la naissance sur le territoire ne confère pas la nationalité belge, hormis le cas où les parents sont légalement inconnus (Loi 15 août 1881); mais il confère le droit d'acquérir cette nationalité par une simple déclaration faite pendant l'année qui suit l'époque de la majorité. (C. civ. art. 6.)

L'enfant légitime de père belge, ou naturel reconnu par son père belge, bien que né à l'étranger est belge; même décision pour l'enfant naturel reconnu par sa mère seulement. — L'enfant naturel, né à l'étranger non valablement reconnu, est étranger.

2. — Toute naissance sur sol belge, d'un belge ou d'un étranger peu importe, doit être déclarée endéans les 3 jours à l'officier de l'état civil du lieu, sous peine d'emprisonnement de 8 jours à 3 mois et d'amende de 26 à 300 francs. (C. civ. 55. — Cod. pén. 361.)

Cette obligation est imposée dans l'ordre suivant : 1° au père, 2° à son défaut, aux docteurs en médecine et aux autres personnes ayant assisté à l'accouchement; en outre, si la mère accouche hors de son domicile, à la personne chez qui elle est accouchée. (C. civ. 56.)

Les naissances survenues en mer sont constatées dans un acte dressé par les officiers du bord et transcrit à la suite du rôle; des mesures spéciales sont indiquées dans les articles 59, 60, 61 du Code civil, pour assurer la conservation de ces pièces.

Le Belge à l'étranger est tenu de certaines obligations particulières en vertu des lois belges (Loi 20 mai 1882), sans être soustrait aux obligations imposées par les lois d'ordre public locales. En principe le choix admis par les art. 47 et 48 C. civ. subsiste.

La communication de tous les actes de l'état civil intéressant les nationaux respectifs est assurée entre la Belgique et la France, l'Italie, Monaco, Luxembourg, la Roumanie, la Suisse.

3. — C'est à la suite de pareille déclaration que se rédige l'acte de naissance, qui fera preuve authentique de la filiation des enfants légitimes, et aussi des noms et prénoms à porter par l'enfant.

Il ne pourra les changer qu'avec l'autorisation Royale ; l'emploi d'un autre nom même sans fraude ou dessein de tromper, est puni d'un emprisonnement de 8 jours à 3 mois. (C. civil 319. Pénal 231, 232.)

A défaut de ce titre la possession constante de l'état d'enfant légitime suffit (C. civ. 320). Cette possession d'état est définie par les art. 321, 322 C. civ. — A défaut de titre et de possession constante, ou si l'enfant a été inscrit soit sous de faux noms, soit comme né de père et mère inconnus, la preuve de la filiation légitime peut se faire par témoins. Néanmoins cette preuve ne peut être admise que lorsqu'il y a commencement de preuve par écrit, ou lorsque les présomptions ou indices résultant de faits dès lors constants, sont assez graves pour déterminer l admission. (C. civ. 323.)

4. — La naissance fixe la qualité civile d'enfant légitime, naturel, adultérin ou incestueux sans qu'il soit possible de la modifier ; toute erreur ne peut être rectifiée qu'en vertu d'un jugement. (C. civ. 326, 99, 100, 101.)

Est légitime l'enfant conçu pendant le mariage ; néanmoins il en sera de même de celui né après le 180° jour à dater de la célébration du mariage.

L'enfant légitime a pour père le mari de sa mère ; celui-ci ne pourra désavouer l'enfant, que s'il prouve que pendant le temps qui a couru depuis le 300° jusqu'au 180° jour avant la naissance, il était soit par cause d'éloignement, soit par l'effet de quelque accident, dans l'impossibilité physique de cohabiter avec sa femme ; mais cette preuve est très difficile dans la pratique et selon la jurisprudence. Il aura aussi l'action en désaveu si la mère, condamnée pour adultère, lui a caché la naissance de cet enfant, ou si l'enfant naît avant le 180e jour du mariage.

Toutefois dans ce dernier cas, le mari ne pourra désavouer 1° S'il a eu connaissance de la grossesse avant le mariage ; 2° S'il a assisté à l'acte de naissance et si cet acte est signé de lui ou contient la mention qu'il ne sait signer ; 3° Si l'enfant n'est pas né viable. (C. civ. 312, 313, 314.)

Dans tous les cas le mari est déchu de l'action en désaveu s'il ne l'intente pas en déans le mois de la naissance, lorsqu'il est présent ; ou en déans les 2 mois de son retour, ou de la découverte de la fraude de naissance cachée. (C. civ. 316.)

Pareils enfants, tant que leur légitimité n'est pas infirmée par jugement, ont l'état d'enfant légitime.

5. — L'enfant né hors mariage, de père et de mère non parents au degré prohibé, et non engagés dans un autre mariage valable, a qualité d'enfant naturel.

Il peut être légitimé par le mariage subséquent de son père avec sa mère, si ceux-ci le reconnaissent par devant notaire ou devant l'officier de l'état civil, tous deux avant la célébration du mariage ou s'ils le reconnaissent au moment de la célébration du mariage dans l'acte même. Il est alors exactement dans la situation de l'enfant légitime. (C. civ. 331, 333.) Il peut être reconnu par son père ou par sa mère séparément, soit dans l'acte de naissance, soit par acte notarié. Cette reconnaissance peut être contestée par tous ceux qui y ont intérêt, donc aussi par l'enfant. (C. civ. 339.)

L'enfant pourra lui même faire reconnaitre sa filiation maternelle par les tribunaux ; mais la preuve ne pourra se faire par témoins que s'il y a déjà un commencement de preuve par écrit.

L'art. 341 du Code civil interdisant la recherche de la paternité hormis le cas d'enlèvement (entendu par la jurisprudence dans le sens de rapt de violence) a encore force de loi en Belgique. Mais la Commission de Révision du code civil a décidé son abrogation, et le Gouvernement, admettant l'urgence de la réforme a déposé le projet de loi dont nous donnons le texte en note (1).

(1) Voici le projet déposé par M. Lejeune à la Chambre des Représentants en séance du 23 juillet 1893 ; devenu caduc à la suite de la dissolution des Chambres, il vient d'êtrere présenté sans variation aucune par le ministre actuel, M. Begerem.

Art. 1er. — La recherche de la paternité est autorisée dans les cas suivants :

1° S'il y a aveu de la paternité résultant soit d'actes ou d'écrits quelconques émanés du père prétendu, soit de faits ou circonstances dont la réunion caractérise la possession d'état, d'après l'article 321 du Code civil ;

2ª Si le père prétendu a été condamné du chef d'enlèvement, du chef d'arrestation, de détention ou de séquestration arbitraires, du chef de viol ou même du chef d'attentat à la pudeur consommé sans violence sur la personne d'une fille de moins de quatorze ans accomplis, lorsque l'époque de ces infractions se rapporte à celle de la conception ;

3° S'il y a eu séduction par promesse de mariage, abus d'autorité ou manœuvres frauduleuses, pourvu qu'il existe un commencement de preuve par écrit de la promesse de mariage, de l'abus d'autorité ou des manœuvres frauduleuses, ou que des présomptions ou indices résultant de faits dès lors constants soient assez graves pour déterminer la preuve testimoniale de ces diverses circonstances.

Le commencement de preuve par écrit résulte de tous actes, écrits, papiers ou lettres émanés d'une partie engagée dans la contestation ou qui y aurait intérét, si elle était vivante.

Art. 2. — Après avoir constaté l'existence des conditions auxquelles la recherche de la paternité est admissible, aux termes de l'article 1er, le juge décide suivant les circonstances de la cause, si l'enfant a pour père celui qu'il réclame.

Art. 3. — Ne sont pas admis à la recherche de la paternité :

1° Les enfants nés de personnes dont l'une était à l'époque de la conception unie par le mariage avec une autre personne ; 2° les enfants nés de personnes entre lesquelles le mariage est interdit, pour cause de parenté ou d'alliance en ligne directe, ou pour cause de parenté en ligne collatérale au deuxième degré.

Art. 4. — Toute recherche de paternité peut être contestée par tous les intéressés.

Art. 5. — La paternité ne peut être recherchée contre l'enfant naturel.

Art. 6. — Les tribunaux criminels doivent se conformer aux dispositions qui précèdent, en ce qui concerne la preuve de l'état.

Art. 7. — L'action en réclamation d'état est imprescriptible a l'égard de l'enfant.

Art. 8. — L'action ne peut être intentée par les héritiers ou par les autres successeurs universels de l'enfant qui n'a pas réclamé, que s'il est décédé mineur ou dans les cinq années après sa majorité.

Art. 9. — Les héritiers ou les autres successeurs universels peuvent suivre cette action, lorsqu'elle a été commencée par l'enfant, à moins qu'il ne s'en soit

Toutes les fois que le code civil attribue des droits à l'enfant naturel, il s'agit de l'enfant naturel reconnu, soit par acte, soit par jugement.

5. — Est adultérin l'enfant né de père ou mère engagés dans un mariage valable; est incestueux, celui dont les père et mère étaient parents au degré prohibé pour les mariages. Ils ne peuvent jamais être légitimés; ils ne peuvent être reconnus que par celui de leurs père ou mère vis-à-vis duquel ils seraient enfant naturel simple. Ils ne pourront eux-mêmes établir devant les tribunaux, ni rechercher pareille filiation. (C. civ. 335, 342.)

---

désisté formellement ou qu'il n'ait laissé passé trois années sans poursuites, à compter du dernier acte de la procédure.

Art. 10. — L'enfant ne peut réclamer du père auquel il a été déclaré appartenir les droits d'enfant légitime.

Ses droits héréditaires sont réglés par le Code civil au Titre des successions.

Art. 11. — L'enfant prend le nom du père auquel il a été déclaré appartenir.

Cependant, dans le cas où la filiation se trouve constatée, à la fois, à l'égard du père et de la mère, l'enfant a le droit de conserver le nom de la mère, si le jugement qui le rattache au père n'est intervenu que postérieurement.

L'enfant qui optera pour le nom de la mère devra, dans le délai d'un an, à partir du susdit jugement, et sous peine d'être déchu de son droit, faire une déclaration d'option devant l'officier de l'état civil du lieu où son acte de naissance est inscrit.

Art. 12. — Le père vis-à-vis duquel la filiation de l'enfant naturel est constatée, conformément aux dispositions qui précèdent, est tenu de le nourrir, de l'entretenir et de l'élever.

Il doit des aliments à son enfant naturel, à ses descendants légitimes, ainsi qu'au conjoint de l'enfant naturel ou de ses descendants légitimes, dans les cas et de la manière qui sont déterminés par les articles 205 et 211 du Code civil.

Cette dernière obligation est réciproque.

Elle ne peut être réclamée, soit du père naturel, soit de l'enfant naturel, de ses descendants légitimes et du conjoint de l'enfant naturel ou de ses descendants légitimes si les personnes tenues de la dette alimentaire envers les uns ou les autres, aux termes des prédits articles 205 à 211, sont elles-mêmes hors d'état d'y satisfaire.

Art. 13. — Dans tous les cas où il y a lieu, d'après la présente loi, de prendre égard à l'époque de la conception de l'enfant, cette époque est fixée entre le trois centième jour et le cent quatre-vingtième jour avant la naissance, au moment le plus favorable à l'enfant.

§ II. Étrangers.

1. — Diverses questions spéciales se rencontrent dans les autres sections où on les trouvera sans qu'il soit nécessaire de les rappeler ici.

En général la situation des étrangers en Belgique comprend deux solutions différentes, suivant qu'on envisage les droits politiques et administratifs, ou les droits civils et ceux qui en découlent.

2. — L'art. 128 de la Constitution belge déclare que tout étranger, qui se trouve sur le territoire de la Belgique, jouit de la protection accordée aux personnes et aux biens des Belges, sauf les exceptions établies par la loi. D'autre part le Code civil, art. 3, porte que les lois de police et de sûreté obligent tous ceux qui habitent le territoire

3. — Les étrangers n'ont aucun droit politique actif en ce sens qu'ils ne peuvent concourir à l'exercice du pouvoir, soit dans les comices électoraux, soit dans les fonctions publiques ; (Const. art. 6.) Certaines lois ont créé des exceptions : pour les fonctions de Consul (Loi 31 décembre 1851), pour le corps professoral universitaire. (Loi 27 sept. 1835, art. 31.)

Les étrangers jouissent de la plupart de nos libertés publiques, seul le droit d'association ne leur est pas garanti (dans les mêmes proportions qu'aux Belges) ; ainsi leur liberté individuelle est garantie (Const. 7), leur domicile est inviolable (Const. 10), la liberté de leur culte et de leurs opinions est garantie (Const. 17), ils peuvent enseigner, imprimer des livres ou journaux sans aucune censure (Const. 17, 18), adresser des pétitions individuelles aux autorités, et en général invoquer toutes les prescriptions législatives ou *même administratives* qui ont pour objet la protection des personnes ou des biens. Ils sont encore admissibles aux secours de la bienfaisance publique, aux écoles publiques, aux épreuves pour les grades académiques.

En retour les étrangers sont soumis à toutes les charges fiscales, impôts, contributions et taxes comme les Belges.

4. — Comme conséquence de l'art. 3 (C. civ.) l'étranger sera jugé et condamné d'après les lois pénales belges, si, les ayant enfreintes, il est trouvé en Belgique. D'après la loi du 17 avril 1876, il en sera de même si un étranger arrêté en Belgique : 1° a commis hors du territoire un crime contre la sûreté du Royaume, ou l'un des crimes ou délits contre la foi publique prévu par les chap. I, II, III, du § 3 du Liv. II du code pénal, mais seulement si ce crime portait sur des monnaies, effets, papiers, sceaux, timbres ou poinçons nationaux ; 2° a commis un crime de complicité avec un Belge.

Il ne serait cependant pas jugé une seconde fois s'il justifiait avoir été jugé pour le même acte par un tribunal étranger.

5. — La police des étrangers fait l'objet d'une surveillance administrative. Par mesure d'administration arbitraire sans débat contradictoire, ni recours possible, tout étranger peut être expulsé du Royaume. Le retour sur le territoire après arrêté d'expulsion constitue un délit puni d'emprisonnement.

6. — La question des droits civils des étrangers n'est pas déterminée textuellement dans le code, elle donne lieu à de vives controverses.

Une catégorie d'étrangers jouit certainement de tous les droits civils : ce sont ceux qui, sans abandonner leur nationalité, ont obtenu du Roi l'autorisation de fixer leur domicile en Belgique.

Quant aux autres, l'opinion la plus courante a été longtemps basée sur le principe de la réciprocité légale, accordant à chaque étranger les droits correspondants accordés, de fait, au Belge dans son pays.

D'autres opinions ont rejeté l'élément de réciprocité ; selon les uns l'étranger est exclu de tous les droits qui ne lui sont pas attribués formellement. — Suivant d'autres il possède tous les droits qui ne lui sont pas formellement déniés. La jurisprudence la plus récente tend à établir une distinction. On accorde à tout étranger les droits qui ont leur source dans le droit des gens ; ainsi il jouira du droit de propriété, il pourra acquérir, vendre, faire des conventions, invoquer des obligations nées d'un délit ou d'un quasi-délit, exercer le commerce, etc. Pour tous les autres droits, dits de *droit civil strict*, l'étranger en sera exclu, s'il n'existe un texte légal pour les lui attribuer. Nous citons comme exemple, l'adoption, le bénéfice de cession, l'absence, la contrainte par corps, les droits intellectuels, l'hypothèque légale. Ce texte légal sera souvent la Constitution même, qui permet à l'étranger d'invoquer tout ce qui a le caractère de protection des personnes ou des biens.

La loi du 15 décembre 1851, art. additionnel n° 2, accorde l'hypothèque légale à la femme mariée et au mineur étrangers. La loi du 27 avril 1865 a abrogé les art 726 et 912 du code civil et la loi du 20 mai 1837, relative à la réciprocité internationale en matière de successions et de donations. Désormais tout étranger a le droit de succéder et de recevoir de la même manière que les Belges dans toute l'étendue du Royaume. Seulement en cas de partage d'une même succession entre des cohéritiers étrangers et Belges, ceux-ci prélèvent sur les biens situés en Belgique, une portion égale à la valeur des biens situés en pays étranger dont ils seraient exclus, à quelque titre que ce soit, en vertu des lois et coutumes locales. C'est ainsi encore qu'en vertu de traités internationaux la plupart des étrangers peuvent obtenir l'assistance judiciaire et la procédure gratuite (avec ou sans dispense de cautio judicatum solvi), le dépôt des marques de fabrique (Loi 1 avril 1879), les droits intellectuels (Loi 5 juillet 1883 et Conventtions Internationales 20 mars 1883).

7. — La Commission de Révision du code civil a déterminé la question du conflit des lois d'une façon très complète dans les art. 3 à 14. En résumé l'état et la capacité des personnes ainsi que les rapports de famille seront régis par les lois de leur nation, les successions seront réglées par la loi nationale du défunt, la substance des testaments et donations par la loi nationale du disposant. Les obligations conventionnelles et leurs effets seront réglés par la loi du lieu du contrat, sauf

dérogation formelle des contractants. Celui qui ne justifie d'aucune nationalité déterminée aura pour statut la loi Belge. Celui qui appartient à deux nationalités étrangères aura pour statut personnel celle des deux lois étrangères qui s'écarte le moins des dispositions de la loi Belge.

La règle *locus regit actum* serait maintenue, sauf en ce qui concerne la nécessité de la forme authentique, laquelle est régie par la loi qui règle en fond de contrat.

Mais aucune de ces dispositions n'ayant force de loi, nous sommes encore sous le régime du code Napoléon, art. 3, et de toutes les controverses que soulève le droit international privé. La jurisprudence admet le statut personnel de l'étranger pour ce qui n'est pas d'ordre public et ne touche pas au régime immobilier ; mais sans admettre la cassation pour violation d'une loi étrangère. Elle reçoit la preuve de celle-ci par toutes les voies de droit. La jurisprudence belge n'a pas de système homogène pour tous les cas du conflit des lois.

8. — Comme conséquence de l'exercice des droits que possèdent les étrangers en Belgique, ils sont admis aux tribunaux comme défendeurs ou demandeurs. Ce droit a été réglé dans une loi positive que nous résumons comme suit (Loi 25 mars 1876) :

Les étrangers pourront être assignés devant les tribunaux du Royaume, soit par un Belge, soit par un étranger, dans les cas suivants :

1" En matière immobilière ;

2" S'ils ont en Belgique un domicile ou une résidence, ou s'ils y font élection de domicile ;

3" Si l'obligation qui sert de base à la demande est née, a été ou doit être exécutée en Belgique ;

4" Si l'action est relative à une succession ouverte en Belgique ;

5" S'il s'agit de demandes en validation ou en main-levée de saisies-arrêts formées dans le Royaume, ou de toutes autres mesures provisoires ou conservatoires ;

6" Si la demande est connexe à un procès déjà pendant devant un tribunal belge ;

7° S'il s'agit de faire déclarer exécutoire en Belgique les décisions judiciaires rendues ou les actes authentiques passés en pays étranger ;

8° S'il s'agit d'une contestation en matière de faillite, quand cette faillite est ouverte en Belgique ;

9° S'il s'agit d'une demande en garantie ou d'une demande reconventionnelle, quand la demande originaire est pendante devant un tribunal belge ;

10° Dans le cas où il y a plusieurs défendeurs, dont l'un a en Belgique son domicile ou sa résidence.

Lorsque les différentes bases indiquées au présent chapitre sont insuffisantes pour déterminer la compétence des tribunaux belges à l'égard des étrangers, le demandeur pourra porter la cause devant le juge du lieu où il a lui-même son domicile ou sa résidence.

Dans les cas non prévus à l'article ci-dessus, l'étranger pourra, si ce droit appartient au Belge dans le pays de cet étranger, décliner la juridiction des tribunaux belges ; mais, à défaut par lui de le faire dans les premières conclusions, le juge retiendra la cause et y fera droit. Cette réciprocité sera constatée soit par les traités avenus entre les deux pays, soit par la production des lois ou autres actes propres à en établir l'existence.

L'étranger défaillant sera présumé décliner la juridiction des tribunaux belges.

------

§ III. Capacité civile.

1. — La capacité civile s'entend de l'exercice complet ou partiel des droits civils dont tout Belge a la jouissance. (C. civ. 8).

La capacité complète est la règle ; nous résumons ci-après les principales exceptions.

2. — La mort civile ne peut être prononcée (Constit. belge,

art. 13) ; dans certains cas les tribunaux répressifs peuvent condamner à l'interdiction des droits civils et politiques pour une période déterminée. (Code pénal 19, 20, 21.) Cette interdiction enlève au condamné la capacité d'administrer ses biens et d'en disposer si ce n'est par testament. (Code pén. 22, 23, 24) Il sera nommé un curateur pour remplir cette fonction d'administration, s'il y a lieu.

3. — L'absence n'est pas une cause d'incapacité. Mais lorsqu'une personne aura cessé de paraître au lieu de son domicile ou de sa résidence, et que depuis 4 ans on n'en aura point eu des nouvelles, les parties intéressées pourront se pourvoir devant le tribunal de Première Instance, afin que l'absence soit déclarée. (C. civ. 115.) Les biens seront administrés alors comme biens d'incapables par ses héritiers présomptifs pendant 30 années. (C. civ. 120-129.)

4. — La capacité civile de tout Belge n'ayant pas 21 ans accomplis est restreinte. Il y est pourvu par la puissance paternelle ou par la tutelle, si le mineur n'est pas émancipé, par la curatelle, s'il est émancipé.

1° à partir de 15 ans le mineur pourra être émancipé par son père ou sa mère dans les formes prescrites. (C. civ. 477.)

2° à partir de 16 ans le mineur peut faire son testament, mais il ne peut disposer que de la moitié des biens dont il pourrait disposer s'il avait 21 ans. (C. civ. 904.)

3° à partir de 15 ans pour les filles, 18 ans pour les garçons, le mineur peut contracter mariage, s'il réunit d'ailleurs les autres conditions de consentement, etc.

4° Le père ou la mère, quoique mineurs de 21 ans, pourront être tuteurs légitimes de leurs enfants. (C. civil, art. 424.) — Dans tous les autres actes il faut distinguer si le mineur est émancipé ou non.

5. — Le mineur non émancipé n'agit point, et le tiers ne peut contracter avec lui sans encourir le risque de voir prononcer l'annulation en tous temps, si le mineur se prétend lésé (art. 1305 à 1312 du code civil).

Tant que son père et sa mère vivent, il est soumis à la puissance paternelle qui agit pour lui ; en cas de décès de l'un d'eux ou de tous deux, il est pourvu d'un tuteur dans l'ordre et les formes prescrites par la loi. — Le père survivant *doit* être tuteur.

Le tuteur agit à la place du mineur dans tous les actes de la vie civile. (C. civ. 450.) Il pose seul les actes d'administration en général

Il agit, après avoir pris l'autorisation du conseil de famille, pour répudier une succession échue au mineur, pour accepter une succession ou une donation à la place du mineur, pour former en justice une demande relative aux droits immobiliers du mineur ou pour y répondre, pour intenter une demande en partage. (C. civ. 461-466.)

Il devra faire homologuer par le tribunal l'autorisation que le conseil de famille lui donnerait pour emprunter, transiger au nom du mineur, hypothéquer ou vendre ses immeubles. (C. civ. 457, 458, 459.)

Le tuteur ne pourra jamais disposer à titre gratuit des biens du mineur, soustraire ses procès aux tribunaux ordinaires, acheter les biens mobiliers ou immobiliers du mineur, accepter cession d'aucun droit contre le mineur.

6. — Le mineur émancipé agit lui-même. Pour certains actes il doit être assisté d'un curateur, nommé par le conseil de famille. (C. civ. 480.)

Il fera seul, et avec la même valeur que s'il était majeur, tous les actes d'administration de ses biens. (C. civ. 481.) Pour les dépenses d'achat, etc. le tribunal pourra les réduire, eu égard à la fortune du mineur, et à la mauvaise foi de ceux qui auraient contracté avec lui ; mais alors le tribunal peut le priver du bénéfice de l'émancipation pour l'avenir. (C. civ. 484, 485, 486.)

Il aura besoin de l'assistance de son curateur pour recevoir le compte de tutelle, intenter une action immobilière ou ayant pour objet un capital (argent) ou une action en partage et y défendre, pour accepter une donation, pour recevoir un capital-argent et en donner décharge. Dans ce dernier cas le curateur est obligé d'en surveiller l'emploi. (C. civ. 480-482.)

Il lui faudra l'assistance du curateur et l'autorisation du conseil de famille, pour accepter ou répudier une succession, acquiescer à une demande immobilière. (C. civ. 461, 464, 484.)

Il lui faudra l'assistance du curateur, l'autorisation du conseil de famille et l'homologation du tribunal pour emprunter, aliéner ses immeubles ou les hypothéquer, et pour transiger.

Enfin il lui est interdit de disposer de ses biens par donation autrement qu'en contrat de mariage, et alors seulement avec l'autorisation de ses ascendants ou de son conseil de famille (C. civ. art. 1309, 1398), et de soustraire ses actions à la justice ordinaire.

Le mineur émancipé peut devenir commerçant, et alors tous les actes relatifs à son commerce sont réputés faits par un majeur; il pourrait même emprunter seul pour les besoins de son commerce et hypothéquer ses immeubles, mais il ne pourrait les vendre.

7. — Le Belge qui est en état habituel d'imbécilité, de démence ou de fureur doit être interdit, même lorsque cet état présente des intervalles lucides. (C. civ. 489.)

Cette interdiction sera provoquée par la famille ou par le Procureur du Roi (C. civ. 490, 491) et résultera d'un jugement du tribunal rendu après une instruction spécialement détaillée dans les art. 490 à 502 du code civil.

L'interdit est complètement incapable de tout contrat; la seule existence de ce jugement suffit pour faire annuler les actes qu'il passerait. (C. civ. 502.) Il reçoit un tuteur dont la mission et les pouvoirs correspondent à ceux du tuteur du mineur. (C. civ. 505-509.)

Si la cause qui l'avait provoquée vient à cesser, il faudra un nouveau jugement levant l'interdiction. (C. civ. 512.)

8. — Le prodigue, ainsi que celui dont l'état de démence n'est pas jugé assez grave par le tribunal pour motiver l'interdiction, pourra par jugement, instruit comme pour l'interdiction, recevoir un conseil judiciaire, sans l'assistance duquel il lui sera interdit de plaider, transiger, emprunter, recevoir un capital mobilier et en donner décharge, d'aliéner ni de

grèver ses biens d'hypothèques. (C. civ. 513, 514, 515, 499.)

Pareils actes faits sans cette assistance seraient annulables pour la seule cause de l'existence de ce jugement. (C. civ. 502.)

9. — La femme mariée ne peut valablement comparaître en justice qu'avec l'autorisation de son mari, ou à son défaut, du tribunal (C. civ. 215), à moins que ce ne soit pour se défendre en matière répressive. (C. civ. 216.)

Si les conventions matrimoniales ne lui confèrent pas l'administration de ses biens, elle ne pourra poser aucun acte sans l'autorisation de son mari. (C. c. 217.)

Si elle a cette administration, elle peut valablement poser seule tous les actes d'administration, et dans ces limites, disposer de son mobilier et aliéner (art. 1449). Pour tous les autres actes l'autorisation maritale ou de justice est nécessaire à chaque fois que l'occasion se présente. (C. civ. 223.)

Si le mari est mineur, la femme devra toujours recourir à l'autorisation du tribunal. (C. civ. 224.)

Il en est de même si le mari est interdit, absent, condamné à la privation de ses droits (221-222).

Les tiers, qui ont contracté avec la femme non autorisée, ne peuvent rompre le contrat ; mais le mari, la femme ou leurs héritiers peuvent toujours le faire annuler. (C. civ. 225.)

10. — Tout ce qui concerne la capacité des personnes est considéré par la doctrine belge appartenir au statut personnel, c'est-à-dire à la loi nationale des parties.

Quelques décisions judiciaires, en matière de faillite et de capacité de femme mariée, ont à tort considéré comme valables, en faveur du contractant belge de bonne foi, des actes d'incapables suivant leur loi nationale, et qui avaient dissimulé leur incapacité. D'autres, sans valider l'acte, allouent des dommages-intérêts à cause de cette dissimulation.

Plus spécialement en ce qui concerne les immeubles belges appartenant à des incapables étrangers, il a été décidé « que « tout ce qui touche au pouvoir du tuteur, à celui du subrogé « tuteur et aux avis des parents se règle d'après le statut per- « sonnel ; mais l'homologation de la délibération du conseil de

« famille doit être demandée aux tribunaux belges, et la vente
« doit avoir lieu avec les formalités belges. » Il y a des décisions en sens opposé.

11. — En aucun cas la mort civile encourue à l'étranger
n'aurait d'effet en Belgique. Quant aux suspensions temporaires résultant de condamnations pénales, elles seraient également non avenues en Belgique.

§ IV. Corporations.

1. — Dans le sens du droit le terme *corporation* doit désigner
les êtres immatériels auxquels la loi reconnait une existence
juridique, en dehors de chacun de ses membres ; le terme plus
usuel en Belgique est celui de personne civile.

Il est de droit public, en Belgique, que la corporation est
créée par l'acte du prince, c'est-à-dire par la loi ; elle n'existe
en conséquence que dans les limites territoriales où la loi qui
la crée est souveraine ; cette notion est importante, car aucune
loi étrangère ne peut prévaloir contre les lois d'ordre public
belge. Et, tandis que, pour les personnes physiques étrangères,
c'est leur loi nationale qui règle leur état et leur capacité, même
en Belgique, et que dans l'état actuel de la civilisation, la
plupart des règles de cette capacité ne se heurtent à aucun
principe d'ordre public belge, le contraire a lieu pour les corporations, dites personnes civiles, dont l'existence même se heurte
à nos lois.

Cette conséquence n'est pas toujours observée avec la même
rigueur ; ainsi tandis qu'en vertu du droit des gens, tout Etat
est reconnu comme un être capable de droits civils, nous avons
des arrêts admettant à plaider en Belgique des hospices
français.

Il est également de droit public que les corporations ne
possèdent que les droits que la loi, qui les crée, leur accorde.

Toutes les corporations de l'ancien régime ont été abolies sous la Domination française, tant les corps des Aides et Métiers et Jurandes que les associations religieuses et les établissements de mainmorte. On peut donc se placer avec certitude à cette époque pour connaître à qui la loi a conféré cette existence juridique : ce seront les seules personnes civiles existantes.

2. — Les corporations ou personnes civiles actuellement existantes sont :

L'Etat (C. civ. 2227) ;

la Province (Loi Fondam. [Régime Hollandais] art. 137 et loi 12 juillet 1821. Loi prov. belge, 30 avril 1836) ;

les Communes (C. civ. 1712-2045) ;

certains établissements publics : les hospices (Loi 16 vendémiaire an V) ; les bureaux de bienfaisance (Loi 7 frim. V) ;

certains établissements du culte catholique : les fabriques d'église (L. 18 germinal X, 76, décr. 30 déc. 1809), les séminaires (25 Ventôse XII) les congrégations religieuses qui en vertu du décret 18 févr. 1809 ont obtenu la qualité d'*institution publique* ;

les consistoires ou conseils d'administration de certaines églises protestantes, anglicanes, évangéliques ou synagogues juives (décret, 5 mai 1806. L. 4 mars 1870). (Arr. Royaux : 23 fév. 1871, 7 fév. 1876, 24 juin 1882, 19 déc. 1879, 12 sept. 1881).

Les sociétés civiles et les associations d'agrément ne sont pas des corporations et n'ont aucune existence juridique.

Cependant plusieurs lois ont été portées pour créer des catégories entières de corporations, en stipulant des conditions auxquelles il suffit pour chaque société du genre, de se conformer, pour être personne juridique. Telles sont : la loi du 3 avril 1851 en faveur des sociétés de secours mutuels dont le but est d'assurer des secours temporaires en cas de maladie, etc. à ses membres ; la loi du 28 mars 1868 sur les associations dites « caisses communes de prévoyance en faveur des ouvriers mineurs ».

Les sociétés commerciales qui rentrent dans les 5 classes

reconnues par la loi, à savoir : sociétés en nom collectif, — en commandite simple, — anonyme, — en commandite par actions, — coopérative, forment des corporations complètes. (18 mai 1873.)

Les associations commerciales momentanées ou en participation n'ont pas la personnification civile. Le bénéfice de cette personnification est étendu par assimilation aux associations commerciales d'assurances mutuelles. (Loi 11 juin 1874.) Depuis lors aussi l'existence juridique est reconnue aux sociétés commerciales étrangères.

Les sociétés anonymes et les autres associations commerciales, industrielles ou financières constituées et ayant leur siége en pays étranger pourront faire leurs opérations et ester en justice en Belgique. (C. de commerce art. 128.)

Toute société dont le principal établissement est en Belgique est soumise à la loi belge, bien que l'acte constitutif ait été passé en pays étranger. (C. de comm. art. 129.)

Les articles relatifs à la publication des actes et des bilans et l'art. 66 du Code de commerce sont applicables aux sociétés étrangères qui fonderont en Belgique une succursale ou un siége quelconque d'opération.

Les personnes préposées à la gestion de l'établissement belge sont soumises à la même responsabilité envers les tiers que si elles géraient une société belge. (C. de comm. art. 130.)

3. — Quels sont les droits civils des corporations ? — Aucune limite n'est mise à l'activité des sociétés commerciales, tant belges qu'étrangères ; il leur suffit de rester telles.

Les autres corporations ou personnes civiles n'ont reçu que les droits restreints nécessaires à l'accomplissement du but pour lequel elles sont créées. Ces droits se groupent autour du droit de propriété avec ses conséquences immédiates, le droit de contracter et celui d'ester en justice.

C'est dans la loi qui crée chaque corporation, qu'il faut chercher la limite de sa capacité civile. La plupart des établissements publics ont ce trait commun, qu'ils sont assimilés aux mineurs. Ils ne peuvent plaider, ni transiger sans des autorisations administratives préalables ; ils ne peuvent recevoir des dons ou legs que moyennant l'autorisation du Roi. Le plus souvent leur gestion est minutieusement réglementée.

L'Etat lui-même est constamment sous la tutelle de la loi : il lui est interdit d'aliéner le Domaine public, etc.

§ **V. Mariage**.

1. — Les lois considèrent le mariage comme un acte purement civil. Elles fixent des conditions dont l'inobservation entraînerait pour les unes, la nullité absolue ou relative du mariage, pour d'autres, des peines contre l'officier de l'état civil qui a célébré le mariage. Mais dès qu'une partie s'appuie sur un acte de mariage, la présomption est due à ce titre jusqu'à ce que le tribunal ait déclaré que le mariage est nul.

2. — Les formes prescrites par la loi pour la célébration du mariage seront observées à l'égard de tous, les conditions de capacité ne disposent que pour les Belges (C. civ. 3) ; les étrangers se mariant en Belgique doivent satisfaire à leur loi nationale pour autant que celle-ci ne contrevient pas aux principes d'ordre public belge.

Si les Belges se marient à l'étranger, ils peuvent suivre les formes de la loi étrangère ; ils peuvent aussi suivre les lois belges en faisant célébrer le mariage à la chancellerie de Belgique ou par le Consul autorisé. La capacité de la femme étrangère est réglée par son statut personnel. (Loi 20 mai 1882.)

Le mariage qui n'a pas été célébré publiquement et par l'officier que la loi détermine, est inexistant. (C. civ. 191.)

3. — L'homme avant 18 ans révolus, la femme avant 15 ans révolus, ne peuvent contracter mariage ; le Roi peut accorder dispense d'âge pour des motifs graves. (C. civ. 114-145.)

Le tribunal auquel un mariage contracté au mépris de cette condition est déféré, doit l'annuler. Cette annulation peut être demandée par le ministère public, par les époux, par tous ceux qui y ont un intérêt né et actuel (C. civ. 184-187), par les ascendants, mais seulement s'ils n'ont pas donné leur consentement au mariage. (C. civ. 186.)

Cependant pareil mariage ne pourra plus être attaqué : 1° lorsqu'il s'est écoulé six mois depuis que l'époux a atteint l'âge compétent ; 2° lorsque la femme qui n'avait point cet âge, a conçu avant l'échéance de six mois. (C. civ. 185.)

4. — En ligne directe le mariage est prohibé entre tous les ascendants et descendants légitimes ou naturels, et les alliés dans la même ligne.

En ligne collatérale, entre frère et sœur légitimes ou naturels et les alliés au même degré, entre l'oncle et la nièce, la tante et le neveu. (C. civ. 161, 162, 163.)

Le Roi peut dispenser de cette dernière prohibition ; de celle résultant de l'alliance au degré de frère et sœur, il pourra aussi dispenser, mais seulement si le mariage a été dissous par la mort de l'époux. (C. civ. 164.) (Loi 28 fév. 1831.)

Le mariage contracté contrairement à ces défenses serait inexistant ; aucune dispense postérieure ne pourrait le confirmer.

5. — On ne peut contracter un second mariage avant la dissolution du premier. (C. civ. 147.) Pareil mariage est nul, et les époux coupables de bigamie seront condamnés à la réclusion de 5 à 10 ans. (C. civ. 391.)

Néanmoins si les époux opposent la nullité du 1er mariage, cette question devrait être jugée au préalable par le tribunal civil. (C. civ. 189.) La nullité ne serait couverte ni par la prescription de l'action pénale pour bigamie, ni même par la dissolution du 1er mariage.

6. — Le consentement des époux, le concours de leurs volontés, comme dans tout contrat est de l'essence du mariage. (C. civ. 1108.) S'il n'y a pas de consentement, le mariage est inexistant. (C. civ. 146.) — Si ce consentement est vicié soit par violence, soit par erreur, (C. civ. 1109, 1110) une action en nullité est ouverte à celui des époux dont le consentement n'a pas été libre ou a été surpris. (C. civ. 180.)

La question de déterminer quelle est l'erreur qui permettrait cette annulation est l'une des plus discutées ; il est généralement admis que c'est l'erreur sur l'*identité physique* de l'individu, et sur son *identité civile* ; avec exclusion évidente de l'erreur sur les qualités physiques ou morales.

La demande en nullité n'est plus recevable toutes les fois qu'il y a eu cohabitation continue pendant six mois depuis que l'époux a acquis sa pleine liberté, ou que l'erreur a été par lui reconnue. (C. civ. 181.)

7. — L'assentiment des ascendants ou de la famille est requis mais avec des conséquences très différentes.

Le fils qui n'a pas atteint l'âge de 25 ans accomplis, la fille qui n'a pas atteint l'âge de 21 ans accomplis, ne peuvent contracter mariage sans le consentement de leurs père et mère ; en cas de dissentiment, le consentement du père suffit. (C. civ. 148.) Si l'un des deux est mort, ou dans l'impossibilité de manifester sa volonté, le consentement de l'autre suffit. (C. civ. 149.) — Si le père et la mère sont morts, ou s'ils sont dans l'impossibilité de manifester leur volonté, les aïeuls et les aïeules les remplacent ; s'il y a dissentiment entre l'aïeul et l'aïeule de la même ligne, il suffit du consentement de l'aïeul.

S'il y a dissentiment entre les deux lignes, ce partage emportera consentement. (C. civ. 150.)

S'il n'y a plus d'ascendants ou s'ils sont tous dans l'impossibilité de manifester leur volonté, le fils comme la fille, contracteront librement mariage à partir de 21 ans ; avant cet âge il leur faudra le consentement du Conseil de famille. (C. civ. 160.)

Le mariage contracté sans cette condition existera, mais pourraient le faire annuler par le tribunal : 1° celui des époux qui avait besoin de ce consentement ; 2° ceux qui devaient le donner au moment du mariage ; s'ils sont morts, ce droit ne passe ni à leurs héritiers, ni aux autres ascendants de l'époux. (C. civ. 182.)

L'action en nullité ne peut plus être intentée, ni par les époux, ni par les parents dont le consentement était requis, toutes les fois que le mariage a été approuvé expressément ou tacitement par ceux dont le consentement était nécessaire, ou lorsqu'il sera écoulé une année sans réclamation de leur part depuis qu'ils ont eu connaissance du mariage.

Elle ne peut pas être intentée non plus par l'époux lorsqu'il s'est écoulé une année, sans réclamation de sa part, depuis qu'il a atteint l'âge compétent pour consentir par lui-même au mariage. (C. civ. 183.)

8. — Dans l'intérêt de la famille, la loi exige que celui qui va se marier prenne à tout âge le conseil de ses ascendants ; ceux-ci ne pourront plus empêcher le mariage par le refus de leur consentement, mais il faudra justifier qu'il leur a été demandé conseil ; à cet effet un notaire leur adressera un acte respectueux.

Le mariage ne sera célébré qu'un mois après cet acte respectueux. (Loi du 16 août 1887, art. 3.)

L'acte sera adressé à celui ou à ceux des ascendants qui en ce moment auraient été appelés à donner leur consentement.

L'omission de ces actes n'entacherait en rien la validité du mariage, mais elle expose l'officier de l'état civil à une amende de 500 frs. au plus. (C. pénal 264.)

9. — Il en sera de même en l'absence des conditions prescrites : 1° à la veuve ou femme divorcée qui ne doit se remarier que 10 mois après la dissolution du précédent mariage ; 2° au sujet de la publication légale qui doit précéder le mariage.

Il importe de faire remarquer à cet égard que les art. 63, 64, 65, 74, 165, 166, 167, 168, 169 du code civil (Napoléon) sont abrogés en Belgique par la loi du 26 déc. 1891, qui dispose, en résumé, qu'il n'y aura plus qu'une seule publication préalable dans le lieu du domicile ou de la résidence de chacun des époux

et à défaut d'un domicile passé ou actuel et d'une résidence de 6 mois dans une commune, au lieu de la naissance.

Le procureur du roi près le tribunal de 1re Instance dans l'arrondissement duquel les futurs époux se proposent de contracter mariage, peut dispenser de cette publication pour motif grave, et il peut également dispenser de tout délai quelconque. La même faculté est accordée aux chefs de Missions et aux Consuls, ou vice-consuls de Belgique à l'étranger.

Cette même loi dispose, par voie interprétative, que l'art. 4 de la loi du 16 août 1887 apportant des modifications à quelques dispositions relatives au mariage, sera compris de façon à autoriser, en cas d'indigence, la réception de l'acte du consentement d'ascendants (Cod. civ. 73) par l'officier d'état civil du lieu du domicile ou de la résidence de cet ascendant, et à l'étranger, par les Consuls ou agents diplomatiques.

10. — Toute personne qui connaît qu'une des conditions ci-dessus exposées manque dans un mariage annoncé par publication, peut en donner connaissance à l'officier de l'état civil ; celui-ci peut s'instruire et décider librement, d'après ses propres lumières, s'il y a lieu de passer outre à la célébration. — Mais si une opposition lui est notifiée dans les formes indiquées aux art. 172 à 178 du Code civil, il devra sous peine d'amende, attendre que les tribunaux aient statué ; ce qui aura lieu d'ailleurs dans les 10 jours, tant pour la première instance que pour l'instance éventuelle d'appel. (C. civ. 177, 178.) Auront seuls qualité pour notifier pareille opposition : 1" le père, à son défaut la mère ; à leur défaut les ascendants conjointement ou séparément, pour tous motifs fondés ; 2° A défaut de tout ascendant, les collatéraux conjointement ou séparément, pour motifs d'absence de consentement du Conseil de famille, ou de démence du futur époux ; 3" En tout cas la personne engagée par mariage avec l'une des parties fiancées.

11. — Les formes prescrites par la loi pour la célébration du mariage sont déterminées par les art. 34 à 54, 65 à 70, 170 à 171 du Code civil et par la loi du 26 décembre 1891. Elles visent surtout la publicité et la constatation authentique du consentement réciproque des fiancés.

La preuve de la célébration sera rapportée en principe par l'acte de mariage inscrit aux registres de l'état civil (C. civ. 194.) En cas de destruction de ces registres, par titres et témoins (C. civ. 46). En cas d'omission frauduleuse dans les registres, ou de falsification, par la procédure criminelle contre l'auteur coupable, ou par la procédure civile que le Procureur du Roi seul a qualité pour provoquer, si l'auteur coupable était décédé au moment de la découverte de ces faits. (C. civ. 198 à 200.)

12. — Le mariage crée la famille légitime, et comme tel engendre les droits civils suivants :

1° L'attribution du titre d'époux et les droits d'enfant légitime.

2° L'obligation civile de nourrir, entretenir et élever les enfants (C. civ. 203); mais l'obligation alimentaire est réciproque pour les enfants, qui n'ont aucune action contre leurs père et mère pour un établissement par mariage ou autrement.(C. civ. 204-207.)

3° La sanction civile aux devoirs et droits réciproques des époux : *a*) les époux se doivent mutuellement fidélité, secours, assistance (212) ; — *b*) le mari doit protection à sa femme, la femme obéissance à son mari (213) ; — *c*) la femme est obligée d'habiter avec son mari, et de le suivre partout où il jugera à propos de résider ; le mari est obligé de la recevoir et de lui fournir tout ce qui est nécessaire pour les besoins de la vie selon ses facultés et son état. (C. civ. 214.)

4° Le mariage rend irrévocables les conventions du contrat de mariage, et en leur absence crée la communauté légale prévue par le Code Napoléon ;

5° Le mariage entraine pour la femme une incapacité générale de contracter et d'ester en justice. (Voir § III).

13. — En matière de contrat de mariage, le principe est que la loi ne régit l'association conjugale, qu'à défaut de conventions spéciales que les époux peuvent faire comme ils le jugent à propos, pourvu qu'elles ne soient pas contraires aux bonnes mœurs, ni à l'ordre public belge.

Ainsi les époux ne pourraient déroger ni aux droits de la puissance maritale, ni à ceux de la puissance paternelle ; ils ne pourraient changer directement ou indirectement l'ordre légal des successions, par rapport à eux-mêmes ou à leurs enfants. (C. civ. 1387 à 1391.)

Ils peuvent déclarer d'une manière générale qu'ils se marient sous le régime de la communauté ou sous le régime dotal ; mais pour soumettre les biens constitués en dot aux diverses règles prescrites dans le Code pour le régime dotal, il faut une déclaration expresse. (C. civ. 1391, 1392.)

En tous cas toutes conventions matrimoniales seront rédigées avant le mariage, par acte devant notaire.

Le Code civil, outre les règles du régime de communauté, et celles du régime dotal, prévoit encore des régimes de communauté mitigée dont les principaux sont : la communauté réduite aux acquêts ; (C. civ. 1498, 1499) l'exclusion totale ou partielle du mobilier présent ou futur ; (C. civ. 1500 à 1504) la mise en communauté des immeubles présents ou futurs, pour le tout ou en partie ; (C. civ. 1505 à 1510) la séparation des dettes ; (C. civ. 1510 à 1513) la faculté accordée à la femme de reprendre son apport franc et quitte ; (C. civ. 1514) le préciput conventionnel ; (C. civ. 1515 à 1519) la clause par laquelle on assigne à chacun des époux des parts inégales dans la communauté ; (C. civ. 1520 à 1525) enfin la communauté à titre universel. (C. civ. 1526.)

D'autre part, sans adopter le régime dotal, les époux peuvent déclarer qu'ils se marient sans communauté, ou qu'ils seront séparés de biens, et les articles 1530 à 1540, déterminent la portée de l'une et de l'autre déclaration.

§ VI. — Divorce. Séparation de corps.

1. — L'instance en divorce constitue un procès ordinaire pour lequel l'assistance d'un *avoué* est nécessaire (controversé). Elle doit être portée devant le tribunal de première instance du lieu où les époux ont leur domicile, c'est-à-dire au dernier domicile du mari, (C. civ. 234) sauf les cas où, contrairement à la règle de l'art. 108 du Code civil, la femme pourrait légalement

avoir un domicile autre que celui de son mari (controversé).

Le législateur a établi pour cette action des formes de procédure très compliquées, dont le but est de faire réfléchir les époux, et de les engager à arrêter le divorce. (C. civ. 234 à 258.) Ainsi il suffira que le demandeur ne soit pas présent en personne au tribunal à un moment quelconque de la procédure, pour que toute la procédure faite jusque là soit annulée (C. civ. 248, 251) ou que les parties laissent passer un délai de deux mois depuis que le jugement est devenu définitif, sans faire prononcer le divorce à l'état civil (C. civ. 266.)

L'instance en divorce est encore éteinte par la réconciliation des époux survenue depuis les faits qui motivent la demande. (C. civ. 272.) (1)

2. — Le mari pourra demander le divorce pour cause d'adultère de sa femme. La femme pourra demander le divorce pour cause d'adultère de son mari lorsqu'il aura tenu sa concubine dans la maison commune.

Les époux pourront réciproquement demander le divorce pour excès, sévices ou injures graves de l'un d'eux envers l'autre. (C. civ. 229, 230, 231.) L'existence et l'importance de ces causes sont vérifiées par le tribunal, avec avis obligatoire du Ministère public. Le tribunal peut accorder ou refuser le divorce selon qu'il juge les causes suffisantes ; toutefois lorsque la preuve des deux premières causes est constatée dans un jugement pénal, le tribunal *doit* prononcer le divorce régulièrement sollicité.

Le tribunal *doit* également prononcer le divorce lorsque celui-ci est demandé dans toutes les règles, par consentement mutuel des époux, et lorsque la séparation de corps, ayant

---

(1) Tout jugement en cette matière soit interlocutoire (controversé) soit définitif, peut être frappé d'appel immédiatement. La jurisprudence la plus récente admet que l'appel du jugement d'admission est suspensif, ou en tous cas que pareil jugement ne pourrait être prononcé exécutoire par provision nonobstant appel.

Le pourvoi en cassation n'est suspensif que s'il concerne le jugement final prononçant le divorce. L'art. 263 C. civ. a été ainsi interprété (arrêt appel Bruxelles, 29 déc. 1881) pour ne point entraver la marche de la procédure.

duré trois ans après le jugement qui l'a prononcé, l'époux défendeur veut le transformer en divorce, et que l'époux demandeur ne consent pas à faire cesser immédiatement l'état de séparation. (C. civ. 233, 316.)

La jurisprudence belge considère comme *injure* toute violation grave des devoirs de la vie commune ; on tient compte de la situation sociale des époux dans chaque espèce. C'est dans ce sens qu'on admet, selon les cas, des insultes verbales, des correspondances injurieuses, des violences légères, la communication de maladies sexuelles, l'abandon, le refus de recevoir sous le toit conjugal, une façon de vivre publiquement scandaleuse (1) etc. — Comme faits relevants pour prouver que la vie commune est devenue intolérable, la jurisprudence admet de même l'adultère réitéré du mari ; il est alors constitutif d'injure grave, bien que non repréhensible au point de vue pénal, ni commis dans le domicile conjugal.

3. — La jurisprudence est très divisée sur le point de savoir si la condamnation de l'époux à une peine criminelle est une cause de divorce pour l'autre époux. La raison de douter est dans la suppression des peines afflictives et infamantes (C. civ. 232) par le Code pénal Belge de 1867.

4. — Il importe de faire observer que ce n'est pas le consentement proprement dit qui sert de cause au divorce par consentement mutuel ; la loi suppose qu'une cause grave existe et par respect pour la famille dispense les époux de la dévoiler au tribunal ; seulement pour s'assurer que la cause existe, le tribunal entoure pareille demande en divorce d'une foule de précautions. Nous énumérons seulement les principales : Le consentement mutuel des époux ne sera pas admis si le mari a moins de 25 ans, ou si la femme est mineure de 21 ans ou âgée de 45 ans ; il ne sera admis qu'après deux ans de mariage et ne le sera plus après 20 ans de mariage. (C. civ. 275, 276, 277). Il devra être corroboré par le consentement des ascen-

---

(1) Ceci concerne uniquement les mœurs. Les habitudes d'intempérance, comme l'ivresse, en sont constamment exclues.

dants des époux, suivant l'ordre tracé pour le consentement au mariage ; ce consentement sera par eux donné devant notaire, et renouvelé cinq fois aux phases principales de la procédure. (C. civ. 150, 285.)

Les époux devront encore faire préalablement inventaire de tous leurs biens et régler leurs droits respectifs, notamment régler par écrit : 1° à qui les enfants nés de leur union seront confiés, soit pendant le temps des épreuves, soit après le divorce prononcé ; 2° dans quelle maison la femme devra se retirer et résider pendant le temps des épreuves ; 3° quelle somme le mari devra payer à sa femme pendant le même temps, si elle n'a pas de revenus suffisants pour fournir à ses besoins. (C. civ. 279, 280.)

Une procédure qui reste secrète afin de faciliter la reprise de la vie commune, s'engage par la comparution des deux époux devant le président du tribunal, renouvelée le 4me, 7me et 10me mois qui suivront, puis une dernière fois après l'année révolue. (C. civ. 286.)

Alors seulement s'engage l'instance devant le tribunal, qui n'a plus à vérifier que l'accomplissement des formalités requises. Si le tribunal décidait qu'elles ne sont pas régulières, l'appel doit être interjeté par chacun des époux, et ce entre le 10me et le 20me jour de la date de ce jugement. (C. civ. 291.) En outre il faut faire prononcer le divorce à l'état civil dans les vingt jours du jugement ou arrêt définitif, sinon toute la procédure tombe ; enfin aucun des époux ne pourra contracter un autre mariage avant l'expiration de trois années. (C. civ. 294, 297).

5. — La jurisprudence constante de Belgique admet les étrangers à y solliciter le divorce, si leur dernier domicile de fait se trouve en Belgique.

Les tribunaux belges appliqueront la loi qui, en vertu de la loi d'origine du demandeur, forme son statut personnel. Donc la loi belge, si la loi d'origine se base sur le domicile et non sur la nationalité.

Ce statut décidera si l'étranger a droit au divorce, et pour quelles causes le divorce doit être admis. Plusieurs jugements ont admis des causes non reconnues par la loi belge ; tandis qu'un autre courant de jurisprudence tend à faire rejeter comme contraire à l'ordre public, toute cause non prévue par la loi belge (arrêt appel Bruxelles, 7 février 1889). Jugé que, lorsqu'une personne a perdu sa nationalité d'origine, on appliquera la loi de son domicile belge actuel. (Bruxelles, 9 avril 1887.)

Les formes de procédure seront celles du divorce belge ; si la cause n'était pas de celles prévues en Belgique, les règles générales de la procédure belge seront employées. (Arrêt, Liége, 13 juin 1885.)

6. — Pendant la durée de toute instance en divorce, il y a une situation provisoire : le mari aura l'administration des biens et la garde des enfants, à moins que le tribunal ne décide autrement. — La femme pourra demander de résider hors la maison commune et obtenir de son mari une pension alimentaire proportionnée aux facultés de ce dernier ; elle sera alors obligée de résider dans l'endroit fixé par le tribunal. (C. civ. 267, 268, 269.) Elle pourra également obtenir une provision *ad litem* et réclamer des mesures conservatoires des biens, notamment l'apposition de scellés et l'inventaire.

C'est le tribunal qui dans chaque cas, déclare par jugement qu'il y a lieu à divorce ; mais c'est l'officier de l'état civil compétent pour célébrer le mariage, qui doit prononcer le divorce dans des formes analogues, sur le vu du jugement passé en force de chose jugée.

7. — Les principaux effets du divorce sont :

le mariage est dissous aux yeux de la loi ;

les époux ne pourront plus se réunir ;

la femme divorcée ne pourra se remarier que dix mois après le divorce prononcé à l'état civil ; et dans le cas du divorce admis pour cause d'adultère, l'époux coupable ne pourra se marier avec son complice. (C. civ. 295, 296, 298.) Il faut ajouter que les époux divorcés ne pourront épouser la sœur ou le frère de leur ex-conjoint.

8. — **Quant aux biens,** le divorce est une dissolution du

mariage et comme tel donne lieu à liquidation de la communauté, tout comme la mort d'un époux.

Mais en outre il y a une pénalité : l'époux qui aura obtenu le divorce conservera les avantages à lui faits par l'autre époux encore qu'ils aient été stipulés réciproques et que la réciprocité n'ait pas lieu. C'est aussi à lui que les enfants sont confiés, à moins que le tribunal n'en décide autrement pour l'avantage des enfants. (C. civ. 300, 302.)

Par contre l'époux contre lequel le divorce aura été admis, perdra tous les avantages que l'autre époux lui avait faits, soit par leur contrat de mariage, soit depuis le mariage contracté. (C. civ. 299.)

Ces effets n'ont pas lieu pour le divorce par consentement mutuel ; là, la propriété de la moitié des biens de chacun des époux sera acquise de plein droit aux enfants nés de leur mariage. Les droits des époux doivent être réglés d'avance. (V^r supra n° 5) (C. civ. 305.)

9. — En ce qui concerne les enfants, le principe est que le divorce ne peut leur nuire ; ils conserveront notamment les avantages pécuniaires que les lois ou les conventions matrimoniales des époux leur assuraient ; la puissance paternelle continue à résider dans le chef de chacun des époux, avec ses droits et ses obligations, notamment celle de contribuer à l'entretien et à l'éducation des enfants communs.

10. — La séparation de corps est inscrite dans le code concurremment avec le divorce au choix des époux.

Les mêmes causes qui justifient la demande en divorce peuvent servir de base à la demande en séparation, sauf le consentement mutuel. (C. civ. 306.)

Les effets sont moins étendus ; le mariage n'est pas dissous, les époux ne peuvent donc pas contracter un autre mariage et peuvent reprendre la vie commune quand il leur plaît. Quant aux biens, il y aura simplement séparation de biens judiciaire.

§ VII. Testaments.

LA FORME.

1. — La loi n'admet que trois manières de tester : le testament olographe, par acte public et mystique. L'omission d'une des formalités prescrites spécialement pour chacun d'eux annule le testament complètement, sans qu'aucune confirmation en soit possible.

La loi belge autorise le Belge à l'étranger à faire son testament soit d'après les formes belges, soit d'après les formes usitées dans le lieu où il est fait. (C. civ. 999.) Mais les testaments faits en pays étranger ne pourront être exécutés sur les biens situés en Belgique, qu'après avoir été enregistrés au bureau du domicile du testateur en Belgique, et s'il concerne des immeubles, au bureau de la situation de ces immeubles. (C. civ. art. 1000.)

2. — Le testament olographe sera écrit en entier de la main du testateur, daté et signé par lui ; il n'est assujetti à aucune autre forme. (C. civ. 17.)

3. — Le testament par acte public est rédigé dans la forme ordinaire des actes notariés, par deux notaires en présence de deux témoins, ou par un notaire en présence de quatre témoins. Il sera dicté par le testateur et écrit par le notaire, puis il en sera fait lecture au testateur en présence des témoins ; il est fait expressément mention dans l'acte de l'accomplissement de toutes ces formalités. — Ce testament sera ensuite signé par le testateur ; s'il ne peut le faire il en sera pris acte ; puis les témoins signeront ; néanmoins dans les campagnes il suffira de la signature de la moitié des témoins (C. civ. 971, 972, 973, 974.)

4. — Lorsque le testateur voudra faire un testament mystique ou secret, il sera tenu de signer ses dispositions, soit qu'il les

ait écrites lui-même, ou qu'il les ait fait écrire par un autre. Sera le papier qui contient ces dispositions, ou le papier qui servira d'enveloppe s'il y en a une, clos et scellé. Le testateur le présentera ainsi clos et scellé au notaire et à six témoins au moins, ou il le fera clore et sceller en leur présence ; et il déclarera que le contenu en ce papier est son testament. Le notaire dressera ensuite un acte de suscription relatant ces diverses mentions. (C. civ. 976, 977.)

Ceux qui ne savent pas lire ne pourront faire de testament mystique ; s'ils savent lire mais ne peuvent parler, ils pourront faire un testament mystique, à condition que le testament soit entièrement écrit, daté et signé de leur main, qu'ils le présentent au notaire et aux témoins, et qu'au haut de l'acte de suscription ils écrivent en la présence de ces personnes *que le papier ainsi présenté est leur testament.* (C. civ. 978, 979.)

5. — Les témoins pour le testament mystique seront mâles, majeurs, citoyens belges jouissant de leurs droits civils. Pour le testament par acte public les mêmes conditions sont requises, et en outre ce ne pourront être ni les légataires, leurs parents ou alliés jusqu'au 4ᵐᵉ degré inclusivement, ni les clercs des notaires qui reçoivent ces actes. (C. civ. 980, 975.)

6. — Certaines circonstances, pour autant qu'elles rendent impossible l'emploi des formes ordinaires, justifieront des formes d'exception. C'est d'abord le cas de guerre. Les art. 981, 982, 983 ont pour objet de donner aux chefs de corps, officiers de santé, etc. les fonctions notariales. Le testament fait dans ces formes sera nul six mois après que le testateur sera revenu dans un lieu où il aura la liberté d'employer les formes ordinaires. (C. civ. 984.)

Ensuite en cas de maladie contagieuse, si l'endroit où le testament est fait, voit ses communications interceptées, les testaments pourront être faits devant le juge de paix ou devant l'un des officiers communaux, en présence de deux témoins. Il n'est pas nécessaire que le testateur soit malade ; mais pareils testaments seront nuls six mois après que les communications auront été rétablies dans le lieu où le testateur se trouve, ou six mois après qu'il aura passé dans un lieu où elles ne sont pas interrompues. (C. civ. 985, 986, 987.)

Mentionnons en troisième lieu les testaments faits en mer. Les art. 988 à 992 donnent aux officiers d'équipage une fonction analogue à celle des notaires et prescrivent des précautions pour soustraire ces testaments aux risques de mer ; notamment le dépôt au premier consulat de Belgique où l'on aborde. Ce testament ne sera valable qu'autant que le testateur mourra en mer, ou dans les trois mois après qu'il sera descendu à terre et dans un lieu où il aura pu le refaire dans les formes ordinaires.

B. Capacité de recevoir par testament.

7. — Cette capacité est réglée par la loi nationale de l'intéressé. En droit belge, la plupart des règles sont communes à la donation entre-vifs et aux testaments. Cette capacité doit exister au moment de la mort du testateur.

8. — Sont incapables généralement : 1° les établissements de main-morte (hospices, pauvres d'une commune, établissements d'utilité publique) ; pour rendre ceux-ci capables il faut un arrêté Royal dans chaque cas ; (C. civ. 910.)

2° les nombreuses personnes morales auxquelles la loi ne reconnait pas la personnification civile, c'est-à-dire l'existence juridique, tels sont les couvents, les ordres religieux, associations charitables, etc. Elles sont incapables de recevoir d'une façon absolue.

Pour les personnes physiques il suffit d'exister c'est-à-dire ou de n'être pas mortes, ou d'être conçues au moment de la mort du testateur et de naître ensuite viables. (C. civ. 906.)

9. — Il y a des incapacités relatives n'existant qu'entre certaines personnes.

a). Les officiers du vaisseau ne pourront rien recevoir en vertu des testaments faits en mer, à moins qu'ils ne soient parents du testateur. (C. civ. 997.)

b). Les docteurs en médecine ou en chirurgie, les officiers de santé et les pharmaciens qui auront traité une personne pendant la maladie dont elle meurt, ne pourront profiter des dispositions entre-vifs ou testamentaires qu'elle aurait faites en leur faveur pendant le cours de cette maladie. Sont exceptées : 1° les dispositions rémunératoires faites à titre particulier, eu égard aux facultés du disposant et aux services rendus ; 2° les dispositions universelles dans les cas de parenté jusqu'au 4ᵐᵉ degré inclusivement, pourvu toutefois que le décédé n'ait pas d'héritier en ligne directe (à moins que celui au profit de qui pareille disposition est faite ne soit lui-même du nombre de ces héritiers).

Les mêmes règles seront observées à l'égard des ministres du culte. (C. civ. 909.)

c). Le mineur quoique parvenu à l'âge de 16 ans, ne pourra même par testament, disposer au profit de son tuteur. Devenu majeur de 21 ans il ne pourra disposer par donation ni testament au profit de celui qui aura été son tuteur, si le compte définitif de la tutelle n'a été préalablement rendu et apuré. Sont exceptés dans les deux cas ci-dessus, les ascendants des mineurs qui sont ou qui ont été leurs tuteurs. (C. civ. 907.)

d). Les enfants naturels ne pourront par donation ou testament rien recevoir au-delà de ce qui leur est accordé au titre des successions. Les enfants adultérins ou incestueux ne pourront recevoir au-delà des aliments. (C. civ. 903.)

10. — Toute disposition au profit d'un incapable sera nulle, soit qu'on la déguise sous la forme d'un contrat onéreux, soit qu'on la fasse sous le nom de personnes interposées.

La preuve de cette interposition peut se faire par toutes voies de droit, même par présomptions ; la loi elle-même considère comme toujours interposés, les père et mère, enfants et descendants, et l'époux de la personne incapable. (C. civ. art. 911.) Il suffirait donc dans ces cas de faire la preuve de la parenté.

C. Capacité de donner par testament.

11. — Toute personne âgée de 16 ans peut tester. Cependant jusqu'à 21 ans, un testateur ne pourra disposer que de la moitié des biens dont il pourrait disposer s'il était majeur. (C. civ. 901.) En principe on peut disposer comme on l'entend ; les conditions immorales et illicites sont réputées non écrites (C. civ. 900) et, contrairement à ce qui a lieu dans les contrats, ne rendent point nul le testament qui les renferme. (C. civ. 1172.)

Cependant la loi prohibe toutes substitutions, et réserve une quotité de la fortune aux descendants et aux ascendants.

Ces principes sont d'ordre public en Belgique, et il n'est pas possible d'y déroger.

Il est aussi défendu de créer par testament des substitutions fidéicommissaires, c'est-à-dire de léguer des biens avec charge de les garder jusqu'à la mort et de les remettre ensuite à une personne déterminée. Cette défense est d'ordre public et le legs lui-même serait nul. (C. civ. 886.) Deux cas sont exceptés : 1° les père et mère peuvent donner entre-vifs ou par testament cette portion de leurs biens que la loi appelle disponible, à un ou plusieurs de leurs enfants avec la charge qu'ils les rendront à leurs enfants à eux, *nés et à naître*, au premier degré seulement. (C. civ. 1048.) Mais il serait interdit de leur donner la charge de les rendre à l'un ou à quelques-uns seulement de ces enfants. 2° S'il meurt sans enfants, le testateur pourra léguer la partie disponible à un ou plusieurs de ses frères ou sœurs, avec charge de les rendre à tous leurs enfants *nés et à naître* au 1er degré seulement. (C. civ. 1049.)

Ces deux cas sont limitatifs, et la même faculté n'est pas donnée à l'aïeul vis-à-vis de ses petits enfants.

Ne sont pas substitutions fidéicommissaires, les dispositions par lesquelles on appelle un tiers, pour le cas où l'institué ne recueillerait pas le legs ; ni celles par lesquelles on donne à l'un l'usufruit, à l'autre la nue propriété. (C. civ. 898, 899.)

12. — La réserve est une partie de la succession dont le défunt n'a pu disposer à titre gratuit au préjudice de ses descendants ou de ses ascendants.

Si le défunt laisse un enfant (légitime, légitimé, adopté), il ne pourra disposer que de la 1/2 de ses biens ; s'il en laisse 2, du 1/3 de ses biens ; s'il en laisse 3 ou un plus grand nombre, du 1/4 de ses biens. Les petits enfants ne comptent que pour l'enfant dont ils sont issus. (C. civ. 913, 914.) — L'enfant naturel ayant une fraction des droits qu'il aurait eus s'il eût été légitime, concourra dans la même proportion pour faire établir la réserve.

Si à défaut de descendants le défunt laisse des ascendants, il ne pourra disposer que de la 1/2, lorsqu'il y a un ou plusieurs ascendants dans chacune des lignes paternelle et maternelle ; il pourra disposer des 3/4, s'il n'y a d'ascendants que dans une seule ligne. (C. civ. 915.) Cette réserve n'est accordée qu'aux ascendants légitimes ou naturels qui auront légitimé leurs enfants ; elle ne l'est pas aux ascendants adoptifs, ni aux père et mère qui ont reconnu leur enfant naturel sans le légitimer.

Pour connaître la part disponible, on formera une masse de tous les biens existants au décès du testateur. Après en avoir déduit les dettes, on y réunit fictivement ceux dont il a été disposé par donations entre-vifs, d'après leur état au moment de la donation et leur valeur au moment du décès du testateur. On calcule sur tous ces biens quelle est, eu égard à la qualité des héritiers, la quotité dont il a pu être disposé. (C. civ. 922.)

Ceux à qui la loi donne la réserve ont une action en réduction des legs et donations faits : jusqu'à ce qu'ils aient leur part, on réduira d'abord les legs, et si les biens existants ne suffisent pas, on annule les donations que le défunt avait faites pendant sa vie, en commençant par les dernières en date, et en remontant ainsi aux plus anciennes. (C. civ. 923.) Les actes à titre onéreux ne peuvent être attaqués à moins que les tribunaux ne décident qu'ils déguisaient un acte à titre gratuit.

§ **VIII. Successions.**

1. — Le code civil ne dispose des biens qu'à défaut de testament valable, et sauf ce qui a été dit au § VII pour la réserve due aux ascendants et aux descendants.

Les successions ouvertes en Belgique sont régies par la loi belge ; il n'est pas tenu compte de la nature, ni de l'origine des biens pour en régler la succession (C. civ. art. 732), mais tous les biens forment une masse, laquelle est répartie par quotités selon les règles qui suivent.

La succession s'ouvre au lieu où le défunt avait son domicile légal.

Les art. 726 et 912 du Code civil ont été remplacés par les dispositions suivantes : Les étrangers ont le droit de succéder, de disposer, et de recevoir de la même manière que les Belges dans toute l'étendue du royaume.

Dans le cas de partage d'une même succession entre des cohéritiers étrangers et belges, ceux-ci prélèvent sur les biens situés en Belgique une portion égale à la valeur des biens situés en pays étranger, dont ils seraient exclus, à quelque titre que ce soit, en vertu des lois et coutumes locales. (Loi, 27 avril 1865.)

A. DES ORDRES SUCCESSORAUX.

2. — Les enfants légitimes écartent tous parents généralement quelconques, et succèdent à leur père et mère, sans distinction de sexe, ni de primogéniture, par portions égales et par tête. (C. civ. art. 745) Les descendants d'un enfant prédécédé viendront ensemble recueillir sa part et se mettre à sa place, par la fiction de la représentation, qui est admise à l'infini en ligne directe descendante. (C. civ. 739, 740.)

3. — Les ascendants succèdent à l'exclusion de tous autres

aux choses par eux données à leurs enfants ou descendants décédés sans postérité, lorsque les objets donnés se retrouvent en nature dans la succession.

Si les objets ont été aliénés, les ascendants recueillent le prix qui peut en être dû ; ils succèdent également à l'action en reprise que pouvait avoir le donataire. (C. civ. 747.)

4. — Les frères et sœurs du défunt qui ne laisse point de descendant direct, succèdent seuls à tous les biens, par préférence à tous les collatéraux et à tous les ascendants autres que le père ou la mère du défunt. (C. civ. 750.)

Les descendants directs de frères ou sœurs du défunt, sont admis à la représentation avec les mêmes conséquences, comme il est dit ci-dessus. (n° 2.)

Lorsque le défunt laisse son père, sa mère, et des frères ou sœurs (ou descendants directs de ces derniers) la succession se divise en deux moitiés ; le père et la mère ensemble en prennent une. L'autre moitié est aux frères ou sœurs (ou descendants d'eux), qui se la partagent par portions égales s'ils sont tous du même lit ; s'ils sont de lits différents, la division se fait par moitié entre les deux lignes paternelle et maternelle du défunt ; les germains prennent part dans les deux lignes, les utérins et les consanguins chacun dans sa ligne seulement ; s'il n'y a de frères ou sœurs (ou descendants d'eux) que d'un côté, ils succèdent à la totalité à l'exclusion de tous autres parents de l'autre ligne. (C. civ. 752.)

Lorsque le défunt laisse son père ou sa mère, et des frères ou sœurs (ou descendants d'eux) le père ou la mère prend le 1/4 de la succession, et les 3/4 restants forment la masse à partager comme il vient d'être dit entre les frères ou sœurs (ou descendants d'eux.)

Il faut remarquer que les frères ou sœurs (ou descendants d'eux) n'ont pas la qualité d'héritier réservataire, ainsi qu'il a été dit au § VII.

5. — Quand il n'y a ni descendants, ni frères ou sœurs (ou descendants d'eux) la succession est déférée aux ascendants du défunt.

Si le père et la mère survivent tous deux, ils prendront chacun la moitié de la succession ; si l'un d'eux survit seul, il prend sa 1/2 dans la succession, et l'autre moitié se subdivise en 2 parts, l'une pour la branche paternelle, l'autre pour la branche maternelle.

L'ascendant le plus proche dans sa branche recueille seul la part attribuée à celle-ci ; dans cet ordre la représentation n'est pas admise. (C. civ. 746.)

6. — Reste l'ordre des collatéraux autres que les frères ou sœurs (ou descendants d'eux.)

S'il y a des ascendants dans les deux lignes paternelle et maternelle, ces collatéraux sont exclus par eux ; mais s'il n'y a d'ascendants que dans une seule ligne, les collatéraux de l'autre ligne prendront l'autre moitié de la succession ; la représentation n'étant pas admise le plus proche collatéral prendra tout ce qui était dévolu à sa ligne.

Si les collatéraux venaient en concours avec le père, ou avec la mère du défunt, ce père ou cette mère outre la moitié de la succession en pleine propriété, aurait l'usufruit sur un tiers des biens formant l'autre moitié. (C. civ. 754.)

S'il n'y a que des collatéraux, la succession se partage en deux lignes, paternelle et maternelle ; le collatéral le plus proche dans chaque ligne prend tout ce qui est dévolu à cette ligne, à l'exclusion des autres collatéraux.

Au-delà du 12ᵐᵉ degré on ne succède pas.

A défaut de parents successibles dans une ligne, ceux de l'autre ligne succèdent pour la totalité (C. civ. 755.)

7. — Il y a des successions que le Code Napoléon qualifie d'irrégulières : elles concernent les enfants naturels. L'art. 756 a été interprété par la jurisprudence belge, comme constituant non un simple droit de créance en faveur de l'enfant naturel légalement reconnu, mais un véritable droit successoral, restreint aux biens de son père et de sa mère, à l'exclusion des biens des parents de ces derniers.

La part successorale de l'enfant naturel si son père ou sa mère laissent des descendants légitimes, est du tiers de ce qu'elle eût été en le supposant légitime ; elle est de la moitié lorsque les père ou mère ne laissent pas de descendants légitimes, mais bien des ascendants ou des frères ou sœurs ; elle est des trois quarts, lorsque les père ou mère ne laissent ni descendants, ni ascendants, ni frères, ni sœurs.

Enfin l'enfant naturel a droit à la totalité des biens de ses père ou mère, lorsque ceux-ci ne laissent pas de parents au degré successible. (C. civ. 757, 758.)

En cas de prédécès de l'enfant naturel, ses enfants ou descendants peuvent réclamer les droits fixés par les articles précédents.

Ces droits successoraux de l'enfant naturel peuvent être modifiés par le père ou la mère, s'ils font certaines donations montant au moins à la moitié de ce qui lui est attribué par la loi, avec déclaration expresse que la donation a pour but de réduire l'enfant naturel à la portion qu'ils lui ont assignée. Dans le cas où cette portion serait inférieure à la moitié de ce qui devait revenir à l'enfant naturel, il ne pourra réclamer que le supplément nécessaire pour parfaire cette moitié. (C.civ. 761.)

Les enfants adultérins ou incestueux n'ont aucun droit successoral ; l'art. 762 du Code civil leur reconnait seulement une créance alimentaire réglée, eu égard aux facultés du père ou de la mère, au nombre et à la qualité des héritiers légitimes ; cette créance n'existera même plus lorsque le père ou la mère de l'enfant adultérin ou incestueux lui auront fait apprendre un art mécanique, ou lorsque l'un d'eux lui aura assuré des aliments de son vivant. (C. civ. 762, 764.)

8. — Les règles que nous avons exposées aux n°ˢ 2 à 6 reçoivent une modification lorsqu'il s'agit de la succession des enfants naturels (légalement reconnus.)

Si l'enfant naturel laisse des descendants légitimes ou naturels reconnus, pas de dérogation aux règles communes ; à défaut de descendants, si le père ou la mère qui l'a reconnu, ou tous deux lui survivent, celui qui l'a reconnu, hérite de la totalité des biens, excluant tous autres ; si le père et la mère l'ont tous deux reconnu, ils se partageront les biens par moitié.

En cas de prédécès des père et mère de l'enfant naturel, les biens qu'il en avait reçus passent aux frères et sœurs légitimes, s'ils se retrouvent en nature dans la succession ; les actions en reprise, s'il en existe, ou le prix de ces biens aliénés, s'il est encore dû, retournent également aux frères et sœurs légitimes. Tous les autres biens passent aux frères et sœurs naturels, ou à leurs descendants (C. civ. 765, 766.)

9. — Lorsque le défunt ne laisse ni parents au degré successible, ni enfants naturels, les biens de sa succession appartiennent au conjoint non divorcé qui lui survit. A défaut de conjoint survivant, à l'Etat. (C. civ. 767, 768.)

B. Des héritiers.

10. — Les héritiers légitimes sont saisis de plein droit des biens, droits et actions du défunt, sous l'obligation d'acquitter toutes les charges de la succession ; les enfants naturels, l'époux survivant et l'Etat doivent se faire envoyer en possession par justice, dans les formes déterminées par le Code.

Pour les personnes appelées par la loi, il suffit d'exister physiquement (1) au moment où la succession s'ouvre ; l'enfant conçu est héritier, s'il naît viable dans la suite. (C. civ. 724, 725.) Le Code établit certaines présomptions légales de survie, pour le cas où deux personnes, respectivement appelées à la succession l'une de l'autre, périraient dans un même évènement, sans qu'on puisse reconnaître laquelle est décédée la première.

Si ceux qui ont péri ensemble avaient moins de 15 ans, le plus âgé sera présumé avoir survécu ; mais s'ils avaient tous deux dépassé la soixantaine, le plus jeune sera présumé avoir survécu.

Si les uns avaient moins de quinze ans, les autres plus de soixante, les premiers seront présumés avoir survécu.

______

(1) La mort civile étant abolie par la Constitution belge, les art. 725, 3° et 719 du Code Napoléon sont abrogés.

Si ceux qui ont péri ensemble avaient 15 ans accomplis et moins de soixante, lorsqu'ils sont de sexe différent l'homme est toujours présumé avoir survécu, pourvu qu'il y ait égalité d'âge, ou une différence n'excédant pas une année ; lorsqu'ils sont du même sexe, le plus jeune est présumé avoir survécu. (C. civ. 721 à 723.)

11. — On devient héritier sans le savoir, en vertu de la loi ; mais nul ne reste héritier malgré lui. (C. civ. 775.)

En principe tout héritier peut accepter, ou refuser, ou accepter sous bénéfice d'inventaire ; la faculté du choix peut être exercée pendant 30 ans, sauf le droit des intéressés de faire provoquer une décision ; une fois le choix établi par des actes suffisants, il est irrévocable. (C. civ. 774, 789, 795, 800), (en ce qui concerne la renonciation, voir n° 13.)

Par dérogation à la règle générale, les mineurs et les interdits sont obligés d'accepter sous bénéfice d'inventaire ; il faut y ajouter les héritiers de celui auquel une succession est échue sans qu'il ait pris parti, s'ils ne peuvent se mettre d'accord sur une acceptation ou une renonciation unanime. (C. civ. 776, 781, 509.)

Quant au conjoint survivant et à l'Etat, ils devront en tous cas suivre les procédures de scellés et d'inventaire prescrites pour la succession bénéficiaire.

Par dérogation au même principe : 1° les héritiers qui auraient diverti ou récélé des effets d'une succession, sont déchus de la faculté d'y renoncer ; ils demeurent héritiers purs et simples, nonobstant leur renonciation, sans pouvoir prétendre aucune part dans les objets divertis ou récélés (C. civ. 792) ; 2° l'héritier qui se serait rendu coupable de récélé, ou qui a omis sciemment et de mauvaise foi, de comprendre dans l'inventaire quelque bien de la succession, sera déchu du bénéfice d'inventaire qu'il aurait eu. (C. civ. 801.)

12. — L'acceptation peut être expresse ou tacite : elle est expresse quand on prend le titre ou la qualité d'héritier dans un acte authentique ou privé ; elle est tacite, quand l'héritier fait un acte qui suppose nécessairement son intention d'accepter, et qu'il n'aurait droit de faire qu'en sa qualité d'héritier.

Les actes purement conservatoires, de surveillance ou d'administration provisoire, ne sont pas des actes d'adition d'hérédité, si l'on n'y a pas pris le titre ou la qualité d'héritier ; la jurisprudence belge donne notamment ce caractère aux déclarations de succession à faire au fisc en déans certains délais.

La donation, vente ou transport que fait de ses droits successoraux un des cohéritiers, soit à un étranger, soit à tous ses cohéritiers, soit à quelques uns d'eux, emporte de sa part acceptation de la succession. Il en est de même 1° de la renonciation, même gratuite, que fait un des héritiers au profit d'un ou de plusieurs de ses cohéritiers ; 2° de la renonciation qu'il fait, même au profit de tous ses cohéritiers indistinctement, lorsqu'il reçoit le prix de sa renonciation. (C. civ. 777 à 781.)

L'effet de l'acceptation remonte au jour de l'ouverture de la succession.

13. — La renonciation à une succession ne se présume pas ; elle sera faite par déclaration expresse sur un registre *ad hoc* déposé au greffe du tribunal de 1re Instance dans l'arrondissement duquel la succession s'est ouverte.

Malgré cette déclaration, les héritiers auraient encore la faculté d'accepter la succession, tant que la prescription de 30 ans n'est pas acquise, pourvu que d'autres héritiers, appelés à cause de la renonciation, n'aient point déjà accepté, et sans préjudice des droits qui peuvent être acquis à des tiers sur les biens de la succession, soit par prescription, soit par des actes valablement faits avec le curateur à la succession vacante. (C. civ. 784, 790.)

L'effet de la renonciation remonte également au jour de l'ouverture de la succession, et l'héritier renonçant est censé n'avoir jamais été héritier ; par conséquent la part qui lui revenait accroît à ses cohéritiers ou est dévolue au degré suivant, selon les cas, et nul ne peut venir par représentation du renonçant. (C. civ. 785, 786, 787.)

14. — L'acceptation sous bénéfice d'inventaire est une sorte de position intermédiaire, dans laquelle l'héritier agit comme

administrateur, paie les dettes et les legs, et ne sera réellement héritier que si, après tout cela, il reste des biens à l'actif.

L'effet du bénéfice d'inventaire est de donner à l'héritier l'avantage 1° de n'être tenu du paiement des dettes de la succession que jusqu'à concurrence de la valeur des biens qu'il a recueillis, même de pouvoir se décharger du paiement des dettes, en abandonnant tous les biens de la succession aux créanciers et aux légataires ; 2° de ne pas confondre ses biens personnels avec ceux de la succession, et de conserver contre elle le droit de réclamer le paiement de ses créances.

Une série de mesures ayant pour objet la constatation fidèle de l'actif et du passif, ainsi qu'une administration régulière de la succession dans l'intérêt des créanciers, est prescrite au Code civil dans les art. 793 à 810.

15.— On ne peut renoncer à la succession d'un homme vivant, ni aliéner les droits éventuels que l'on peut avoir à sa succession. (C. civ. 791.) Mais sitôt le décès survenu, le droit est acquis et peut faire l'objet d'une vente, d'une cession, d'une donation. (C. civ. 780.) Si le cessionnaire acquéreur de droits successoraux n'était pas le successible du défunt, les autres héritiers peuvent l'écarter, en remboursant le prix qu'il a payé. (C. civ. 841.)

La loi exclut de tout bénéfice dans la succession :

1° celui qui serait condamné pour avoir donné ou tenté de donner la mort au défunt ;

2° celui qui a porté contre le défunt une accusation capitale jugée calomnieuse ;

3° l'héritier majeur qui, instruit du meurtre du défunt, ne l'aura pas dénoncé à la justice.

Mais pour ce dernier cas il faut remarquer que le défaut de dénonciation ne peut être opposé aux ascendants et descendants du meurtrier, ni à ses alliés au même degré, ni à son conjoint, ses frères ou sœurs, oncles ou tantes, neveux ou nièces.

L'effet de l'exclusion est de faire considérer l'indigne comme n'existant pas ; ses enfants peuvent succéder de leur chef, sans le secours de la représentation, et le Code dispose spécialement que sur les biens ainsi acquis, les père ou mère n'auront pas l'usufuit légal, corollaire de la puissance paternelle. (C. civ. 727 à 730.)

C. Du partage.

16. — Nul ne peut être contraint de rester dans l'indivision, et le partage peut toujours être provoqué, nonobstant prohibi‑tions et conventions contraires.

On peut cependant convenir de suspendre le partage pendant un temps limité ; cette convention ne peut être obligatoire au delà de 5 ans, mais elle peut être renouvelée. (C. civ. 815.)

Chacun des cohéritiers peut demander sa part en nature des meubles et immeubles de la succession, sauf le droit des créanciers de la succession, ou de la majorité des héritiers, de provoquer la vente publique. (C. civ. 826.)

Les formes légales pour composer les lots et les répartir entre les héritiers sont détaillées aux art. 815 à 842 du Code civil.

17. — Le passif de la succession suit l'actif et se partage dans les mêmes proportions ; les cohéritiers contribuent entre eux au paiement des dettes et charges de la succession, chacun dans la proportion de ce qu'il y prend.

Les héritiers sont tenus des dettes et charges de la succession, personnellement pour leur part et portion virile, et hypothé‑cairement pour le tout ; sauf leur recours, soit contre leurs cohéritiers, soit contre les légataires universels à raison de la part pour laquelle ils doivent y contribuer. (C. civ. 870, 873.)

Le légataire à titre universel contribue avec les héritiers, au prorata de son émolument ; le légataire particulier n'est pas tenu des dettes et charges, sauf toutefois l'action hypothécaire sur l'immeuble légué. (C. civ. 871.)

18. — Pour l'évaluation du montant de la succession, et son partage entre cohéritiers dans les proportions légales, tout

héritier, même bénéficiaire, doit rapporter à ses cohéritiers tout ce qu'il a reçu du défunt, par donation entre vifs, directement ou indirectement ; il ne peut retenir les dons, ni réclamer les legs à lui faits par le défunt, à moins qu'ils ne lui aient été faits expressément par préciput et hors part, ou avec dispense du rapport. Même dans cette dernière occurrence, il ne pourrait les retenir que jusqu'à concurrence de la quotité disponible ; l'excédant est sujet à rapport.

Le plus souvent l'opération du rapport sera purement intellectuelle, et elle se résoudra en une diminution proportionnelle du lot de l'héritier dans le partage. En tous cas le rapport ne tourne jamais au profit des légataires, ni des créanciers de la succession. (C. civ. 857.)

Ne sont pas sujets à rapport : les frais de nourriture, d'entretien, d'éducation, d'apprentissage ; les frais ordinaires d'équipement, ceux de noces et présents d'usage ; les profits que l'héritier a pu retirer de conventions passées avec le défunt, si ces conventions ne présentaient aucun avantage direct ou indirect lorsqu'elles étaient faites ; l'immeuble qui a péri par cas fortuit et sans la faute du donataire.

La présomption d'interposition de personnes, admise en matière d'incapacité de recevoir, n'a pas lieu quant au rapport ; le code insiste même sur ce principe en disant que les dons et les legs faits au fils, au père, au conjoint d'un successible, sont toujours censés faits avec dispense de rapport (C. civ. 847, 848, 849).

D. Des successions vacantes.

19. — Lorsque, après l'expiration des délais pour faire inventaire et délibérer, il ne se présente personne qui réclame la succession, qu'il n'y a pas d'héritier connu, ou que les héritiers connus y ont renoncé, cette succession est réputée vacante (C. civ. 811).

Pour ne pas diviser la matière, nous résumons ci après les

fonctions du curateur nommé par le tribunal de 1re instance dans l'arrondissement duquel la succession s'est ouverte ; cette nomination aura lieu sur la requête de toute personne intéressée, ou à la requête du Procureur du Roi.

Le curateur à une succession vacante est tenu, avant tout, d'en faire constater l'état par un inventaire ; il en exerce et poursuit les droits ; il répond aux demandes formées contre elle. Pour le surplus il administre dans les formes prescrites pour la succession bénéficiaire, et consigne tous deniers et valeurs mobilières restant pour solde. (C. civ. 812 à 815.)

§ IX. Administration des successions.

I. — *A qui elle revient.*

Les héritiers légitimes sont saisis de plein droit des biens, droits et actions du défunt, sous l'obligation d'acquitter toutes les charges de la succession. Si le défunt a fait un testament par acte public et ne laisse pas d'héritiers réservataires, il en sera de même pour le légataire universel. (C. civ. 1008 et 1006.)

Le défunt pourra aussi par testament déférer la saisine de son mobilier à son exécuteur testamentaire (C. civ. 1026) pour une durée d'un an et un jour, à partir du jour de son décès.

Les personnes ayant la saisine sont immédiatement responsables de l'administration de la succession.

Les enfants naturels, l'époux survivant et l'État doivent se faire envoyer en possession par justice. Il en est de même du légataire universel institué par testament olographe ou mystique.

A partir de l'envoi en possession ils sont tenus de l'administration en vertu de la loi.

Toute personne peut par testament nommer un ou plusieurs exécuteurs testamentaires (C. civ. 1025), chargés de liquider la succession, de veiller à l'observation de toutes les clauses du testament, et d'en soutenir au besoin la validité devant les tribunaux. (C. civ. 1031.)

Toute personne majeure, ayant la capacité de s'obliger civilement, peut remplir cette charge ; mais ses pouvoirs ne se transmettent pas à ses héritiers. (C. civ. 1032.)

La loi n'impose point de caution préalable à l'exécuteur testamentaire.

II. — *Les actes d'administration les plus usuels :*

1º Faire apposer par le juge de paix du domicile du défunt, les scellés sur les appartements ou les meubles de la mortuaire. (C. civ. 1031.)

Cette formalité *doit* être demandée s'il y a des héritiers mineurs, interdits ou absents. En dehors des personnes désignées ci-dessus pour administrer la succession, peuvent encore requérir cette apposition : 1º tous ceux qui prétendent un droit quelconque dans la succession ou dans la communauté ; 2º les créanciers (voir plus loin) ; 3º les personnes qui demeuraient avec le défunt, ses serviteurs et domestiques. (C. proc. civ. 909.)

L'apposition sera même faite d'office par le juge de paix, s'il apprend : 1º que l'héritier mineur est sans tuteur ; 2º que le conjoint ou l'un des héritiers est absent ; 3º que le défunt était dépositaire public. (C. proc. civ. 911.)

2º Faire dresser par notaire l'inventaire de la succession, en présence des personnes qualifiées pour y assister : 1º du conjoint survivant ; 2º des héritiers présomptifs ; 3º de l'exécuteur testamentaire si le testament est connu ; 4º des donataires et légataires universels ou à titre universel. (C. civ. 1031, — c. prov. civ. 942.)

Celles d'entre ces personnes qui, dûment appelées, ne comparaissent pas, sont remplacées par un notaire nommé par le président du tribunal de Première Instance.

3º Payer les dettes de la succession et en acquitter les legs.

4º Provoquer la vente des meubles, d'abord, des immeubles ensuite, jusqu'à ce que les deniers suffisent à payer comme il est dit au 3º. (C. civ. 1031.) Le code de procédure civile, art. 945 à 965 règle les formalités à remplir à cet effet.

5° Partager la succession conformément à la loi et à la volonté du défunt. Nul ne peut être contraint de rester dans l'indivision (C. civ. 815) et chacun des cohéritiers peut demander sa part, en nature, des meubles et immeubles de la succession. (C. civ. 826, voir § VIII.)

III. Dettes du défunt.

1. — Les créanciers pourront, dès qu'ils apprennent le décès, faire apposer par le juge de paix les scellés, ainsi qu'il est dit plus haut. (C. civ. 820.) Si la dette n'est pas établie par un titre exécutoire (un acte notarié ou un jugement), le créancier devra obtenir l'autorisation préalable du juge de paix ou du président du tribunal (C. proc. civ. 909.)

· Les créanciers obtiennent ainsi l'avantage d'être appelés à la levée des scellés (C. procéd. civ. 931), et d'être assurés que toutes les formalités établies par la loi pour sauvegarder leurs droits seront remplies.

2. — Les créanciers pourront saisir les meubles et immeubles de la succession, et en provoquer la vente judiciaire (C. civ. 826 — C. procéd. civ. 945 à 965.)

3. — A moins que les héritiers ne fassent au tribunal, dans les formes voulues, une renonciation à la succession, ou une déclaration qu'ils acceptent seulement sous bénéfice d'inventaire, ils deviennent les débiteurs personnels des créanciers du défunt et sont tenus même au-delà des sommes qu'ils touchent. (C. civ. 784, 793, 802).

Réciproquement les créanciers personnels des héritiers peuvent se faire payer sur les biens de la succession. (C. civ. 870.) Les créanciers du défunt pourront éviter les pertes que pareil concours leur causerait, en demandant au tribunal la séparation des patrimoines (C. civ. 878) ; pour valoir sur les meubles de la succession pareille séparation devra être demandée en déans les trois ans du décès. (C. civ. 880.) Quant aux immeubles, il n'y a pas en principe de délai fixé ; mais il faut tenir compte de l'article 39 de la Loi du 16 décembre 1851, qui dispose comme suit :

« Art. 39. — Les créanciers et légataires ayant, aux termes de l'article 878 du Code civil, le droit de demander la séparation des patrimoines, conservent ce droit à l'égard des créanciers des héritiers ou représentants du défunt, sur les immeubles de la succession, par l'inscription prise sur chacun de ces immeubles, dans les six mois de l'ouverture de la succession.

Jusqu'à l'expiration de ce délai, aucune hypothèque ne peut être établie sur ces biens, ni aucune aliénation consentie par les héritiers des représentants du défunt, au préjudice des créanciers et légataires. »

4. — Les dettes du défunt sont payées avant les legs. Elles passent dans l'ordre suivant : 1º les frais de justice faits dans l'intérêt commun des créanciers ; 2º les frais funéraires en rapport avec la condition et la fortune du défunt ; 3º les frais de dernière maladie pendant un an ; 4º les salaires des gens de service pour l'année échue et ce qui est dû sur l'année courante ; le salaire des commis pour 6 mois ; celui des ouvriers pour 1 mois ; 5º les fournitures de subsistances faites au défunt et à sa famille pendant 6 mois.

Tous les créanciers ordinaires chirographaires partagent ensemble au marc le franc.

Les créances hypothécaires et privilégiées sur immeubles, suivent l'immeuble en quelques mains qu'il passe. Celui d'entre les héritiers qui reçoit un immeuble grevé, devra donc payer toute la créance inscrite, sauf à se faire rembourser les parts des autres héritiers. Sur le prix provenant de l'immeuble grevé, le créancier hypothécaire prime tous les autres.

(Cette matière sera traitée à nouveau au § XVIII, Privilèges et Hypothèques).

Dans le cas spécial, où, à la mort du mari, la veuve sans enfant se déclare enceinte ou paraît l'être, il est nommé par le conseil de famille un curateur au ventre. Celui-ci est l'administrateur provisoire de la succession du mari, jusqu'à ce que l'événement établira si l'enfant, naissant vivant et viable, a été héritier de son père. (C. civ. 393.)

§ **X. Actions.**

1. — Tout droit fondé sur la loi positive et n'allant point, dans son exercice, à l'encontre des bonnes mœurs ou de l'ordre public belge, peut donner lieu à une action en justice.

Les actions ne sont point décrites limitativement, ni classées par la loi ; elles se distinguent dans le langage courant soit par la juridiction devant laquelle on les portera (actions civiles, actions commerciales) ; soit par le but auquel elles tendent (action en désaveu, action ad exhibendum, action en nullité, action en bornage) ; soit par certains caractères de leur objet (actions mobilières, actions immobilières).

Dans les textes de nos lois on ne relève comme importantes que la distinction de l'action civile, en opposition avec l'action pénale, et celle de l'action pétitoire, en opposition avec l'action possessoire.

2. — L'action pénale ou répressive appartient aux seuls magistrats auxquels la loi la confie (le Procureur du Roi et ses délégés dans l'ordre hiérarchique).

Le droit de plainte ou de dénonciation appartient à toute personne ; le ministère public seul décide s'il y a lieu de déférer les faits signalés aux tribunaux répressifs, ou d'ouvrir une instruction judiciaire à leur sujet. (C. Inst. Criminelle art. 63, 145, 165, 182.)

Celui qui a éprouvé un dommage né et actuel, et qui est capable d'agir en justice, peut déférer directement aux tribunaux répressifs l'auteur de l'acte délictueux d'où naît ce dommage, mais seulement pour en obtenir la réparation civile ; même en ce cas le Ministère public interviendra pour ce qui concerne la peine.

L'action directe est surtout usuelle en matière de presse.

Il convient de signaler ici d'une façon particulière, en ce qui concerne le droit des étrangers, que la jurisprudence belge ne distingue pas entre les délits contre le droit naturel ou contre

le droit des gens, et les délits créés par la législation spéciale de
Belgique (Appel Brux. 13 déc. 1856.) Tout étranger peut demander en Belgique réparation du dommage causé par un fait
dommageable, un quasi délit ou un délit. (Cassation 1 oct.
1880.)

3. — C'est surtout la loi du 25 mars 1876 (Prélimin. du Code
de Procéd. civile) qui rend importante la différence entre les
actions possessoires et pétitoires, tant pour ranger les premières
dans la compétence spécialement étendue du juge de paix
(art. 3 § 12), que pour en déterminer les conditions d'admissibilité (art. 4), et pour interdire le cumul des deux voies (art. 5.)

Pour définir l'action possessoire, il faut recourir à la définition que le code civil (art. 2228) donne de la possession : « la
détention ou la jouissance d'une chose ou d'un droit que nous
tenons ou que nous exerçons par nous-mêmes, ou par un autre
qui la tient ou l'exerce en notre nom ». De là l'action possessoire sera employée pour procurer le maintien ou la récupération
de la possession d'immeubles, ou de droits immobiliers susceptibles d'être acquis par prescription.

En dehors des conditions générales d'admissibilité des
actions, la loi prescrit comme conditions spéciales pour la recevabilité des actions possessoires : 1° qu'il s'agisse d'immeubles
ou de droits immobiliers susceptibles d'être acquis par prescription ; 2° que le demandeur prouve avoir été en possession
pendant une année au moins ; 3° que la possession réunisse les
qualités requises par les art. 2228 à 2235 C. civ. ; 4° qu'il se soit
écoulé moins d'une année depuis le trouble ou la dépossession.
Il y a dispense des 2me et 3me conditions si le trouble a été
causé par violence ou voies de fait.

La même loi, comme nous le disions à l'instant, interdit le
cumul des deux actions, cumul simultané et cumul successif,
en ce sens, qu'après avoir échoué au pétitoire on ne sera plus
reçu au possessoire. Des conditions particulières déterminent
l'emploi du pétitoire après un échec par la voie possessoire.

4. Pour que le droit, tel que nous l'avons défini en commençant, donne ouverture à action, il faut que le demandeur y

ait un intérêt né et actuel ; le dommage sera pécuniaire ou moral, mais dans ce dernier cas, tout au moins appréciable en argent et sérieux.

Il faut encore que le demandeur soit capable (v. plus haut § III) c.-à-d. qu'il ait l'exercice de ses droits civils et qu'il ait qualité pour agir. La maxime *nul ne plaide par procureur*, bien qu'elle ne soit inscrite dans aucun texte spécial, n'en est pas moins considérée par tous les tribunaux comme d'ordre public, et doit comme telle être observée même par un refus d'office en dehors des conclusions des parties. Deux exceptions sont admises : 1° le Roi sera représenté en ses intérêts privés par la Liste Civile, au nom de laquelle comparaîtra un magistrat du Ministère public (Procureur du Roi) selon les indications de la compétence territoriale. 2° En matière maritime, le capitaine plaide et défend en son nom pour compte de tous les intéressés du navire et de l'armement. — L'action populaire existe en matière électorale, tout citoyen ayant l'exercice de ses droits politiques étant censé avoir un intérêt suffisant à ce que ces lois soient observées.

5. — La forme des actions fait l'objet du Code de procédure civile et du Code d'instruction criminelle. La procédure devant les tribunaux de commerce est réglée par le tit. III Liv. IV du Code de commerce qui renvoie aux art. 414 à 442 du Code de Procéd. civile.

Les traits généraux communs sont les suivants :

a) Toute action est entamée par un exploit introductif d'instance désignant nettement les parties, l'objet de la demande et le juge qui doit en connaître. Cet acte doit être notifié par un officier ministériel nommé huissier, à la partie défenderesse, ou à son domicile légal. Une procédure spéciale par publication et affiches règle le cas où une personne n'a pas de domicile légal en Belgique.

Même les actions pénales, faites à la poursuite du Ministère Public, sont notifiées, avec désignation précise du fait reproché, par le ministère des huissiers.

Il n'existe à cette règle qu'une seule exception, pour le cas où deux parties se présenteraient spontanément devant le juge de paix pour faire juger leur différend, dans une matière qui rentre dans sa compétence.

b) Entre le jour où l'huissier notifie son exploit introductif d'instance et le jour de l'audience, il doit y avoir certains délais, variables suivant les juridictions : un jour franc en justice de paix et au tribunal de commerce (C proc. civ. art. 5); trois jours, pour les citations en conciliation devant le juge de paix, sur affaires qui sont proprement du ressort du tribunal de 1re Instance ; huit jours francs devant le tribunal de 1re Instance et les Cours d'appel. (C. pr. civ. 51, 456.) — En cas d'urgence ces délais sont abrégés par ordonnance du juge compétent, rendue sur requête de la partie intéressée ; ils sont au contraire étendus par la loi, à raison des distances entre le lieu où l'exploit est remis et celui où siège le tribunal.

c) En principe les parties peuvent exposer leur cause en personne ; devant les tribunaux de 1re Instance et les Cours d'appel, elles seront néanmoins assistées d'*avoués* et représentées par eux dans les actes de la procédure, soit préliminaires soit subséquents à l'audience proprement dite.

d) Tout juge ou tribunal, régulièrement saisi d'une cause, doit statuer sur toutes les demandes, et ne peut statuer que sur les demandes, par un jugement motivé rendu en audience publique, sauf en matière d'adoption avant l'arrêt définitif.

e. La partie qui succombe est condamnée aux frais judiciaires. (V. plus loin, § XIII, les cas de compensation.)

6. L'effet des actions en justice est, tant qu'elles durent, de créer l'exception de litispendance entre les parties. Si une action civile dépend de la constatation de certains faits qui tombent sous le Code pénal, et si l'action publique est entamée, le criminel tiendra le civil en état. — En sens inverse, le civil tiendra le criminel en état, toutes les fois que certains délits perdraient leur caractère par la preuve de l'un ou l'autre droit civil.

Après le jugement, l'action crée l'exception de chose jugée.

7. — L'action peut prendre fin par le désistement pur et

simple de celui qui l'avait intentée, lequel sera décrété en jugement, par une décision après débats, cu par la péremption d'instance.

Il va sans dire que les actions sont influencées en même sens par la prescription du droit qui leur servait de base.

---

§ XI. Organisation judiciaire et Compétence.

1. — A consulter sur les matières un peu spéciales de l'organisation judiciaire, la loi du 18 juin 1869 qui en est la base. Voir aussi la loi du 27 juillet 1867 sur la mise à la retraite des magistrats ; celle du 20 juillet 1810 en son chap. VII, sur la discipline judiciaire, etc.

Pour faire connaitre en substance le système belge nous donnerons les notions ci-après :

2. — Tous les juges sont nommés par le Roi, à vie et inamovibles ; les seules mutations s'opèrent dans l'ordre hiérarchique établi par la loi, ou d'après les besoins des sièges d'un lieu dans un autre. Les traitements gradués des magistrats sont déterminés par la loi et à charge de l'Etat.

Les membres des tribunaux de commerce sont élus par les commerçants, inscrits sur certaine liste spéciale dressée à cet effet, pour un terme de deux années ; toutefois ils n'ont pouvoir de juger qu'après avoir reçu l'investiture du Roi. Ils exercent gratuitement leurs fonctions.

Les membres du Conseil des Prud'hommes sont dans une situation semblable ; la liste des électeurs est différente.

3. — Il y a pour toute la Belgique une seule *Cour de cassation* dont le siège est à Bruxelles. Elle connaît :

1° Des demandes en cassation contre les arrêts et les jugements rendus en dernier ressort ; 2° des réglements de juge, des demandes en renvoi d'un tribunal à un autre, et des prises à partie (Loi 25 mars 1876, art. 19.) Elle ne connait en aucune matière civile ou pénale du fond de la cause, sauf en cas de mise en accusation des ministres.

4. — La Belgique est ensuite divisée en 3 ressorts de *Cour d'appel*, dont les sièges sont respectivement : Gand, Bruxelles et Liège. Ces Cours connaissent de l'appel des jugements rendus en 1ᵉʳ ressort par les tribunaux de 1ʳᵉ Instance et les tribunaux de Commerce, lorsque la demande dépasse 2500 frs., et des ordonnances de référés civils ou commerciaux.

En matière pénale elles connaissent de l'appel des jugements répressifs du tribunal de 1ʳᵉ Instance, et de toute poursuite intentée à un magistrat.

5. — Chaque ressort de Cour d'appel est ensuite divisé en plusieurs arrondissements judiciaires, chaque arrondissement ayant *un tribunal de* 1ʳᵉ *Instance.*

Les tribunaux de 1ʳᵉ Instance connaissent de toutes les matières, à l'exception de celles qui sont attribuées aux juges de paix, aux tribunaux de commerce et aux conseils de Prud'-hommes. Ils reçoivent l'appel des décisions des juges de paix. En matière pénale ils jugent en 1ᵉʳ degré toutes les infractions qualifiées délits par le code pénal, et aussi les crimes dans lesquels se rencontrent les circonstances atténuantes prévues par la loi. La chambre qui s'occupe de ces matières, reçoit dans le langage usuel le nom de tribunal correctionnel. Ils jugent en degré d'appel les condamnations repressives émanées des juges de paix.

6. — Chaque arrondissement est subdivisé à son tour en cantons, chacun de ceux-ci formant la juridiction territoriale d'un *juge de paix*.

Le juge de paix connaît de toutes les actions civiles en premier ressort jusqu'à 300 fr. Il connaît en dernier ressort jusqu'à la valeur de 100 fr. et en premier ressort à quelque valeur que la demande puisse s'élever :

1° Des actions en payement de loyers ou fermages, des congés, des demandes en résiliation de bail fondées sur le seul défaut de payement, des expulsions de lieux et des demandes en validité ou en mainlevée de saisie gagerie, pourvu que le prix annuel de la location n'excède pas 300 frs.

2° Des réparations mises par la loi à la charge des locataires.

3° Des dégradations et des pertes dans les cas prévus par les articles 1732 et 1735 du Code civil (1).

4° Des indemnités dues au locataire ou fermier pour non jouissance, pour reprises de pailles, d'engrais et de semences, pour fumure, labour et ensemencement.

5° Des contestations relatives aux engagements respectifs des gens de travail et de ceux qui les employent, des maîtres et des domestiques ou gens de service à gages, des maîtres et de leurs ouvriers ou apprentis, sans préjudice à la juridiction des prud'hommes, dans les lieux où elle est établie.

(La disposition précédente donne lieu à de notables difficultés dans les villes où les deux juridictions existent simultanément ; la limite de compétence est malaisée à fixer dans un certain nombre d'espèces).

6° Des actions en dommages-intérêts pour injures rentrant dans la compétence du tribunal de simple police, pour voies de fait et violences légères desquelles il n'est résulté ni coups, ni blessures.

7° Des actions pour vices rédhibitoires, dans les ventes ou échanges d'animaux.

8° Des actions pour dommages momentanés faits aux champs, fruits et récoltes, soit par l'homme, soit par les animaux.

9° Des actions relatives à l'élagage des arbres ou haies, et au curage soit des fossés, soit des canaux servant à l'irrigation des propriétés ou au mouvement des usines.

10° Des actions en bornage, de celles relatives à la distance prescrite par la loi, les règlements particuliers et l'usage des lieux, pour les plantations d'arbres et de haies.

---

(1) Art. 1732 : Il (le locataire) répond des dégradations ou des pertes qui arrivent pendant sa jouissance, à moins qu'il ne prouve qu'elles ont eu lieu sans sa faute.

Art. 1735. Le preneur est tenu des dégradations et des pertes qui arrivent par le fait des personnes de sa maison ou de ses sous-locataires.

11° Des actions relatives aux constructions et travaux énoncés dans l'article 674 du Code civil (1).

12° Des actions possessoires.

Mais, pas plus que les tribunaux de commerce, il ne connaît de l'exé ution de ses jugements. (Loi du 20 mars 1876. 2. 3. 6.)

Quand il siége en matière répressive, il connaît des contraventions et matières qualifiées de simple police.

7. — Près de chaque Cour ou tribunal, les intérêts publics sont confiés à des magistrats requérant au nom du Roi et dont l'avis est indispensable en plusieurs matières civiles. notamment si des incapables, mineurs, etc. sont intéressés. Ces magistrats portent le nom de *Procureurs du Roi*, *Procureurs Généraux*, etc. d'après le siége. Ils sont nommés par le Roi, et amovibles.

En matière pénale ils dirigent toutes les poursuites et font exécuter les peines prononcées.

8. — *Les tribunaux de commerce* et les conseils de Prud'hommes forment des juridictions spéciales à certaines villes seulement, où des lois successives les ont organisées.

Les tribunaux de commerce alors connaissent des actes réputés commerciaux par le Code de commerce, et spécialement des actions dirigées par des tiers contre les commis des commerçants à raison de leur trafic ; des contestations entre associés d'une société commerciale ; de tout ce qui concerne les faillites ; des contestations concernant les transports du chemin de fer de l'Etat en tant qu'elles ne sont pas basées sur des blessures corporelles.

Quant aux *Conseils de Prud'hommes*, ils jugent les contestations entre patrons et ouvriers relatives à un contrat de travail, et appliquent les répressions disciplinaires y afférentes.

____

(1) Art. 674. Celui qui fait creuser un puits ou une fosse d'aisance près d'un mur mitoyen ou non :

Celui qui veut y introduire cheminée ou âtre, forge, four ou fourneau ;

Y adosser une étable, ou établir contre ce mur un magasin de sel ou amas de matières corrosives :

Est obligé a laisser la distance prescrite par les réglements et usages particuliers sur ces objets, ou à faire les ouvrages prescrits par les mêmes réglements et usages, pour éviter de nuire au voisin.

En matière pénale il existe encore des tribunaux spéciaux pour les militaires et des *Cours d'assises*. Celles-ci sont composées de 3 magistrats et d'un jury de 12 citoyens tirés au sort sur certaines listes ; le jury intervient uniquement pour trancher la question de fait ; les magistrats ensuite prononcent ou l'acquittement ou la peine prévue par la loi, avec faculté de graduer celle-ci, dans les limites prévues par le Code pénal.

§ XII. Appels et autres voies pour attaquer les jugements.

1. — Les jugements peuvent être attaqués par l'opposition, l'appel, le recours en cassation, et extraordinairement par la requête civile, la tierce opposition et la prise à partie.

Il n'est point permis de recommencer l'action pour en faire décider autrement ; *l'exceptio rei judicata* empêche l'action nouvelle entre les mêmes parties, agissant dans les mêmes qualités, pour le même objet, en se fondant sur les mêmes causes. (C. civ. 1351.) Mais si l'une de ces quatre identités manque, une action nouvelle pourrait venir modifier la situation créée par le premier jugement et ainsi indirectement annuler celui-ci. Par ex. les actions pour pensions alimentaires pourraient être recommencées plusieurs fois, car elles sont fondées en fait sur l'état actuel des ressources et des besoins des parties, et on peut toujours alléguer qu'une modification est survenue à cet état.

2. *De l'opposition.* — Si, au jour fixé pour l'audience le demandeur ne comparait pas, il est rendu un jugement de défaut-congé, au profit du défendeur. — Ce jugement n'est point susceptible d'opposition, mais ne crée pas l'exception de chose jugée. Si avoué avait été constitué pour le défendeur, il serait permis de faire opposition en déans la huitaine de la signification du défaut.

Si le défendeur ne comparait pas, le jugement qui interviendra sera qualifié par défaut ; le défendeur pourra y faire opposition, et cet acte, s'il est régulier, fait tomber le jugement et saisit à nouveau le juge qui l'avait prononcé, mais le deuxième jugement ne sera plus susceptible d'opposition.

L'opposition devra être faite : a) dans les 3 jours de la signification du jugement au défendeur ou à son domicile, s'il émane du juge de paix (C. proc. civ. 20) ; — b) dans les 8 jours à dater de la signification à l'avoué du défendeur s'il est rendu en 1re instance ou en appel, et que le défendeur a constitué avoué (ibid. 470, 157) ; c) si le défendeur n'a pas constitué avoué, l'opposition est recevable jusqu'à ce que le jugement soit exécuté, c'est-à-dire que les meubles soient vendus, ou les frais payés, ou qu'une procédure de saisie immobilière ou de saisie-arrêt commencée soit connue du défendeur (C. proc. civ. 159 à 162). Il en sera de même pour les jugements des tribunaux de commerce.

S'il y a plusieurs défaillants, et que les uns comparaissent, les autres pas, il sera rendu un jugemement de défaut-profit joint, qui, sans statuer au fond de la cause, et réservant les dépens, fixera jour pour une nouvelle audience ; ce jugement sera notifié comme une nouvelle assignation par un huissier commis dans ce jugement, et alors sera rendu un jugement qui ne sera plus susceptible d'opposition. (C. procéd. civ. 153.)

Le défendeur ne peut plus faire opposition s'il a acquiescé au jugement. Il n'est pas permis de faire opposition aux arrêts de la cour d'appel en matière de réclamation sur les contributions et de recours électoraux. (Lois élect. coord. 5 août 1881, 33-78).

En matière pénale, l'opposition aux jugements de simple police pourra être faite sur l'original de l'acte de signification, ou par acte séparé notifié en déans les 3 jours (outre 1 jour supplémentaire par 3 myriamètres) ; elle sera non avenue si le prévenu ne comparait pas à la première audience après l'expiration des délais. Même chose pour les jugements de tribunaux correctionnels, où le délai est de 5 jours (outre 1 jour par 5 myriamètres).

Les arrêts par défaut de la Cour d'assises, tombent si le contumax se présente avant l'expiration de 20 années.

3. — *De l'appel.* — En règle générale toute cause peut se présenter successivement à deux juridictions : la plupart des jugements interlocutoires et définitifs sont susceptibles d'appel. — Mais l'appel d'un jugement préparatoire rendu pour l'instruction de la cause et qui tend seulement à la mettre en état, ne sera interjeté qu'après le jugement définitif et conjointement avec ce dernier (C. procéd. civ. 451, 452.) — La distinction entre le jugement préparatoire et le jugement interlocutoire ordonnant une preuve, une vérification ou une instruction qui préjuge le fond, est déterminée par une jurisprudence assez constante.

Sont soustraits à la faculté d'appel :

1° Les arrêts de la cour d'assises.

2° Les jugements civils des juges de paix dans des causes ne dépassant pas 100 francs. (Loi 26 mars 1876, art. 2.)

3° Les jugements civils des tribunaux de 1re Instance dans des causes ne dépassant pas 2500 frs. (Ibid. art. 16.) Mais il est à remarquer que ces causes ont été préalablement soumises à la conciliation devant le juge de paix.

4° Les jugements des tribunaux de commerce jusqu'à 2500 frs.

5° Les décisions civiles du Conseil des Prud'hommes jusqu'à 200 frs. (Loi 7 fév. 1859, art. 47.)

La question de compétence du juge peut toujours être portée à l'appel.

Tout jugement pénal ou disciplinaire peut être frappé d'appel.

L'appel d'un jugement prononcé par le juge de paix est porté au tribunal de 1re Instance ; celui des jugements de 1re Instance et de commerce, à la cour d'appel. (Loi 26 mars 1876, art. 17.) — Les décisions civiles du Conseil des Prud'hommes, sont déférées à l'appel devant le tribunal de commerce sauf en matière de mines ; les décisions disciplinaires du même conseil des Prud'hommes, devant le tribunal de première Instance. (Loi 7 fév. 1859, art. 42, 47.)

Est qualifié appel principal, celui qui intervient le premier ; il sera fait dans les formes ordinaires des assignations. L'intéressé pourra ensuite interjeter appel incident par acte d'avoué ou par premières conclusions d'audience.

Le droit d'appel est limité dans le temps ; l'appel ordinaire ne peut être fait en déans les 8 jours à dater du prononcé du jugement ; il ne peut plus l'être après les délais ci-après spécifiés. Ces délais, qui si le contraire n'est dit, courent à dater de la signification du jugement, sont :

1° de 40 jours pour les jugements des juges de paix, et les décisions civiles des Prud'hommes. (Loi 7 fév. 1859, 80 — Loi 25 mars 1841, art. 11.)

2° De 15 jours pour les ordonnances de référé (C. proc. civ. 809), et en matière de faillite. (Loi 18 avril 1851, art. 465.)

3° De 8 jours pour les jugements en matière de concordat préventif de faillite (Loi 20 juin 1883), et pour les décisions disciplinaires des conseils des Prud'hommes (Loi 7 fév. 1859, art. 44).

4° De 3 mois pour les jugements ordinaires des tribunaux de 1re Instance et de commerce.

5° De 10 jours pour les jugements répressifs des juges de paix et des tribunaux correctionnels ; ici le délai court à dater du prononcé du jugement, s'il est contradictoire, de la signification à personne ou à domicile, s'il est par défaut. (Loi 1 mai 1879, art. 5 ; C. d'instruction criminelle, art. 174-203.)

6° De 15 jours à partir du prononcé du jugement en matière d'expropriation pour cause d'utilité publique (Loi 17 avril 1835, art. 6.)

Tous les délais ci-dessus sont allongés en proportion de la distance, pour ceux qui demeurent hors du Royaume, ainsi que cela a lieu pour les assignations (C. proc. civ. 73-445.) Contre les mineurs les délais civils ne courent que depuis le jour où le jugement est signifié au tuteur et au subrogé tuteur. (C. proc. civ. 444.)

L'effet de l'exploit d'appel n'est pas d'annuler le jugement, mais de suspendre son exécution ; encore ne produira-t-il pas même cet effet si le jugement était rendu exécutoire par provision et nonobstant opposition ou appel. (C. proc. civ. 439.)

Il ne sera formé en degré d'appel aucune nouvelle demande, à moins qu'il ne s'agisse de compensation, ou que la demande nouvelle ne soit la défense à l'action principale. Pourront aussi les parties demander des intérêts, arrérages, loyers et autres accessoires échus depuis le jugement de 1re Instance et les dommages et intérêts pour le préjudice souffert depuis le dit jugement. (C. proc. civ. 464).

4. — *Du recours en cassation.*

Les arrêts et jugements, rendus en dernier ressort pourront être déférés à la Cour de Cassation, pour contravention à la loi ou pour violation des formes, soit substantielles, soit prescrites à peine de nullité. (Loi 26 mars 1870.) Par contravention à la loi on entend soit la violation directe, soit la fausse application.

La Cour de Cassation comprend deux chambres devant lesquelles la procédure est différente. (Loi du 1 juin 1859, art. 181.) La 1re chambre reçoit les pourvois en matière civile. Les parties y seront représentées par des *avocats près la Cour de Cassation* qui signeront les pourvois, mémoires et feront toute la procédure prescrite, ainsi que le font les avoués près les cours ou tribunaux.

La 2de chambre examine les pourvois en matière pénale ; le code d'instruction criminelle dans ses articles 416 à 442 règle la procédure à suivre.

La Cour de Cassation n'examine jamais le fond de la cause, mais renvoie auprès d'une juridiction semblable à celle qui a prononcé le jugement ou l'arrêt ; si cette 2de juridiction prononçait le même jugement, la Cour de Cassation examinera toutes chambres réunies le nouveau pourvoi qui serait formé, et si ce nouveau pourvoi est admis, la juridiction devant laquelle le pourvoi du fond sera renvoyé, devra nécessairement prononcer un jugement dans le sens indiqué par la Cour de Cassation.

5. — *Des demandes en révision.*

Un cas tout spécial de recours se présente en matière pénale quand une erreur judiciaire est dûment constatée.

I. Lorsqu'un accusé aura été condamné pour un crime et qu'un autre accusé est condamné par un autre arrêt comme auteur du même crime; si les deux arrêts ne peuvent se concilier et sont la preuve de l'innocence de l'un ou de l'autre condamné, l'exécution des deux arrêts sera suspendue, quand même la demande en cassation de l'un ou de l'autre arrêt aurait été rejetée.

Le Ministre de la Justice, sur la réclamation des condamnés, ou de l'un d'eux, ou du procureur général, saisira la Cour de Cassation, et si la contradiction est reconnue, les deux sentences seront annulées et l'affaire jugée à nouveau. (C. d'instr. crim. 443.)

II. Si après une condamnation pour homicide, le Ministre de la Justice fait transmettre à la Cour de Cassation des pièces propres à faire naître des indices sur l'existence de la personne qu'on croyait tuée, il sera sursis de plein droit à l'exécution de la condamnation, et une Cour d'Appel vérifiera ces faits. Si le condamné était mort, la Cour de Cassation créerait un curateur à sa mémoire. Si par le résultat de la nouvelle procédure l'existence de la victime est prouvée, un nouvel arrêt déchargera la mémoire du condamné de l'accusation qui avait été portée contre lui. (C. instr. crimin. 444 et suivants.)

III. Lorsqu'après une condamnation contre un accusé, l'un ou plusieurs des témoins qui avaient déposé à charge contre lui seront poursuivis pour avoir porté un faux témoignage dans le procès, il y aura lieu à semblable révision, si l'accusation est admise. (Ibid. 405.)

6. — *De la requête civile.*

Les jugements contradictoires rendus en dernier ressort par les tribunaux de 1re Instance et d'Appel, et les jugements par défaut rendus aussi en dernier ressort et qui ne sont plus susceptibles d'opposition, pourront être rétractés sur la requête de ceux qui y auront été parties ou dûment appelés, pour les causes ci-après :

1° S'il y a eu dol principal.

2° Si les formes prescrites à peine de nullité ont été violées, soit avant, soit lors du jugement, pourvu que la nullité n'ait pas été couverte par les parties.

3° S'il a été prononcé sur choses non demandées.

4° S'il a été adjugé plus qu'il n'a été demandé.

5° S'il a été omis de prononcer sur l'un des chefs de la demande.

6° S'il y a contrariété de jugements en dernier ressort, entre les mêmes parties et sur les mêmes moyens, dans les mêmes cours ou tribunaux.

7° Si, dans un même jugement, il y a des dispositions contraires.

8° Si, dans les cas où la loi exige la communication au ministère public, cette communication n'a pas eu lieu et que le jugement ait été rendu contre celui pour qui elle était ordonnée.

9° Si l'on a jugé sur pièces reconnues ou déclarées fausses depuis le jugement.

10° Si, depuis le jugement, il a été recouvré des pièces décisives et qui avaient été retenues par le fait de la partie.

L'Etat, les communes, les établissements publics et les mineurs seront encore reçus à se pourvoir s'ils n'ont été défendus, ou s'ils ne l'ont pas été valablement. (C. proc. civ. 480-481.)

La requête civile sera signifiée dans les 3 mois de la signification du jugement attaqué, et portée au même tribunal qui l'a rendu ; les mêmes juges pourront y statuer. (C. proc. civ. 483-490.) — Dans des cas du 1°, 9° et 10° les délais ne courront que du jour où soit le faux, soit le dol seront reconnus ou les pièces découvertes, pourvu que dans ces deux derniers cas il y ait preuve par écrit du jour et non autrement. (Ibid. 488.)

Contre les mineurs les délais ne courront que du jour de la signification du jugement faite depuis leur majorité (ibid. 484.) Ceux qui demeurent hors du Royaume auront des délais supplémentaires ainsi qu'il est stipulé pour les assignations (Ibid. 73-486).

Aucune amende ne sera encourue en cas d'échec (Loi 30 mars 1866), mais le défendeur aura droit à une indemnité au minimum de 150 frs, et cette indemnité sera consignée à l'avance. (Ibid. 494.)

Aucune requête civile ne sera introduite si elle n'est appuyée d'une consultation par écrit de trois avocats exerçant depuis 10 ans au moins..(495.)

7. — *De la Tierce opposition*. (C. proc. civ. art. 474 à 480.)

Toute personne peut former tierce opposition à un jugement qui préjudicie à ses droits, et dans lequel elle n'a pas été partie.

La tierce opposition formée par action principale sera portée au tribunal qui aura rendu le jugement attaqué. La tierce opposition incidente à une contestation dont le tribunal est saisi, sera formée par requête à ce tribunal s'il est égal ou supérieur à celui qui a rendu le jugement ; s'il ne l'est pas, elle devra être portée par action principale.

Cet acte n'atteint pas la force du jugement entre les parties ; les juges pourront néanmoins faire surseoir à son exécution. Aucune amende extraordinaire n'est encourue ; le cas échéant, comme dans toute action vexatoire ou téméraire, le demandeur succombant pourrait devoir indemniser le défendeur.

8. — *De la Prise à partie*.

Les juges peuvent être pris à partie :

1° S'il y a dol, fraude ou concussion commis, soit dans le cours de l'instruction, soit lors du jugement ;

2° Si la prise à partie est expressément prononcée par la loi (voir Code d'instruction criminelle, art. 77, 112, 271);

3° Si la loi déclare les juges responsables à peine de dommages-intérêts, par ex. en cas de péremption d'instance survenue par leur faute, ou en cas de violation de l'art. 928 du C. de Procédure civile sur les délais à observer en matière de levée de scellés ;

4° S'il y a déni de justice, ce que le Code de procédure définit comme suit : il y a déni de justice lorsque les juges refusent de répondre les requêtes, ou négligent de juger les affaires en état et en tour d'être jugées. Encore faut-il une double sommation par ministère d'huissier, pour constater ce refus ou cette négligence (C. de proc. civ., 506 à 510).

§ XIII. Frais Judiciaires. Intérêts.

I. *Quels sont les frais judiciaires ?*

1. — On peut distinger parmi les frais judiciaires proprement dits, les dépens, les dommages-intérêts, les intérêts.

Les dépens sont des frais fiscaux, constituant la rémunération des services publics afférents à tout procès. Leur caractère distinctif est qu'ils sont tarifés par la loi.

Le tarif civil a été établi par décret du 16 février 1807, (Régime français), modifié quant aux chiffres de certaines taxes par des lois subséquentes : déplacement des huissiers, v. Loi du 15 août 1881 et du 11 juin 1883 ; saisies immobilières, v. Loi du 15 août 1854 ; transcription de titres, v. Loi du 16 décembre 1851 art. 110, ss. etc.

Le tarif commercial est fixé par Arrêté Royal du 31 déc. 1835, à combiner avec des lois subséquentes : Loi du 18 juin 1869, art. 158 ss. etc.

Le tarif criminel fait l'objet des lois du 1 juin 1849, du 27 mars 1853 ; de l'arrêté Royal organique du 18 juin 1853 ; des arrêtés modificatifs en date des 28 mai 1868, 6 octobre 1874, 19 mai 1873, 15 avril 1878, etc.

En matière civile, celle qui nous intéresse plus directement, sont compris dans les dépens : le coût des exploits d'huissier, des actes d'avoué ; les droits d'enregistrement et de timbre tant sur les exploits que sur les pièces produites ; les droits de greffe et de minute du jugement, la taxe des témoins s'il y a eu enquête, les honoraires taxés de l'expert s'il y a eu expertise. Les honoraires de l'avocat n'entrent point dans les dépens.

2. — Les dommages-intérêts peuvent faire l'objet de la demande, à titre principal ou à titre accessoire ; ce ne sont pas alors des frais judiciaires. — Quelquefois le procès lui-même est la cause des dommages-intérêts réclamés à titre reconventionnel par l'une des parties, et dans ce cas ils sont en rapport étroit avec les frais judiciaires. Ils ne se confondent pas avec

les dépens. Il faut une action vexatoire et téméraire pour y donner lieu, sauf dans le cas de l'art. 608 C. de procéd. civile, où il n'est pas rare de voir allouer des dommages-intérêts excédant les dépens.

3. — Enfin font encore partie des frais judiciaires, les intérêts judiciaires. Tout jugement définitif contient liquidation des droits des parties, et dès ce moment, de par la loi, un intérêt moratoire de 4 1/2 °/₀ en matière civile, de 5 1/2 °/₀ en matière commerciale commence à courir sur le principal de la condamnation prononcée. (Loi 20 déc. 1890 art. 1).

4. — Tout jugement définitif portera liquidation des frais judiciaires ; dans certains cas on pourra faire liquider les dommages-intérêts par état subséquent.

II. *Qui doit supporter les frais judiciaires ?*

5. — En principe toute partie (sauf en matière criminelle) avance au fisc le montant des frais judiciaires pour les actes qu'elle pose ; dans chaque procès il est fait ainsi une masse des frais judiciaires, et c'est le perdant qui les supporte seul.

Par dérogation à cette règle, entre conjoints, ascendants, descendants, frères et sœurs et alliés au même degré, ou lorsque chacune des parties succombe sur un ou plusieurs chefs de la contestation, les juges peuvent répartir les frais judiciaires dans la proportion qu'ils jugeront équitable, entre les parties litigantes. (C. procéd. civ. art. 130, 131.)

6. — Les frais inutiles ou vexatoires occasionnés par l'une des parties restent à sa charge. Le Code de Procédure civile, dans le but de diminuer les frais des procès, impose soit des voies sommaires, soit parfois une certaine association entre les intéressés pour les obliger à se faire représenter en commun, comme en matière de distribution par contribution (C. procéd. civ. 667), dans les contredits sur ordre (Loi du 15 août 1854, art. 757, ss.), dans les incidents sur la poursuite de saisie immobilière (Loi du 15 août 1854, art. 56 et suivants).

III. *Régime de l'intérêt.*

Les conventions peuvent librement stipuler l'intérêt à payer pour tous prêts ou dettes. Il n'y a délit d'usure que si *habituel-*

lement quelqu'un fournit des valeurs à un taux excédant l'intérêt légal et en abusant des faiblesses ou des passions de l'emprunteur (C. pénal, 494).

La cour de Cassation a encore restreint cette définition en exigeant qu'il y ait un *prêt* proprement dit, consenti directement par celui qui est inculpé d'usure. Une opération hypothécaire dans laquelle il comparait comme intermédiaire, même salarié, ne constituerait pas le délit d'usure.

Quand le taux de l'intérêt n'a pas été stipulé par écrit, (C. civ. 1907) on est censé avoir adopté l'intérêt légal, qui depuis la loi du 20 décembre 1890, est de 4 1/2 % en matière civile, de 5 1/2 % en matière commerciale.

---

§ XIV. Saisies.

1. — La saisie n'opère aucune mutation de propriété ; elle ne fait que placer sous la main de la justice l'objet saisi, et le frappe ainsi d'indisponibilité. Toute saisie sera relatée dans un procès verbal, dont copie conforme est remise au débiteur saisi ; elle ne peut être faite que par un officier ministériel nommé huissier, dans les limites territoriales de sa commission.

L'huissier a le droit de faire surveiller les objets saisis par un gardien judiciaire.

2. — Toute saisie est nécessairement liée à une action judiciaire dont elle est le prologue ou l'exécution ; nous adopterons cette division pour parcourir les diverses saisies organisées par le droit belge.

3. — Il est des saisies qu'un particulier peut faire exécuter par tout huissier compétent, spontanément et sans aucune caution préalable :

a) Tout créancier peut en vertu de titres authentiques ou privés, saisir-arrêter entre les mains d'un tiers, les sommes ou effets dus ou appartenant à son débiteur (C. procéd. civ. 557).

L'exploit de *saisie-arrêt* devra contenir l'énonciation du
titre et de la somme jusqu'à concurrence de laquelle la saisie
est faite ; la saisie sera notifiée en déans les huit jours au
débiteur, avec assignation devant le tribunal pour la faire
valider (ce qui entraîne nécessairement la discussion de la
dette elle-même) ; de plus le tiers entre les mains duquel la
saisie était faite devra, par un nouvel exploit, au plus tard
8 jours après la dénonciation au débiteur, recevoir notification
de l'accomplissement de ces formalités.

L'effet de cette saisie sera de rendre indisponibles jusqu'à
ce qu'une décision judiciaire soit intervenue, toutes les sommes
ou effets que le tiers devait, à un titre quelconque, remettre au
débiteur saisi.

Si le jugement valide la saisie-arrêt, le tiers devra désormais
remettre ces sommes ou effets, à concurrence du montant fixé
dans le jugement, au créancier saisissant ; si le jugement
annulle la saisie-arrêt, les sommes ou effets redeviennent
disponibles, et ordinairement le créancier saisissant sera condamné aux dommages-intérêts (C. procéd. civ. 559, 563, 564).

b) Le bailleur d'une maison ou d'un bien rural peut, s'il a
fait faire par huissier un commandement de payer les loyers
ou fermages échus, après un intervalle d'un jour, faire saisir
tout ce qui se trouve dans la maison, dans l'immeuble rural
et les fruits sur la terre (C. procéd. civ. 819, 820).

La *saisie-gagerie*, comme la précédente, sera suivie d'une
procédure en validation devant le tribunal (C. procéd. civ.
824).

4.   D'autres saisies nécessitent une autorisation préalable,
ne donnant pas lieu à un débat judiciaire contradictoire, et
rentrant par conséquent dans la catégorie des ordonnances
sur requête.

Mais le magistrat, qui peut ne pas accorder la saisie sollicitée
par la requête, peut également subordonner son autorisation
à certaines restrictions, soit en déterminant le montant de la
somme pour laquelle il l'accorde, soit en imposant au demandeur une caution préalable, soit en se réservant de retirer son

autorisation si le défendeur vient lui apporter des éléments suffisants. Les saisies soumises à l'autorisation préalable sont les suivantes :

a) la *saisie-arrêt*, lorsque la dette n'est pas fondée sur un titre ; le juge compétent pour rendre l'ordonnance, c'est le juge du domicile du débiteur ou du tiers saisi. (C. procéd. civ. 558) ;

b) la *saisie-gagerie*, lorsque le bailleur veut être dispensé du commandement préalable et de l'intervalle d'un jour franc ;

c) la *saisie-revendication* ; voici en quoi elle consiste. Le bailleur d'une maison ou d'un fond rural fera usage de cette procédure pour faire saisir, n'importe où il les trouvera, les meubles qui garnissaient la maison ou la ferme, lorsqu'ils ont été déplacés sans son consentement, soit que ces meubles appartinssent au locataire, soit qu'ils fussent la propriété de toute autre personne.

Par cette procédure le bailleur conservera sur ces objets son privilège spécial, pourvu que la saisie ait lieu en déans certains délais à partir du jour où les meubles ont été déplacés : 15 jours pour les meubles ayant garni une maison, 40 jours pour ceux ayant garni un bien rural (Loi du 16 décembre 1851, art. 20. C. procéd. civ. 819 à 826). Le juge compétent est le Président du tribunal de Première Instance dans le ressort duquel sont situés les immeubles.

d) La *saisie-foraine* : si un débiteur est forain (sans résidence dans la commune du créancier), tout créancier pourra, avec la permission du Président du tribunal de Première Instance, et même avec celle du Juge de paix, faire saisir les effets appartenant à ce débiteur, pourvu qu'ils soient trouvés dans la commune où réside le créancier (C. procéd. civ. 822).

e) La *saisie-conservatoire* : en matière commerciale, le président du tribunal de commerce peut, s'il y a urgence, permettre de saisir les effets mobiliers du défendeur, avant toute autre procédure (C. procéd. civ. 417) ; elle est usitée généralement en matière maritime, et après protêt d'une traite acceptée.

Toutes ces saisies sont immédiatement suivies d'un débat

judiciaire régulier au sujet de la dette, et transformées ensuite en saisies-exécution.

5. — La *saisie-exécution* est celle qui intervient à la suite d'un jugement exécutoire ; comme les autres saisies, elle consiste en une notification par huissier, déclarant les objets indisponibles et placés sous la main de Justice, accompagnée d'un procès verbal détaillé des objets saisis (C. procéd. civ. 588, 589, 590). Si le jugement ordonne que ces choses soient remises en nature, l'huissier les fera dans la suite remettre à qui de droit ; si ce jugement porte condamnation à une somme d'argent, l'huissier après les sommations, délais d'affiche et procès verbaux de placards, fera transporter les objets saisis aux endroits usités pour les ventes de justice. La vente se fera au plus offrant, jusqu'à ce que les deniers suffisent à payer le montant du jugement avec les frais judiciaires et les intérêts légaux.

La saisie-exécution sera précédée, à un jour d'intervalle, d'un commandement de payer les sommes indiquées en détail (C. procéd. civ. 583) ; elle sera faite par l'huissier en présence de deux témoins belges, majeurs, non parents ni alliés des huissiers, ni des parties (C. procéd. civ. 585).

Un emprisonnement de 8 jours à 2 ans, et une amende de 26 à 500 fr. punissent le débiteur saisi, et tous ceux qui auront frauduleusement détruit ou détourné dans son intérêt, les objets saisis. (C. pénal, 507).

Certaines régles sont spécialement inscrites dans le Code de Procédure civile, lorsque l'exécution doit se faire sur des fruits pendant par racine (*saisie-brandon*, C. procéd. civ. 626 à 635), sur des rentes constituées sur particuliers (Loi du 15 août 1854), ou sur des immeubles (Loi du 15 août 1854, chap. II).

§ XV. Exécution des jugements.

I. Jugements de tribunaux belges.

1. — Tout jugement est exécuté au nom du Roi à la diligence de la partie poursuivante ; c'est le dispositif du jugement qui détermine exactement ce qui est exécutoire. Le demandeur obtient à cette fin une copie authentique du jugement, qualifiée expédition, dressée par les soins du greffier ; cependant si le défendeur s'exécute volontairement et sans tarder, il ne devra pas supporter les frais de cette copie.

2. — Certains jugements ne terminent pas la contestation, mais préparent seulement la solution, en ordonnant une expertise, une visite des lieux, l'audition de témoins, l'interrogatoire des parties sur faits et articles. Ces jugements sont exécutés chacun selon la manière qui lui est propre, et qui est indiquée respectivement aux art. 202 à 223 — 295 à 301 — 324 à 336 — 252 à 294 du Code de Procédure civile.

3. — Les jugements peuvent être exécutoires en ce qu'ils déclarent que quelque chose *est* ; par ex. ceux qui statuent sur une question concernant l'état des personnes ; ils sont exécutés en ce que désormais il est ordonné à tous de tenir la qualité pour constante, etc.

4. — Ils peuvent être exécutoires, en ce qu'ils ordonnent que quelque chose soit fait. Pour les exécuter, le demandeur remettra l'expédition du jugement à l'huissier qui est chargé de procurer l'exécution, et au besoin aura recours à la force publique. Certains jugements pourront être complètement exécutés de cette façon, parce que la chose comporte une exécution forcée.

Mais toutes les fois qu'un acte dépend de la pure volonté du défendeur, il sera impossible de l'y contraindre ; alors cette obligation de faire pourra être accomplie par une autre personne aux frais du défendeur, ou bien le demandeur recevra des dommages-intérêts équivalents. L'exécution sera complète alors par la saisie et la vente des biens appartenant au défen deur, comme lorsque le jugement originaire comportait seulement le paiement d'une somme d'argent.

Exception est faite pour les jugements qui ordonnent une enquête : si le témoin régulièrement cité refuse de venir à l'audience fixée, il sera condamné à une amende de 100 frs maximum, et réassigné à ses frais pour une audience ultérieure ; s'il manque encore, il est condamné à une nouvelle amende de 100 frs au paiement de laquelle il pourra être contraint par corps ; et le tribunal peut décerner contre lui un mandat d'amener en vertu duquel la force publique se saisira de sa personne, et l'amènera au tribunal comme en matière criminelle. (C. procéd. civ. art. 262-264). Sauf de rares matières où l'obligation naît d'un délit, la contrainte par corps est supprimée.

5. — Le cas le plus fréquent est celui où le jugement ordonne de payer une somme d'argent, ou se résout en pareille condamnation.

Le demandeur remettra l'expédition à l'huissier lequel, dans les formes prescrites, saisira les meubles du défendeur et les fera vendre publiquement au plus offrant. La somme qui en provient sera remise au demandeur dans les limites du jugement. Si le produit de cette vente ne suffit pas, l'huissier saisira un ou plusieurs immeubles appartenant au défendeur.

La vente s'en fera par devant notaires, dans les formes de la Loi du 15 Août 1854.

L'huissier peut avoir recours à la Force Publique soit pour avoir accès aux places où se trouvent les meubles, soit pour les transporter au lieu où ils seront vendus, soit pour en remettre la paisible possession aux acheteurs. De plus, toute opposition violente à la mission de l'huissier est punie de 8 jours à 2 ans de prison (C. pén. 269 à 274 -- C. de procéd. civ. 600.)

Les sommes ou effets qui ne sont pas en la possession du défendeur, ne peuvent être saisis que dans les formes de la saisie-arrêt (v. § XIV). Les fruits pendants par racine (saisie-brandon) ne seront saisis que pendant les 6 semaines qui précèdent l'époque ordinaire de leur maturité. (C. procéd. civ 626 à 635.)

6. — Il est de principe que quiconque est obligé personnellement, est tenu de remplir ses obligations sur tous ses biens meubles et immeubles, présents et à venir. Cependant il y a certaines choses soustraites par la loi à la saisie des créanciers. Nous en ferons l'énumération :

a) Ne peuvent être saisis par aucun créancier d'une manière absolue :

1° Les choses que des lois spéciales déclarent insaisissables.

2° Le coucher nécessaire du saisi ; celui de ses enfants vivant avec lui ; les habits dont ils sont vêtus et couverts. (C. proc. civ. 592 § 2 et 593 § 2).

3° Les équipements des militaires suivant l'ordonnance et le grade. (C. proc. civ. 581 et 593 § 5.)

4° Les traitements ecclésiastiques. (arr. 8 janvier 1808.)

5° La solde et les masses des sous-officiers, caporaux et sol dats en service actif. (Loi du 24 févr. 1847.)

6° Les rentes sur la caisse de retraite de l'État inférieures à 360 frs. (Loi du 16 mars 1865 art. 55).

7° La rémunération allouée aux soldats volontaires avec primes. (Loi du 27 décemb. 1885.)

b) Ne peuvent être saisies que par les créanciers qui ont fourni des aliments à la partie saisie :

Les provisions alimentaires adjugées par justice. (C. procéd. civ. 581, 582).

c) Ne peuvent être saisis que :

1° pour aliments fournis à la partie saisie ;

2° pour sommes dues aux fabricants ou aux vendeurs des dits objets ;

3° pour sommes dues à celui qui aura prêté pour les acheter, fabriquer, ou réparer ;

4° pour fermages et moissons des terres à la culture desquelles ils sont employés ;

5° pour loyer des manufactures, moulins, pressoirs, usines dont ils dépendent ;

6° pour loyer des lieux servant à l'habitation personnelle du débiteur ;

les objets suivants :

1° les objets que la loi déclare immeubles par destination ;

2° les livres relatifs à la profession du saisi, jusqu'à la somme de 300 frs à son choix ;

3° les machines et instruments servant à l'enseignement, à la pratique ou à l'exercice des sciences et des arts, jusqu'à concurrence de 300 frs au choix du saisi ;

4° les outils des artisans, nécessaires à leurs occupations personnelles ;

5° les farines et menues denrées nécessaires à la consommation du saisi et de sa famille pendant 1 mois ;

6° une vache, ou trois brebis, ou deux chèvres, au choix du saisi, avec les pailles, fourrages et grains nécessaires pour la litière et la nourriture desdits animaux pendant 1 mois. (C. proc. civ. 592.)

d) Le juge devra accorder une permission dans chaque cas et déterminer en même temps pour combien il permet de saisir :

1° les sommes ou pensions pour aliments laissées par testament ou par acte de donation ;

2° les sommes ou objets disponibles, et déclarés insaisissables par le testateur et le donateur.

Pareille permission ne pourra être sollicitée que par des créanciers dont la dette est née après l'acte de donation ou après l'ouverture de la succession. (C. procéd. civ. 582.)

e) Ne peuvent être saisis que 1° pour dettes envers l'Etat, à concurrence de 1/5 — 2° pour les causes exprimées aux art. 203, 205, 214, C. civ. à concurrence de 1/3 :

1° les pensions militaires (Loi du 24 mai 1838), civiles et ecclésiastiques (Loi du 21 juillet 1844) ;

2° les pensions, gratifications et secours dus par la Caisse des veuves et orphelins des officiers de l'armée (L. 24 fev. 1847) ;

3° les appointements des officiers de l'armée (L. 24 fév. 1847) ; mais ceux-ci seront aussi saisissables par tout créancier jusqu'à concurrence de 1/5.

f) Peuvent être saisis par tout créancier, mais seulement en partie :

    1° Les traitements des fonctionnaires publics et employés civils, dans les proportions suivantes :

        1/5 saisissable sur les premiers 1000 frs et en dessous ;
        1/4   »   »   les 500 frs suivants ;
        1/3   »   »   toute la partie qui dépasse 6000 frs
                                      (L. 12 mars 1801.)

    2° Les appointements des officiers de l'armée jusqu'à concurrence du 1/5.

    3° Les rentes servies par la caisse de retraite de l'Etat, jusqu'à concurrence de 1/3, mais il devra rester dans tous les cas une portion insaisissable de 360 frs l'an (L. 16 mars 1865).

    4° Les salaires des ouvriers, ainsi que les appointements attribués aux employés et commis des sociétés civiles et commerciales, des administrations publiques, des marchands et autres particuliers, pourvu que les appointements ne dépassent pas 1200 frs l'an.

    Cependant la présente exemption ne s'étendra pas aux dettes basées sur les art. 203, 205 et 214 C. civil (Loi 18 août 1887).

L'exemption susmentionnée limite à 1/5 la portion saisissable.

II. Jugements des tribunaux étrangers.

1. — Les jugements rendus par les tribunaux étrangers et les actes reçus par les officiers étrangers ne sont pas exécutoires dans le Royaume (C. proc. civ. 546.).

2. — Cependant s'il existe entre la Belgique et le pays où la décision a été rendue un traité conclu sur la base de la réciprocité, l'examen des tribunaux belges ne portera que sur les points suivants :

    1° Si la décision ne contient rien de contraire à l'ordre public, ni aux principes du droit public belge ;

    2° Si d'après la loi du pays où la décision a été rendue, elle est passée en force de chose jugée ;

    3° Si d'après la même loi, l'expédition qui en est produite réunit les conditions nécessaires à son authenticité ;

4ᵉ Si les droits de la défense ont été respectés ;

5º Si le tribunal étranger n'est pas uniquement compétent à raison de la nationalité du demandeur (Loi 25 mars 1876 art. 10.).

Dans ces conditions le tribunal belge rendra un jugement exécutoire incorporant la décision étrangère.

3. — Les décisions rendues par les tribunaux répressifs étrangers ne sont pas exécutoires sur la personne en Belgique ; mais les étrangers réclamés par la juridiction répressive étrangère peuvent être arrêtés et extradés, dans les limites des traités d'extradition avec cette nation.

4. — Les décisions arbitrales rendues à l'étranger qui ne blessent pas le droit public belge, sont exécutoires en Belgique par un simple *pareatis* délivré par le tribunal belge territorialement compétent.

Note. Tout ce qui précède a trait, non à la *valeur* des actes et jugements étrangers en droit belge, mais à leur *exécution forcée* avec droit d'en appeler au concours de la Force Publique.

§ XVI. Des preuves.

1. — Le principe légal, c'est l'indépendance vis-à-vis des autres : c'est à celui qui prétend que quelqu'un est obligé envers lui, à le prouver. Si nous nous plaçons plus spécialement au moment où les obligations sont discutées en justice, nous dirons avec le code civil : celui qui réclame l'exécution d'une obligation doit la prouver, et réciproquement celui qui se prétend libéré doit justifier le payement ou le fait qui a produit l'extinction de son obligation (C. civ. 1315.).

Cette charge est restreinte en faveur de celui dont la demande s'appuie sur une présomption légale : il ne doit fournir aucune preuve autre que le fait de se trouver dans le cas prévu. Ces présomptions sont :

1° Quand la loi déclare nul un acte comme présumé, par sa seule qualité, fait en fraude de ses dispositions ; nous en avons vu un exemple dans l'art. 911 C. civ. (v. § VII n° 11.)

2° Les cas dans lesquels la loi déclare que la propriété ou la libération résultent de certaines circonstances déterminées, ex. à l'art. 1282 C. civ. qui voit la preuve de la libération dans la remise volontaire du titre sous seing privé.

Nous tenons à signaler ici la loi du 10 juillet 1883 abrogeant une présomption spéciale au contrat de louage. L'art. 1781 du Code Napoléon, aboli par cette loi, était ainsi conçu : « Le maître est cru sur son affirmation, pour la quotité des gages, pour le paiement du salaire de l'année échue, et pour les acomptes donnés pour l'année courante ».

3° L'autorité que la loi attribue à la chose jugée (voir § XII n° 1 et l'art. 1351 C. civ.)

4° La force que la loi attache à l'aveu de la partie ou à son serment.

En règle générale dans toute demande la loi laisse le juge se prononcer selon sa conscience ; car en droit, tous les contrats (non solennels) existent par le seul consentement des parties, indépendemment du genre de preuves qu'elles pourraient fournir de ce consentement ; de même les conventions peuvent toutes être attaquées comme étant entachées de fraude, d'erreur ou de dol, quel que soit le mode de preuve qui en atteste l'existence. Exceptionnellement la loi impose la décision ; nous avons vu des cas § VI n° 1 et 2 — et pour le renvoi de Cassation après un arrêt chambres réunies.

Mais pour arrêter les dangers d'erreur, la loi impose souvent au demandeur de produire des preuves d'un ordre spécial, et c'est surtout au point de vue de leur admissibilité que nous allons les parcourir.

De la preuve littérale. (C. civ. 1317 à 1341.)

Une première catégorie de preuves écrites ce sont les actes authentiques, actes reçus par officiers publics ayant le droit d'instrumenter dans le lieu où l'acte a été rédigé, avec les solennités requises.

L'acte authentique prouve contre tous l'existence et la date de la convention, ainsi que la matérialité des constatations faites par l'officier public. Il prouve l'obligation entre les contractants, tant pour le dispositif que pour ce qui y est inséré en termes énonciatifs (pourvu que l'énonciation ait un rapport direct à la disposition d'une façon absolue), et il n'est permis de l'infirmer que par la plainte en faux principal devant les tribunaux criminels, ou par l'inscription en faux incident civil, procédure très compliquée. (C. de proc. civ. 135, 214 et suivants — 448 C. d'instr. criminelle 448 et suiv.)

Nous rappelons encore cependant que dans toute cette étude il s'agit uniquement des modes de prouver l'existence ou l'extinction des obligations, et nullement de la question de savoir comment on peut faire annuler une obligation, dont on admettrait d'ailleurs l'existence apparente.

L'acte qui n'est point authentique par suite de l'incompétence de l'officier, ou de son incapacité, ou par un défaut de forme, vaut comme acte sous seing privé, s'il est signé par les parties. Dans un acte régulier, les énonciations étrangères à la disposition ne peuvent servir que comme commencement de preuve par écrit.

La preuve par acte authentique est toujours admissible ; elle est la seule que la loi admette pour prouver certains faits, p. ex. la donation entre vifs (C. civ. 931), le contrat de mariage (C. civ. 1394). De même la transmission de droits réels immobiliers doit toujours être constatée par jugement ou par acte authentique soumis à la transcription. (Loi 16 déc. 1851 art. 2.)

Les actes authentiques passés en pays étranger devront être conformes aux lois de ce pays, tant pour la forme que pour la capacité de l'officier public.

Actes privés. Ces actes sont signés ou non signés par les parties.

L'acte sous seing privé, reconnu par celui auquel on l'oppose,

ou légalement tenu pour reconnu, a, entre ceux qui l'ont
souscrit et entre leurs héritiers et ayants cause, la même foi
que l'acte authentique. Les parties ne peuvent que contester
leur signature.

Celui auquel on oppose un acte sous seing privé est obligé
d'avouer ou de désavouer formellement son écriture ou sa signature. Ses héritiers ou ayants cause peuvent se contenter de
déclarer qu'ils ne connaissent point l'écriture ou la signature
de leur auteur ; dans ce cas, comme dans le cas de dénégation,
la vérification de l'écriture est ordonnée en justice ; en fait,
c'est à celui qui invoque l'écrit à établir la réalité de l'écriture.

Les actes sous seing privé ne sont pas soumis à des formes
spéciales, mais s'ils contiennent des conventions synallagma-
tiques, ils ne sont valables comme preuves littérales qu'autant
qu'ils ont été faits en autant d'originaux qu'il y a de parties
ayant un intérêt distinct, et chaque original portera la mention
du nombre de doubles. Néanmoins pareille omission ne peut
être opposée par celui qui a exécuté de sa part la convention
portée dans l'acte.

Le billet ou la promesse par lequel une seule partie s'engage
envers l'autre à lui payer une somme d'argent ou une chose
appréciable, doit être écrit en entier de la main de celui qui le
souscrit ; ou du moins il faut qu'outre sa signature il ait écrit
de sa main un *bon* ou un *approuvé*, portant en toutes lettres
la somme ou la quantité de la chose, excepté dans le cas où
l'acte émane de marchands, artisans, laboureurs, vignerons,
gens de journée et de service.

Les actes sous seing privé n'ont de date contre les tiers que
du jour où ils ont été enregistrés, du jour de la mort de celui
ou de l'un de ceux qui les ont souscrits, ou du jour où leur
substance est constatée dans les actes dressés par des officiers
publics.

Toutefois la jurisprudence n'étend pas cette règle aux simples
quittances.

Parmi les actes non signés, la loi cite d'abord les registres
des marchands. Ils font preuve contre le commerçant auquel

ils appartiennent, et il n'y a pas à distinguer à cet égard s'ils sont ou non tenus régulièrement, si celui qui les invoque est ou n'est pas commerçant.

Ils font preuve pour le commerçant s'ils sont régulièrement tenus et s'ils énoncent un fait commercial intéressant un autre commerçant ; ils ne font pas preuve pour lui, si le fait, commercial ou non, intéresse un non-commerçant.

En tous cas celui qui en tire avantage ne peut les diviser, c'est-à-dire admettre ce qui est favorable et contester le reste.

2° Les registres et papiers domestiques ne constituent point un titre pour celui qui les a écrits. Ils font foi contre lui 1° dans tous les cas où ils énoncent formellement un paiement reçu ; 2° lorsqu'ils contiennent la mention expresse que la note a été faite pour suppléer le défaut de titre en faveur de celui au profit duquel ils énoncent une obligation ; 3° l'écriture mise par le créancier à la suite, en marge ou au dos d'un titre qui est toujours resté en sa possession fait foi, quoique non signée ni datée par lui, lorsqu'elle tend à établir la libération du débiteur.

Il en est de même de l'écriture mise par le créancier au dos ou en marge, ou à la suite du double d'un titre, si ce double est entre les mains du débiteur.

Des copies des titres. (C. civ. art. 1334 à 1337.)

La copie d'un titre original qui existe et qu'on peut représenter ne vaut que si le défendeur l'accepte. La copie d'un acte sous seing privé, fût-elle tirée par un notaire, n'a aucune force probante ; il en est de même des copies d'actes authentiques faites par un particulier.

Les copies d'actes authentiques tirées par un officier public peuvent se diviser en 3 catégories :

1° Font la même foi que l'original qui n'existe plus, les *grosses* ou premières expéditions ; les copies tirées en présence des parties et de leur consentement ; les copies qui ont été tirées par l'autorité du magistrat, parties présentes ou dûment appelées ; les copies tirées sans ce consentement ni cette autorité, soit par le notaire qui a reçu l'original, soit par son successeur, soit par un officier public qui en cette qualité est dépositaire de la minute, pour autant qu'elles soient anciennes de 30 années.

2° Servent de commencement de preuve par écrit à l'effet de faire admettre la preuve testimoniale : les copies dont il vient d'être parlé, et qui ne sont pas anciennes de 30 années, ou celles tirées par un officier public qui n'était pas le dépositaire légal de la minute.

3° Ne peuvent servir que de simples renseignements, les copies de copies, (sauf ce qui est dit pour la transcription et l'ampliation).

De la preuve testimoniale. (C. civ. 1341 à 1349).

En toute matière pénale la preuve par témoins assermentés est l'ordinaire ; en matière de commerce, elle est toujours admissible, mais dans chaque cas les juges décident à propos de chaque fait offert à preuve, s'il y a lieu de l'admettre.

En matière civile, l'admissibilité de la preuve testimoniale est très restreinte ; il doit être passé acte par devant notaire ou sous seing privé de toute chose excédant la somme ou valeur de 150 francs, même pour dépôts volontaires. Toutes les fois qu'une action en justice révèle que cette obligation a été négligée, l'action sera écartée.

La preuve testimoniale ne vaudra jamais contre l'acte écrit, et il n'est reçu aucune preuve par témoins contre et outre le contenu aux actes écrits, ni sur ce qui serait allégué avoir été dit avant, lors ou depuis la passation des actes, encore qu'il s'agisse d'une somme ou valeur moindre de 150 francs.

Deux séries d'exceptions sont admises : la preuve testimoniale sera possible 1° lorsqu'il y aura un commencement de preuve par écrit ; c'est, dit l'art. 1347, un acte par écrit émané de celui contre lequel la demande est formée (ou de celui qu'il représente), et qui rend vraisemblable le fait allégué. Assez fréquemment la loi énumère dans les matières spéciales quels documents elle admet à ce titre, lorsqu'elle s'écarte de la présente définition, et les juges ont la plus grande latitude pour apprécier la question de vraisemblance. (Ex. l'art. 324 C. civ. sur la filiation ; l'art. 1335 sur les copies, supra n° 5.)

2° Toutes les fois qu'il n'a pas été possible au créancier de se procurer une preuve littérale ; ce qui s'applique *a*) aux obligations qui naissent des quasi-contrats, des délits et des quasi-délits ; *b*) aux dépôts nécessaires faits en cas d'incendie, ruine, tumulte ou naufrage, et à ceux faits par les voyageurs en logeant dans une hôtellerie, le tout suivant la qualité des personnes et les circonstances du fait ; *c*) aux obligations contractées en cas d'accidents imprévus où l'on ne pourrait pas avoir des actes par écrit ; *d*) au cas où le créancier a perdu le titre qui lui servait de preuve littérale, par suite d'un cas fortuit, imprévu et résultant d'une force majeure.

Des présomptions. (C. civ. 1349 à 1354).

2. — A défaut de preuves directes, les présomptions sont dans certains cas admises pour établir une demande.

Il y a des présomptions légales ; nous les avons vues au n° 1.

Les présomptions de fait reposent en dernière analyse sur l'usage constant : de faits établis, qui ne sont pas la preuve de la demande, les juges tirent des conséquences qui équipollent à une preuve.

Les présomptions qui ne sont point établies par la loi, sont abandonnées aux lumières et à la prudence du magistrat, qui ne doit admettre que des présomptions graves, précises et concordantes, et dans les cas seulement où la loi admet les preuves testimoniales, à moins que l'acte ne soit attaqué pour cause de fraude ou de dol.

De l'aveu. (1354 à 1357.)

L'allégation d'un aveu extrajudiciaire purement verbal est inutile, toutes les fois qu'il s'agit d'une demande dont la preuve testimoniale ne serait point admissible.

L'aveu judiciaire est la déclaration que fait en justice la partie ou son fondé de pouvoir spécial. Il fait pleine foi contre celui qui l'a fait. Il ne peut être divisé contre lui. Il ne peut être révoqué, à moins qu'on ne prouve qu'il a été la suite d'une erreur de fait ; il ne pourrait être révoqué sous prétexte d'une erreur de droit.

Du serment. (C. civ. 1358 à 1370.)

Le serment peut être déféré par une partie à l'autre pour finir le procès ; c'est le serment litisdécisoire, et en réalité, une transaction : si celui à qui le serment est déféré refuse, il perd son procès ; s'il le prête, il gagne ; il peut aussi le référer à son adversaire, alors celui-ci doit ou le prêter, ou perdre son procès.

Mais le serment ne pourra porter que sur des faits personnels à celui qui le prête.

Le juge peut aussi déférer à l'une des parties le serment, pour en faire dépendre la décision de la cause, ou seulement pour déterminer le montant de la condamnation : c'est le serment dit supplétoire, parce que le juge ne peut l'imposer qu'à titre de supplément de preuve, lorsque la demande n'est ni tout à fait prouvée, ni tout à fait dépourvue de preuves.

Ce serment ne peut être référé.

Note. Les règles ci-dessus résumées ne concernent que les actes ou faits passés en Belgique. La jurisprudence admet que la preuve des faits passés à l'étranger peut être faite dans les formes admises dans ce pays. Jugé notamment que l'*affidavit* reçu en Angleterre équivaut à une déposition en forme selon la loi belge ; que la preuve par témoins peut être reçue pour établir le décès d'un marin dans les eaux anglaises, même devant les tribunaux belges et aux cours de procès plaidés en Belgique.

------

§ **XVII. Vices des Contrats.**

Nous avons examiné dans le § précédent ce qui concerne la preuve de l'existence des obligations ; il n'en suit pas qu'elles ne puissent être attaquées, ainsi que nous l'avons dit à propos de la force des actes authentiques.

A ce dernier point de vue il faut distinguer les contrats nuls et les contrats annulables.

1. — Les contrats nuls n'ont jamais existé ; il n'y a qu'une apparence, qu'aucune ratification postérieure n'a pu transformer en réalité. Ils sont tels :

1° Lorsque l'un des éléments essentiels à leur perfection manque absolument. Donc, s'il y a défaut absolu de consentement, soit parce que les parties contractantes n'ont pas eu en vue le même objet, soit parce qu'elles n'ont pas l'intention de faire le même contrat. Et encore, s'il y a défaut d'objet matériel ou absence de cause.

2° Lorsqu'ils sont faits en violation d'une prohibition de la loi : Ex. les traités sur successions non ouvertes.

3° Lorsque le contrat étant déclaré solennel, les formes prescrites n'ont pas été observées : Ex. un contrat de mariage sous seing privé.

2. — Les contrats seront annulables :

1° Si le consentement donné est entaché de violence, d'erreur ou de dol.

2° Si l'une des parties était incapable selon les règles que nous avons posées § III.

Les contrats annulables existent en réalité ; ils peuvent purger le vice dont ils sont entachés, et provisoirement ils produiront tous leurs effets, jusqu'à ce que la partie à laquelle la loi accorde cette faculté, les ait fait annuler par les tribunaux (C. civ. 1117).

Ces contrats peuvent être ratifiés, si la partie qui pouvait les faire annuler les exécute volontairement ; ils peuvent être confirmés, après que la cause aura été écartée.

3° La lésion rend le contrat annulable, toujours s'il y a un mineur parmi les contractants ; entre majeurs seulement, pour la vente d'immeubles, si le vendeur est lésé de plus des 7/12 de la valeur, et pour le cas de partage, si l'un des partageants est lésé de plus du 1/4. (C. civ. 1305, 1313).

3. — Les vices du consentement sont ainsi définis par le Code civil :

L'*erreur* doit porter sur la substance de l'objet, ou sur la personne lorsque la considération de la personne que l'on avait en vue était pour quelque chose dans le contrat. (C. civ. 1110).

Par substance, on entend ici non la substance chimique, mais le rapport principal sous lequel la chose a été envisagée dans le contrat ; en d'autres mots, la qualité principale que les parties ont eue en vue en contractant, et en l'absence de laquelle l'une d'elles n'eût pas contracté.

L'erreur sur le corps même serait une cause de nullité ; il n'y aurait jamais eu contrat parce que les volontés ne se seraient pas rencontrées sur un même objet. Il en serait de même de l'erreur sur la nature du contrat.

Quant à l'erreur sur les qualités accessoires, sur les motifs du contrat, et même sur la personne lorsque la considération de cette personne n'a pas été cause du contrat, elle n'aura aucune influence.

La *violence* matérielle exclurait le consentement et par conséquent il n'y aurait jamais eu de contrat. La violence dont il s'agit ici est une pression telle qu'elle a pu inspirer au contractant la crainte d'exposer sa personne ou ses biens à un mal considérable et présent (C. civ. 1111, 1112).

Pour juger si la crainte a pu raisonnablement être conçue, on a égard à l'âge, au sexe et à la condition de la personne qui l'a subie.

La violence sera une cause de nullité, même si elle avait été exercée par un tiers autre que celui au profit de qui la convention a été faite, ou si elle a été exercée sur le conjoint, les descendants ou ascendants du contractant (C. civ. 1113, 1114).

Un contrat ne peut plus être attaqué pour cause de violence si, depuis que la violence a cessé, il a été approuvé soit expressément, soit tacitement, soit en laissant passer le temps de la restitution fixé par la loi.

Le *dol* est une cause de nullité de la convention lorsque les manœuvres pratiquées par l'une des parties sont telles qu'il est évident que, sans ces manœuvres, l'autre partie n'aurait pas contracté. (C. civ. 1116).

Le demandeur en annulation devra donc ici prouver :

1° qu'il y a eu des manœuvres doleuses ;

2° que c'est l'autre partie qui en est l'auteur ;

3° que sans l'illusion produite par ces manœuvres il n'aurait pas contracté (*dolum causam dans contractui*) ; s'il aurait contracté mais à d'autres conditions (*dolum incidens*), le dol ne sera pas une cause d'annulation.

4. — La preuve de l'existence d'un vice du consentement et de toutes les causes de nullité ou d'annulation en général, pourra se faire par toutes voies de droit, témoins compris. Car ce sera le cas évident où il n'aura pas été possible de se procurer une preuve écrite selon l'art. 1348, de la part de ceux qui employaient la fraude.

C'est aussi en ces matières que la preuve par présomptions sera le plus aisément admise, car la mauvaise foi s'attache à ne laisser subsister aucune preuve. Bien entendu le fait même d'une manœuvre frauduleuse ne peut être présumé, et devra être préalablement prouvé, comme tout fait se prouve.

§ XVIII. Privilèges et hypothèques.

1. — Ainsi que nous l'avons dit au § XIV, tous les créanciers ont un droit égal sur tous les biens de leur débiteur, et en cas d'insuffisance, se partagent proportionnellement le produit de l'exécution.

Il ne peut être fait exception à cette égalité qu'en vertu d'une cause légale de préférence, rentrant dans les textes qui organisent les privilèges et les hypothèques. (Loi 16 décemb. 1851, art. 8 et 9).

A. *Des privilèges.*

2. — Le privilège est indépendant de la volonté des parties ; c'est un droit que la loi elle-même attribue à la qualité de la créance, et qui prime les droits hypothécaires eux-mêmes. En voici l'énumération :

3. — Privilège **général sur tous les meubles et immeubles** :

Les frais de justice sont privilégiés à l'égard de tous les créanciers dans l'intérêt desquels ils ont été faits. Si certaines procédures ne profitent qu'à celui qui les a faites, les frais afférents sont exclus du privilège. (Ibid. art. 17).

4. — Privilèges sur les meubles seuls :

a) *privilèges généraux sur tous les meubles.*

1° Les frais de justice faits dans l'intérêt commun de tous les créanciers.

2° Les frais funéraires en rapport avec la condition et la fortune du défunt.

3° Les frais de dernière maladie pendant un an.

4° Les salaires des gens de service pour l'année échue et ce qui est dû sur l'année courante ; le salaire des commis pour 6 mois ; celui des ouvriers pour un mois.

5° Les fournitures de subsistances faites au débiteur et à sa famille pendant les six mois.

Les époques indiquées sont celles qui précèdent la mort ou la saisie du mobilier. Les privilèges s'exercent dans l'ordre indiqué (ibid. art. 19).

b) privilèges spéciaux sur certaines meubles.

1° Le loyer et les fermages des immeubles pour une durée variable d'après la nature du bail (ibid. art. 20), ainsi que les réparations locatives et tout ce qui concerne l'exécution du bail : sur les fruits de la récolte de l'année, et sur le prix de tout ce qui garnit la maison louée ou la ferme.

2° Les sommes dues pour les semences ou pour les frais de la récolte de l'année : sur le prix de cette récolte ;

celles dues pour ustensiles servant à l'exploitation : sur le prix de ces ustensiles.

3° La créance : sur le gage dont le créancier est saisi.

4° Les frais faits pour la conservation d'une chose : sur le prix de cette chose.

5° Le prix d'effets mobiliers non payés : sur ces objets s'ils sont encore dans la possession du débiteur, dans les délais et moyennant les conditions détaillées à l'art. 20 § 5 de la dite loi.

6° Les fournitures d'un aubergiste : sur les effets du voyageur qui ont été transportés dans son auberge.

7° Les frais de voiture et les dépenses accessoires : sur la chose voiturée, pendant que le voiturier en est saisi et pendant les 24 heures qui suivront la remise au propriétaire ou au destinataire, pourvu qu'ils en aient conservé la possession.

8° Les créances résultant d'abus et prévarications commis envers des tiers par les fonctionnaires publics dans l'exercice de leurs fonctions : sur les fonds de leur cautionnement et sur les intérêts qui en peuvent être échus.

5. — Quand plusieurs privilèges mobiliers viennent en concours, ils passent selon les règles suivantes :

Les frais de justice priment toutes les créances dans l'intérêt desquelles ils ont été faits.

Les frais faits pour la conservation de la chose priment les privilèges antérieurs : ils priment dans tous les cas les privilèges généraux nᵒˢ 4 et 5.

Le créancier-gagiste, l'aubergiste et le voiturier sont préférés au vendeur sur l'objet mobilier qui leur sert de gage, à moins qu'ils n'aient su, en le recevant, que le prix en était encore dû.

Le privilège du vendeur ne s'exerce qu'après celui du propriétaire de la maison ou de la ferme, à moins que lors du transport des meubles dans les lieux loués, le vendeur n'ait fait connaître au bailleur que le prix n'en avait pas été payé.

Les sommes dues pour les semences ou pour les frais de la récolte de l'année sont payées sur le prix de cette récolte, et celles dues pour ustensiles servant à l'exploitation sur le prix de ces ustensiles, par préférence au bailleur dans l'un et l'autre cas.

Le privilège des frais funéraires l'emporte sur tous les autres privilèges, à l'exception des frais de justice, des frais faits postérieurement pour la conservation de la chose et du privilège de l'aubergiste, du voiturier et du créancier gagiste, en tant que ceux-ci ne sont pas primés par le vendeur de l'objet donné en gage.

Les autres privilèges généraux sont primés par les privilèges spéciaux.

6. — Privilèges sur les immeubles seuls :

1° Le vendeur pour le prix de vente : sur l'immeuble vendu.

2° Les copermutants : sur les immeubles réciproquement échangés, pour le paiement des soultes et retours, et aussi de la somme fixe qui serait déterminée par l'acte à titre de dommages intérêts dans le cas d'éviction.

3° Le donateur : sur l'immeuble donné, pour les charges pécuniaires ou autres prestations liquides imposées au donataire.

4° Des cohéritiers ou copartageants savoir :
pour le payement des soultes, sur tous les immeubles compris dans le lot chargé.

Pour le payement du prix de la licitation, sur le bien licité.

5° Les architectes, entrepreneurs, maçons et autres ouvriers employés pour défricher les terres, ou dessécher les marais, pour édifier, reconstruire ou réparer des bâtiments etc., sur les ouvrages ainsi édifiés, moyennant certaines constatations légales. (V. art. 27 § 5).

7. — Les art. 29 à 41 de la dite loi prescrivent des mesures spéciales auxquelles les créanciers doivent se conformer pour conserver leurs privilèges, principalement la transcription de leurs droits sur le registre hypothécaire, en ce qui concerne les immeubles.

B. *Des hypothèques.*

8. — L'hypothèque est un droit réel par lequel certain immeuble déterminé, ou les droits réels d'usufruit, d'emphytéose et de superficie sur certains immeubles déterminés, sont affectés à l'acquittement d'une obligation. — Elle est de sa nature indivisible et subsiste en entier sur tous les immeubles affectés, sur chacun et sur chaque portion. Elle les suit dans quelques mains qu'ils passent.

9. — *L'hypothèque légale* est celle que la loi donne à certaines personnes qu'elle veut protéger, notamment :

a) aux femmes mariées : sur les immeubles de leur mari, pour sûreté de la dot, des conventions matrimoniales et pour garantie des reprises (art. 64 à 73), ainsi que pour des causes de recours nées pendant le mariage ;

b) aux mineurs et aux interdits, sur les biens de leurs tuteurs ; aux personnes placées dans un établissement d'aliénés, sur les biens de leur administrateur provisoire : le tout pour garantie de leur gestion (art. 47, et 49 à 63) ;

c) à l'Etat, aux provinces, communes et établissements publics, sur les biens des receveurs et administrateurs comptables.

10. — *L'hypothèque testamentaire* est celle qui est établie par

le testateur sur un ou plusieurs immeubles spécialement désignés dans le testament pour garantie des legs par lui faits.

11. — *L'hypothèque conventionnelle* est celle qu'un débiteur consent pour garantir une obligation déterminée à concurrence d'une somme fixe.

Elle doit être constituée par titre authentique, lequel mentionnera spécialement la nature et la situation de chacun des immeubles grevés.

Elle ne peut être consentie que par une personne pleinement capable d'aliéner ces immeubles.

12. — Tandis que les privilèges se priment entre eux d'après la qualité de la créance, les hypothèques se priment par la date de leur inscription dans les formes voulues, sur le registre du conservateur des hypothèques (art. 81 à 95).

13. — La même loi du 16 décembre 1851 organise un registre terrien, destiné à représenter la situation juridique de chaque immeuble, et que tous les intéressés peuvent consulter par extrait.

En vertu des principes du Code civil sur les contrats, le seul consentement suffit pour la translation de la propriété, notamment pour que la vente soit parfaite. Mais par cette loi tout acte entre vifs translatif ou déclaratif de droits réels immobiliers n'aura d'effet contre les tiers de bonne foi, que du jour de leur transcription sur les registres du Conservateur des hypothèques.

Ensuite tout fait juridique, demande en révocation de pareils droits, jugement de révocation etc., cession de privilèges et d'hypothèques ainsi que leur constitution, doit être inscrit en marge de la transcription concernant le dit immeuble, dès qu'ils tendent à modifier la situation légale résultant de cette transcription.

14. — La loi hypothécaire contient encore les dispositions suivantes qu'il importe de signaler ici :

1° A défaut de dispositions contraires dans les traités ou dans les lois politiques, les hypothèques consenties en pays étranger n'auront d'effet, à l'égard des biens situés en Belgique,

que lorsque les actes qui en contiennent la stipulation auront été revêtus du visa du président du tribunal civil de la situation des biens. Ce magistrat est chargé de vérifier si les actes, et les procurations qui en sont le complément, réunissent toutes les conditions nécessaires pour leur authenticité dans le pays où ils ont été reçus.

C'est là une dérogation évidente à la règle *locus regit actum* ; elle s'applique uniquement aux hypothèques conventionnelles. Les hypothèques résultant d'un jugement doivent passer, avec le jugement lui-même, par les formalités de *l'exequatur* (C. proc. civ. 546. Loi 25 mars 1876).

2° Le mineur étranger, quand même la tutelle aurait été déférée en pays étranger, aura une hypothèque légale sur les biens de son tuteur situés en Belgique, dans les cas et selon les dispositions énoncées pour les Belges, si sa loi personnelle lui accorde semblable hypothèque. — Pareillement la femme étrangère, même mariée en pays étranger, aura hypothèque légale sur les biens de son mari situés en Belgique.

---

§ XIX. Des sources du droit. (1)

1. — *Droit civil* (2). Le principe fondamental du droit belge en cette matière, c'est la nécessité d'une loi positive ; rien ne se fait sans elle ou par dérogation à ses prescriptions, ni par le commun accord, ni par la coutume. Si dans les conventions le consentement des parties peut modifier certaines prescriptions, c'est en vertu et par l'autorisation de la loi elle-même, et seulement dans les limites où elle permet aux conventions de modi-

---

(1) Bibliographie : Les *Pandectes Belges*, recueil général de jurisprudence et de doctrine sous la direction d'Edm. Picard, en cours de publication. Vve Ferd. Larcier, Bruxelles.

(2) Le plus récent des commentaires belges du droit civil, est le *Code civil*, par A. Adan, 2 vol. Bruxelles, Bruylant-Christophe, 1887-1891.

fier, ce qu'elle prévoit comme le cas ordinaire. La jurisprudence des tribunaux n'a aucune force de loi et toute interprétation, même admise par la Cour de Cassation, peut être à nouveau contestée devant n'importe quel tribunal.

La base du droit civil belge est encore le Code Napoléon, promulgué en 1803-1804, obligatoire en Belgique par suite de son union politique avec la France. Peu de modifications y furent apportées durant la période de l'union politique avec les Pays-Bas.

En vertu de la Constitution Belge (25 févr. 1831), certaines dispositions du Code civil furent abrogées comme incompatibles avec les règles nouvelles du droit public (la mort civile, etc.).

Parmi les modifications postérieures, les plus importantes sont : la loi du 26 décembre 1891 sur les formalités qui précèdent le mariage ; la loi sur le contrat de louage (1890) ; la loi du 27 avril 1865 autorisant les étrangers à hériter. Le titre XVI du Liv. III (sur la contrainte par corps) a été aboli dans son entier par les lois du 21 mars 1859 et 27 juillet 1871. Il en est de même du titre XVIII Liv. III sur les privilèges et hypothèques, complètement refondu dans la loi du 16 déc. 1851.

Un travail de revision complète du Code civil est entamé par la législature belge, mais ne semble pas près d'aboutir.

2. — La *Procédure civile* (1) est encore régie au fond par le Code français de 1806, mais des modifications nombreuses ont rendu la refonte du Code nécessaire. Les principales sont : loi 15 août 1854 sur la saisie immobilière. Loi sur choses insaisissables (1889), sur les référés commerciaux (1892) ; loi sur la compétence du 25 mars 1876, formant le titre préliminaire du C. procéd. civ., et modifiant celle du 25 mars 1841 ; loi 27 mars 1891 sur la réparation des dommages dont ne connaissent plus les tribunaux de commerce.

3. — *Le droit commercial* (2) est formé de diverses lois qui

<hr>

(1) Bibliographie : *Études sur la compétence*, par De Paepe, 2 vol. Bruxelles, Bruylant Christophe.

(2) Bibliographie : *Le Code de Commerce*, par Namur, 3 vol. Bruxelles, Bruylant Christophe. — *Traité des Sociétés Commerciales*, par A. Nyssens et J. Corbiau — 1895. Société belge de Librairie, Bruxelles.

ont successivement abrogé les titres du Code de commerce de 1808. Voici d'après l'ordre de la codification l'indication de ces lois :

L. I. titres I, II, III, IV. Des commerçants, des livres de commerce, des preuves des engagements commerciaux : Loi du 15 décemb. 1872.

— tit. V. Des bourses du commerce, agents de change et courtiers : Lois du 30 décemb. 1867 et 11 juin 1883.

— tit. VI et partie VII. Du gage et de la commission : L. 20 mai 1872.

— tit. VIII. Lettres de change : L. 20 mai 1872 et 10 juillet 1877 (protêts).

— tit. IX. Des Sociétés commerciales : L. 18 mai 1873 et 22 mai 1886.

— tit. X, XI. Des assurances : L. 11 juin 1874.

Liv. II. sur le commerce maritime a été promulgué par loi 21 août 1879. Mais le 2me tit. de ce livre, concernant la saisie et la vente des navires, a été conservé du Code de 1808.

Liv. III. Des faillites, banqueroutes et sursis, est contenu dans une loi du 18 avril 1851.

Le liv. IV qui traitait de la juridiction commerciale a été détaché du code de commerce et doit prendre place dans le nouveau code de procédure. En attendant, l'organisation et la compétence des juridictions commerciales sont réglées par les lois du 18 juin 1869, 25 mars 1876, 15 décemb. 1872.

4. — *Droit pénal.* Le Code pénal ancien a été complètement refondu par la loi du 8 juin 1867. Depuis cette date une loi du 5 août 1881 a modifié les art. 137 à 141 traitant des délits relatifs à l'exercice des droits politiques.

Au droit pénal se rattache la procédure pénale. La base de notre droit en cette matière est encore le *Code d'instruction criminelle* de 1805. Mais de nombreuses modifications partielles ont rendu la refonte de ce Code nécessaire. Un livre préliminaire de ce Code nouveau a été promulgué par L. du 17 avril 1878.

7

Voici d'après l'ordre, les autres articles abrogés par des lois diverses :

Art. 1 à 7, abr. par loi du 17 avril 1878.

— 10 en désuétude par suite de modifications politiques.

— 55 à 58 | sur les juges d'instr.
251 à 264
284 à 290 (sur les cours d'assises) } abr. par loi 18 juin 1869.
381 à 388

Art. 91 et 113 à 126 modif. par loi 20 avril 1874 sur la détention préventive. Tout ce qui concerne la juridiction de simple police est modifié : la compétence des maires est abolie.

Art. 553 à 599 sur les cours extraordinaires, abrogés comme contraires à la Constitution Belge.

Sont encore abrogés : art. 619 à 634, 636 à 640, 642 et 643.

5. — Il existe encore un *Code Forestier* (loi 19 déc. 1854) ; un *Code Rural* (1) (loi 7 octob. 1886) ; un *Code pénal militaire* (loi 27 mai 1870).

Parmi les autres lois du droit belge on peut citer : Loi sur le Conseil des Prudhommes (7 fevr. 1859 et 30 juillet 1881) (2). Loi sur les droits d'auteur (22 mars 1886). Loi sur l'organisation judiciaire (18 juin 1869).

Le tarif civil et criminel, la loi sur l'enregistrement et celle sur le notariat reposent encore sur les anciennes lois du régime français.

---

(1) Bibliographie : *Commentaire*, par V. Brants, Louvain, Peeters.

(2) Soumis a de nouveaux remaniements, dont l'issue est difficile a préciser en ce moment, à cause de la nouvelle importance politique que ces corps prendront dans les élections communales

GRAND DUCHÉ DE LUXEMBOURG

§ I. Naissance.

Les principes qui régissent la matière sont toujours ceux du Code Napoléon. Voir sur ce point ce qui a été dit sous le même mot pour la Belgique.

Il y a toutefois à noter :

1° Le fait de la naissance sur le territoire luxembourgeois confère la nationalité luxembourgeoise à la personne domiciliée dans le grand Duché qui y est née d'un étranger, lequel y est né lui-même et y a eu sa résidence jusqu'à la naissance de son dit enfant, et ce à moins que, dans l'année qui suit l'époque de la majorité telle qu'elle est fixée par la loi luxembourgeoise (21 ans), ce dernier ne réclame sa qualité d'étranger. A cet effet il devra en faire la déclaration devant l'autorité communale du lieu de sa dernière résidence, et justifier avoir conservé sa nationalité d'origine par une attestation en due forme de son gouvernement, laquelle restera annexée à la déclaration.

La loi du 27 janvier 1878 dispose dans le même sens pour ceux qui, se trouvant dans les conditions prémentionnées, avaient déjà atteint l'âge de la majorité quand la loi fut publiée. Pour eux le délai fixé pour la déclaration tendant à la conservation de la qualité d'étranger, prenait cours à partir de la publication de la loi précitée.

2° L'action en désaveu existe encore en dehors des cas prévus par le C. civ. lorsqu'on se trouve dans les conditions de la loi du 9 février 1874 sur le désaveu de paternité, en cas de séparation de corps ou de divorce. Voir § VI, Divorce et Séparation de corps.

§ II. Étrangers.

Les étrangers qui se trouvent sur le territoire du Grand Duché jouissent de la protection accordée aux personnes et aux biens, sauf les exceptions établies par la loi (art. 111 de la Constitution). Ils sont soumis d'autre part aux lois de police et de sûreté du pays.

Les étrangers ne jouissent d'aucun droit politique à moins d'une disposition légale contraire.

Ils ne sont admis à des emplois civils et militaires que dans les cas particuliers établis par la loi.

Exemples : Lois des 9-25 nov. 1855, 11 juin-12 juillet 1872 ; 14 déc. 1868, 27 février 1869 ; 22 juillet-24 août 1877 qui permettent dans une certaine mesure aux diverses compagnies de chemin de fer d'admettre des étrangers aux emplois ; 8 février 1842, 26-31 décembre 1853 qui en décident autant pour l'administration de l'Union douanière (Zollverein) ; 16 février 1881 qui autorise le Gouvernement à recevoir exceptionnellement des étrangers comme volontaires, etc.

Ensuite de la loi du 21 décembre 1878 l'étranger peut être témoin aux actes notariés.

Quant aux droits civils, l'étranger qui aura été admis par l'autorisation du Grand Duc à établir son domicile dans le Grand Duché, y jouira de tous les droits civils tant qu'il continuera d'y résider (13 C. civ.).

En ce qui concerne son état et sa capacité, c'est la loi de son pays qui en décide.

Il ne jouit pas des droits politiques et l'autorisation d'établir son domicile dans le Grand Duché est essentiellement révocable et personnelle.

Les étrangers qui n'ont pas obtenu l'autorisation d'établir leur domicile dans le Grand Duché n'ont aux termes du Code civil (art. 11), que la jouissance des droits civils qui sont ou seront accordés aux Luxembourgeois par les traités de la nation à laquelle ces étrangers appartiendront.

A ce sujet nous renvoyons à ce qui est dit sur la question afférente sous la rubrique Belgique.

Les contestations entre étrangers peuvent être jugées par les tribunaux luxembourgeois sauf dans les cas où l'étranger défendeur est distrait de son juge naturel. L'étranger est valablement assigné devant le tribunal luxembourgeois même par un autre étranger lorsqu'il a dans le Grand Duché un domicile de fait, lorsque l'obligation dont l'exécution est poursuivie doit être exécutée dans le Grand Duché, en matière réelle, lorsque le tribunal luxembourgeois est le forum rei sitae, etc.

L'étranger non autorisé n'a pas le bénéfice de cession (art. 905 c. pr.).

L'infraction commise sur le territoire du Grand Duché par des étrangers est punie conformément aux dispositions des lois luxembourgeoises (art. 3 C. Pén.)

L'infraction commise hors du territoire du Grand Duché par des étrangers n'est punie dans le Grand Duché que dans les cas déterminés par la loi (art. 4 C. Pén.) C'est ainsi que tout étranger qui hors du territoire du Grand Duché se sera rendu coupable, soit comme auteur, soit comme complice d'un crime attentatoire à la sûreté de l'Etat, ou de contrefaçon du sceau de l'Etat, de monnaies nationales ayant cours, de papiers nationaux, de billets de banque autorisés par la loi, pourra être poursuivi et jugé d'après les lois luxembourgeoises, s'il est arrêté dans le Grand Duché, ou si le Gouvernement obtient son extradition (art. 7. de la loi du 18 janvier 1879).

La police des étrangers est réglée par la loi du 10 mars 1880.

L'étranger peut être expulsé lorsque par sa conduite il compromet la tranquillité publique, ou lorsqu'il a été condamné à l'étranger pour les crimes ou délits qui donnent lieu à l'extradition conformément à la loi du 13 mars 1870 et aux traités en vigueur, tant que son extradition n'est pas demandée.

L'arrêté d'expulsion est pris après délibération du Gouvernement en conseil, par arrêté du Directeur Général de la justice. Cet arrêt n'est susceptible d'aucun recours et l'étranger expulsé qui rentre sur le territoire est puni pour ce seul fait par les tribunaux correctionnels.

L'extradition des étrangers est réglée par la loi du 13 mars 1870, qui indique limitativement les cas dans lesquels l'extradition peut avoir lieu, les conditions et les formalités à observer.

L'étranger autorisé à établir son domicile dans le pays ne peut être extradé qu'après que l'autorisation aura été rapportée.

Au surplus la matière est réglée par des traités internationaux qui doivent être publiés dans le Grand Duché par insertion au Mémorial.

Les étrangers non autorisés à établir leur domicile dans le Grand Duché ne sont dispensés de la caution judicatum solvi et ne peuvent prétendre à l'assistance judiciaire, que s'il existe un traité entre le Grand Duché et le pays auquel ils appartiennent.

La loi du 11 mars 1870 autorise le gouvernement à conclure de pareils traités.

L'étranger est admis dans le Grand Duché au bénéfice de la loi du 10 mai 1892 sur la condamnation conditionnelle.

En ce qui concerne la protection des œuvres littéraires et artistiques, la loi du 23 mai 1888 a autorisé le Gouvernement à adhérer à la convention de Berne du 9 septembre 1886. La déclaration d'accession date du 20 juin 1888.

§ III. Capacité civile.

Les règles qui régissent la capacité civile sont celles du Code civil. Il n'y a sur ces principes aucune divergence avec ceux en vigueur en Belgique.

Il est toutefois à remarquer que par application de l'art. 23 C. pén. luxbg. il est nommé au condamné en état d'interdiction légale, un tuteur et un subrogé tuteur pour gérer ses biens ; cette nomination et cette gestion sont soumises aux dispositions du Code civil relatives à la tutelle des interdits (C. civ. 505).

§ IV. Corporations. (Personnes civiles).

1° Le sens de droit des mots corporations et personnes civiles est le même qu'en Belgique. Il en est de même du principe de droit public qui préside à leur création et à l'étendue des droits qu'ils peuvent posséder.

2° Les corporations actuellement existantes sont en général, sauf qu'il n'y a pas de provinces, les mêmes que celles qui existent en Belgique, tels que l'Etat, la commune, les hospices, les bureaux de bienfaisance et les établissements publics, les fabriques d'église etc.

L'établissement de toute corporation religieuse doit être autorisé par une loi (art. 26 de la Constitution) (1).

Comme lois portées pour créer des catégories entières de corporations, il y a lieu de citer la loi sur les sociétés de secours mutuels du 11 juillet 1891, celle sur les associations syndicales du 28 décembre 1883.

Les sociétés anonymes étrangères et les autres associations commerciales, industrielles ou financières qui sont soumises à l'approbation de leur gouvernement et qui l'ont obtenue, à l'exception toutefois de celles qui ont déjà ces droits par l'effet de traités internationaux [comme pour l'Allemagne et l'Autriche les traités des 8 février 1842, 2 avril 1853, 20 et 25 octobre

______

(1) L'interprétation de ce texte si simple en apparence a donné lieu de tout temps à des opinions contradictoires. Voir Pasinomie Luxembourgeoise 1873 p. 527.

1865, 11 juin 1872 et le traité austro-allemand du 10 décembre 1878 publié par arrêté R. G. D. du 18 janvier 1879] ne peuvent exercer leurs droits ni ester en justice, qu'à condition que ces droits leur soient reconnus par arrêté grand ducal.

[Loi du 17 novembre 1860 qui donne en même temps cette reconnaissance pour la France. Arrêté R. G. D. du 18 novembre 1864 pour la Belgique ; arrêté R. G. D. du 25 février 1890 pour les sociétés néerlandaises].

Quant au statut des sociétés étrangères les principes de droit sont les mêmes que pour la Belgique.

Pour les publications des actes et des bilans etc. les dispositions en vigueur sont celles du Code de commerce de 1807 (1) sauf dans des cas spéciaux, p. ex. celui de la création d'une société commerciale ou industrielle où l'Etat est partie intervenante et où des publications particulières sont parfois ordonnées dans l'intérêt public.

3° Quant aux droits civils des corporations, les principes qui régissent la matière sont en substance les mêmes que ceux du droit belge.

§ V. Mariage.

1° Les principes établis par le Code Napoléon n'ont pas subi de modifications. Les art. 63, 64, 65, 74, 165, 166, 167, 168, 169 abrogés en Belgique sont toujours en vigueur dans le Grand Duché. Nous renvoyons à ce qui a été dit sous le mot « Mariage » pour la Belgique.

2° La célébration du mariage doit toujours encore être précédée des deux publications à huit jours d'intervalle prévues par l'art. 63 C. civ. à moins que le Grand Duc, ou les officiers qu'il préposera à cet effet, ne dispensent, pour des causes graves, de la seconde publication (C. civ. 169).

(1) Sans qu'il y ait lieu de distinguer entre sociétés indigènes ou étrangères.

Ces publications, si le mariage n'est pas célébré dans l'année à compter de l'expiration du délai des publications, doivent être renouvelées dans la même forme (C. civ. 63 à 65).

Le mariage doit être célébré publiquement devant l'officier de l'état civil de la commune où l'un des deux époux aura acquis un domicile par six mois d'habitation continue (C. civ. 74).

3° Aux termes du Code pénal luxembourgeois (art. 264) l'officier de l'état civil qui a négligé d'énoncer dans l'acte de mariage les consentements, ou d'y insérer les actes respectueux prescrits par la loi, ou qui a procédé à la célébration du mariage sans s'être assuré de l'existence de ces consentements ou de ces actes respectueux, sera puni d'une amende de 26 à 500 francs.

La même peine est appliquée lorsque l'officier de l'état civil a reçu un acte de mariage 1) dans le cas de l'art. 228 C. civ. et avant le terme prescrit par cet article ; 2) sans exiger la preuve que le futur a satisfait aux lois sur la milice nationale.

§ VI. Divorce et séparation de corps.

1° Les dispositions qui régissent le divorce et la séparation de corps sont toujours celles du Code civil (titre VI) promulgué en 1803.

Toutefois un complément a été fourni à l'art. 313 C. civ. par la loi du 9 février 1874 qui dispose :

« En cas de séparation de corps prononcée ou même deman-
« dée, le mari pourra désavouer l'enfant qui sera né 300 jours
« après l'ordonnance du président, rendue aux termes de l'art.
« 878 C. proc. civ., et moins de 180 jours depuis le rejet défi-
« nitif de la demande ou depuis la réconciliation. L'action en
« désaveu ne sera pas admise s'il y a eu réunion de fait entre
« les époux.

« Le mari pourra également désavouer l'enfant en cas de
« divorce prononcé ou demandé si l'enfant est né 300 jours
« après le jugement rendu en vertu de l'art. 268 C. civ. ou de
« l'acte donné par le président en vertu des art. 283 et 280 § 2
« C. civ., et si l'enfant est né moins de 180 jours depuis le
« rejet définitif ou depuis la réconciliation. »

§ VII. Testaments.

Les règles concernant les testaments sont les mêmes que
celles du droit belge.

Il y a toutefois à noter que, comme tous autres actes publics,
le testament *authentique* peut être reçu soit par deux notaires
soit par un notaire et *deux* témoins ;

D'autre part le nombre de témoins requis par l'art. 976
C. civ. pour l'acte de présentation et de suscription du testament *mystique* est réduit à *quatre*.

Les témoins aux actes prémentionnés doivent être majeurs,
mâles, savoir écrire leurs noms, être domiciliés dans le pays,
y résider et avoir la jouissance des droits civils. (Loi du
21 décembre 1878).

Il est enfin à remarquer que les art. 726 et 912 C. civ. ont
été abrogés par la loi du 29 février 1872.

Aux termes de cette loi les étrangers ont le droit de succéder,
de disposer et de recevoir de la même manière que les Luxembourgeois dans toute l'étendue du Grand Duché.

Dans le cas de partage d'une même succession entre des
cohéritiers étrangers et luxembourgeois, ceux-ci prélèveront
sur les biens situés dans le Grand Duché une portion égale à
la valeur des biens situés en pays étranger, dont ils seraient
exclus, à quelque titre que ce soit, en vertu des lois et coutumes
locales.

§ VIII. Successions.

Les principes qui régissent la matière sont les mêmes que ceux exposés pour la Belqique. Voir page 38 et s.

---

§ IX. Administrations des successions.

En cette matière également notre législation est la même qu'en Belgique. Voir page 48 et s.

---

§ X. Actions.

Les principes sur cette matière sont les mêmes que ceux exposés pour la Belgique § X.

Il y a toutefois lieu de faire observer que les actions possessoires sont toujours régies par les art. 25 à 27 du Code de procédure civile, 2228 à 2236 du Code civil (Napoléon).

En ce qui concerne la maxime. « Nul ne plaide par procureur » nous ajouterons à ce qui est dit pour la Belgique au sujet du souverain et du capitaine de navire, que la jurisprudence admet qu'il est permis d'agir en justice par prête-nom toutes les fois qu'on le fait sans fraude ni préjudice pour un tiers.

§ **XI. Organisation judiciaire. Compétence.**

L'organisation judiciaire est réglée par la loi du 18 février 1885. Il y a pour tout le Grand Duché, une Cour Supérieure de justice dont le siége est à Luxembourg.

La Cour se divise en deux chambres dont les attributions sont réglées par la loi.

La Cour connaît de toutes les affaires qui d'après les lois en vigueur sont de la compétence des Cours d'appel, des Cours Supérieures de justice et de la Cour de cassation.

Comme Cour d'appel, elle connaît notamment des jugements rendus par les tribunaux de première instance, tant en matière civile que commerciale, dans les affaires jugées en premier ressort. (Voir au sujet du taux du ressort § XII. Appels et autres voies pour attaquer les jugements).

Elle connait également de l'appel des ordonnances de référé et des jugements correctionnels.

Comme Cour de cassation, elle connait des arrêts et jugements rendus en dernier ressort en matière civile et commerciale ainsi que des jugements rendus en dernier ressort par les juges de paix.

Ces décisions peuvent lui être déférées pour contravention à la loi ou pour violation des formes, soit substantielles, soit prescrites à peine de nullité.

Les cas d'annulation ou de cassation en matière pénale sont réglés par le Code d'instruction criminelle.

La procédure en cassation est réglée par la loi du 18 février 1885.

Sauf les cas exceptionnels, la Cour rend ses arrêts, décisions et ordonnances en degré d'appel au nombre fixe de cinq juges, et en cassation, au nombre de sept juges (art. 42).

Sont portés devant la Cour composée de sept juges :

1° les demandes en annulation ou en cassation des arrêts

rendus par les sections de la Cour ou par les cours de justice préexistantes comme cours d'appel, et contre les jugements rendus en dernier ressort ;

2' les demandes en cassation contre les arrêts rendus par la Cour d'assises ou par la chambre des mises en accusation ;

3" les pourvois contre les arrêts rendus par la Haute Cour militaire ;

4' les demandes en cassation dans les autres cas déterminés par la loi ;

5° toutes les demandes de prise à partie, y compris celles contre les membres de la Cour ;

6° les demandes en renvoi d'un tribunal d'arrondissement à un autre, pour cause de suspicion légitime ou de sûreté publique ;

7" les demandes en règlement de juges qui ne doivent pas être portées devant le tribunal d'arrondissement ;

8° les demandes en renvoi devant un autre tribunal d'arrondissement, lorsque celui qui devait connaître de l'affaire ne peut pas se composer (art. 45).

Sont portés devant la Cour entière :

1" les affaires dont les cours d'appel ou les cours supérieures de justice ont eu à s'occuper en assemblée générale ;

2° les accusations admises contre les membres du gouvernement en exécution de l'art. 82 de la Constitution, qui confère à la chambre des députés le droit d'accuser les membres du gouvernement ;

3" le réglement des conflits d'attribution, conformément à l'art. 95 de la Constitution.

4" les actions disciplinaires contre les magistrats.

La chambre des mises en accusation est composée de trois conseillers à désigner par la cour en assemblée générale ; la cour d'assises est composée de six membres dont trois conseillers de la cour supérieure de justice et trois juges du tribunal d'arrondissement.

La cour supérieure de justice réunie en assemblée générale les désigne pour trois mois.

Il n'y a pas de jury.

Le juge dernier en rang concourt avec voix délibérative à la déclaration du fait de la culpabilité et avec voix consultative aux autres décisions de la cour d'assises.

La haute cour militaire est composée d'un président et de quatre conseillers ; le président et deux membres doivent être docteurs en droit, les deux autres membres seront des officiers (Arrêté R. G. D. du 9, 6. 1843).

En cas d'empêchement légitime des membres effectifs et suppléants de la haute cour militaire, cette dernière se complète par les conseillers de la cour supérieure de justice, et par les officiers appelés respectivement d'après l'ordre de leur rang. (Loi du 17 déc. 1859).

Le Grand-Duché est divisé en deux arrondissements judiciaires, chaque arrondissement ayant un tribunal de première instance.

Les tribunaux de première instance connaissent de toutes les matières, à l'exception de celles qui sont attribuées par la loi à la connaissance des justices de paix ou d'autres juridictions.

Les tribunaux de première instance exercent également la juridiction commerciale dans leurs ressorts respectifs.

Ils connaissent également de l'appel des jugements des justices de paix en matière civile et pénale.

Ils connaissent enfin des affaires correctionnelles et des affaires électorales.

Chaque arrondissement judiciaire se subdivise en six cantons judiciaires pour chacun desquels il y a un juge de paix, qui tient ses audiences au chef lieu du canton.

Le juge de paix connait des affaires civiles en dernier ressort jusqu'à 150 francs et en premier ressort jusqu'à la valeur de 300 frs. Dans certaines affaires il connait, sauf appel à partir de la valeur de 150 francs, à quelque valeur que la demande s'élève p. ex. des actions pour dommages faits aux champs, des actions relatives à l'élagage des arbres, des réparations locatives des maisons et fermes, des contestations relatives aux engagements des gens de travail au jour, à la semaine, au mois ou à l'année et de ceux qui les emploient ; des maitres et des domestiques ou des gens de service à gages ; des maîtres et de leurs ouvriers ou apprentis.

Il connait en outre à charge d'appel, des actions possessoires, des actions en bornage et de celles relatives à la distance prescrite par les lois, réglements particuliers et l'usage des lieux pour les plantations d'arbres ou de haies, lorsque la propriété n'est pas contestée ; des actions relatives aux constructions et travaux énoncés dans l'art. 674 du Code civil, lorsque la propriété ou la mitoyenneté du mur ne sont pas contestées ; des demandes en pension alimentaire lorsqu'elles sont formées en vertu des art. 205, 206 et 207 C. civ. et que la pension demandée n'excède pas 150 frs à l'année.

Le juge de paix ne connait cependant pas de l'exécution de ses jugements ; cette matière comme celle concernant l'exécution des jugements rendus en matière commerciale, est de la compétence des tribunaux de première instance.

L'institution des parquets auprès de la cour et des tribunaux (Procureur général, procureurs d'Etat etc.) est la même qu'en Belgique.

---

§ XII Appels et autres voies pour attaquer les jugements.

1° Les voies ordinaires pour attaquer les jugements sont : l'opposition, l'appel et le pourvoi en cassation ; les voies extraordinaires : la tierce opposition, la requête civile et la prise à partir.

L'autorité de la chose jugée est réglée par l'art. 1351 C. civ.

2° *De l'opposition.*

L'opposition à une sentence rendue contre une partie défaillante est de règle générale.

Exceptionnellement elle n'est pas admissible lorsque la loi la proscrit p. ex. pour les jugements rendus par le tribunal civil en matière électorale (Loi du 28 mai 1879 art. 35) ; les ordonnances de référés (Loi du 23 mars 1893 art. 5) ; les jugements qui statuent sur l'homologation du concordat préventif, sauf de la part des créanciers qui n'ont pas été convoqués, qui ne se sont pas présentés volontairement ou qui n'ont pas produit au greffe (Loi du 15 avril 1886 art. 20) ; les jugements et arrêts en matière de saisie immobilière (Loi du 2 janvier 1889 art. 59, 60) ; les jugements en matière de poursuite d'ordre (Loi du 2 janvier 1889 art. 762) ; les décisions rendues en matière de réclamations sur les contributions.

Les délais d'opposition en matière civile et commerciale sont les mêmes que ceux du droit belge (C. proc. civ. art. 20, 157 à 162, 470). Il en est de même des règles du défaut profitjoint (C. proc. civ. art 153). Pour l'opposition à un jugement du tribunal de simple police, le délai est de trois jours pour celle à un jugement rendu en matière correctionnelle ; il est de cinq jours à partir de la signification à personne ou à domicile. Toutefois si la signification n'a pas été faite à personne et s'il ne résulte pas d'actes d'exécution du jugement que le prévenu en a eu connaissance, l'opposition sera recevable jusqu'à l'expiration des délais de la prescription de la peine (Loi du 29 déc. 1880).

3° De l'appel.

En thèse générale toute décision est susceptible d'appel s'il n'y a disposition légale contraire.

Ne sont pas susceptibles d'appel :

a) les arrêts de la Cour d'assises ;

b) les jugements civils des juges de paix dans les causes ne dépassant pas 150 francs (Loi du 24 janvier 1874) ;

c) les jugements civils des tribunaux de première instance dans les causes ne dépassant pas en matière personnelle ou mobilière 1500 francs, et en matière réelle immobilière, 50 francs de revenu déterminé soit en rente soit par prix de bail, (même loi) ;

d) les jugements des tribunaux de commerce dans les causes ne dépassant pas 1500 francs (même loi).

Les jugements rendus en matière de simple police, correctionnelle ou disciplinaire sont toujours susceptibles d'appel.

Il en est de même de ceux qui statuent sur la compétence du juge.

L'appel des jugements des juges de paix est porté devant le tribunal de première instance ; celui des jugements des tribunaux de première instance est porté devant la Cour supérieure de justice qui connaît également des appels en matière de référés. En matière d'arbitrage voir C. proc. civ. 1023.

L'appel est principal ou incident.

L'appel principal pour les jugements des juges de paix et les jugements du tribunal civil de première instance ne peut être fait dans les huit jours du prononcé du jugement.

Il doit être fait :

a) pour les jugements rendus par le juge de paix en matière civile, dans les quarante jours à dater de la signification ; pour ceux rendus en matière repressive, dans les dix jours à partir des prononcé s'ils sont contradictoires, et dans les dix jours à partir de la signification à personne ou à domicile s'ils sont par défaut ;

b) pour les ordonnances de référé dans la quinzaine à dater du jour de la signification (Loi du 23 mars 1893, art. 6) ;

c) pour les jugements rendus en matière de faillite, dans la quinzaine de la signification (Loi du 22 juillet 1870, art. 465) ;

d) pour les jugements en matière de concordat préventif dans les huit jours. Ce délai court à l'égard des créanciers à compter des publications du jugement qui a statué sur l'homologation du concordat, et à l'égard du débiteur, à partir de la prononciation du jugement (Loi du 14 avril 1886, art. 21) ;

e) pour les jugements susceptibles d'appel rendus en matière de saisie immobilière dans les dix jours à compter de la signification à avoué, ou, s'il n'y a point d'avoué, à compter de la signification à personne ou à domicile soit réel, soit élu. (Loi du 2 janvier 1889, art. 60);

f) pour les jugements en matière d'ordre, dans les dix jours de la signification du jugement à avoué ou au domicile réel du saisi s'il n'a pas d'avoué (Loi du 2 janvier 1889, art. 762) ;

g) pour les jugements de simple police et ceux du tribunal correctionnel, dans les dix jours à compter du prononcé s'ils sont contradictoires. S'ils sont par défaut le délai ne court qu'à partir de la signification à personne ou à domicile ;

h) pour les jugements des tribunaux de première instance tant en matière civile qu'en matière commerciale, dans les trois mois de la signification à partie.

Ces délais sont généralement augmentés à raison de la distance.

En ce qui concerne l'effet suspensif de l'appel et les demandes nouvelles formées en degré d'appel, les principes qui régissent la matière sont les mêmes que ceux du droit belge.

4° *Du recours en cassation.*

Les cas d'annulation ou de cassation *en matière pénale* sont réglés par le Code d'instruction criminelle. [Loi du 18 février 1885].

Dans les cas prévus aux articles 177 et 216 dudit Code le délai pour se pourvoir est de trois jours francs.

Il est procédé au jugement du fond, après cassation, de la même manière que devant la Cour supérieure de justice jugeant en appel correctionnel et respectivement devant la Cour d'assises.

L'arrêt par lequel la Cour de cassation aura, après cassation d'une décision de la chambre des mises en accusation, renvoyé devant le juge compétent, aura l'effet d'un règlement de juge.

L'arrêt rendu au fond, après cassation, ne peut plus être attaqué par aucun recours ultérieur, si ce n'est en conformité des art. 443 et s. du Code d'instruction criminelle.

Les arrêts et les jugements rendus en dernier ressort *en matière civile et commerciale*, ainsi que les jugements rendus en dernier ressort par les *juges de paix* pourront être déférés à la Cour de cassation pour contravention à la loi ou pour violation des formes, soit substantielles, soit prescrites à peine de nullité.

En matière civile et commerciale le procureur général peut, pour les causes énoncées ci-dessus former recours en cassation *dans l'intérêt de la loi* contre les jugements rendus en dernier ressort par les juges de paix, lorsqu'aucune des parties n'aura reclamé contre ces décisions dans le délai fixé ou que le recours par elles formé aura été rejeté, sans cependant que ces parties puissent se prévaloir de la décision qui interviendra sur ce pourvoi.

En matière répressive le droit du procureur général de former d'office un recours en cassation reste réglé par l'article 442 du Code d'inst. crim.

Le Gouvernement peut, par l'intermédiaire du procureur général, et sans préjudice du droit des parties, déférer à la Cour de cassation tous actes par lesquels les juges auraient excédé leurs pouvoirs en contrevenant aux lois et règlements légalement pris et publiés.

En matière civile et commerciale, le délai pour l'introduction du recours en cassation, qui courra pour les arrêts et jugements contradictoires du jour de la signification à personne ou à domicile, et pour ceux par défaut, du jour de l'expiration du délai pour y former opposition, est fixé :

a) pour la partie demanderesse en cassation qui est domiciliée dans le Grand Duché, à trois mois ;

b) pour celle qui est domiciliée dans un autre pays de l'Europe, à quatre mois ;

c) pour celle qui est domiciliée hors de l'Europe, à huit mois. Ces délais, qui doivent être observés à peine de déchéance, ne courent contre les mineurs non émancipés que du jour où l'arrêt ou jugement aura été signifié tant au tuteur qu'au subrogé tuteur.

Ils sont suspendus par le décès de la partie condamnée et ne courront contre ses héritiers qu'ensuite d'une nouvelle signification qui leur sera faite au domicile du défunt et seulement à partir du jour de l'expiration des délais pour faire inventaire et délibérer.

Les parties sont représentées devant la Cour siégeant en

matière de cassation par des avocats-avoués qui signent les mémoires déposés à l'appui des recours, et que la Cour entend en leurs plaidoiries.

La Cour statue d'abord sur la demande en cassation sans s'occuper du fond du procès.

En cas de cassation d'un arrêt de la Cour supérieure de justice, il sera procédé devant la Cour de cassation elle-même à l'instruction nouvelle de l'affaire quant à l'objet du litige remis en contestation et sur lequel la Cour prononcera.

En cas de cassation d'un jugement émané d'un tribunal d'arrondissement ou d'une justice de paix, la Cour pourra retenir le fond ou renvoyer la cause pour être instruite et jugée à nouveau devant une autre juridiction de même nature que celle dont le jugement aura été cassé.

Dans le premier cas et dans celui où la Cour aura retenu l'affaire, la cause sera instruite et jugée comme en matière d'appel. L'arrêt ou le jugement cassé demeure sans effet.

Lorsque le jugement de ce second juge aura de nouveau été attaqué et cassé, la Cour de cassation décidera au fond.

La Cour de cassation, en jugeant le fond n'est pas liée par la décision rendue sur les faits par l'arrêt ou le jugement cassé, mais elle doit se conformer à la décision rendue en cassation sur le point de droit.

L'arrêt rendu contradictoirement par la Cour sur le fond de l'affaire, après cassation, ne peut plus être attaqué par aucun recours ultérieur, si ce n'est dans les cas et d'après les formes prévus par les articles 480 et suivants du Code de procédure civile.

5° *De la requête civile.*

Les règles qui régissent la requête civile sont celles inscrites dans les art. 480 et s. du C. proc. civ.

6° *De la tierce-opposition.*

Voir les art. 474 à 477 incl. du Code de proc. civ.

7° *De la prise à partie.*

Voir les art. 505 et s. du Code de proc. civ.

8° *De quelques procédures particulières :*

Lorsque les magistrats de l'ordre judiciaire seront poursuivis pour crime et lorsqu'il s'agira de demandes en révision, il sera procédé devant la Cour de cassation, composée de la manière prévue aux articles 43, 44, 45 et 134 de la loi du 18 février 1885 sur l'organisation judiciaire.

Les demandes en révision seront instruites devant la Cour de cassation, qui les décidera sans que son arrêt puisse être attaqué ultérieurement par aucun moyen de droit.

---

§ XIII. Frais judiciaires, Intérêts.

Les principes régissant cette matière sont en substance les mêmes que ceux du droit belge. [Voir Belgique § XIII].

Les tarifs des frais de justice de toute nature sont arrêtés et modifiés par des règlements d'administration publique. [Art. 98 de la loi du 18 février 1885 sur l'organisation judiciaire].

La principale disposition modificative des tarifs *en matière civile* est l'arrêté du 30 janvier 1889 approuvant les tarifs des frais en matière de saisie-immobilière et d'ordre.

Le *tarif commercial* date du 28 juillet 1880.

En matière criminelle le tarif était réglé originairement par les décrets du 18 juin 1811 et du 7 avril 1813, modifiés ensuite par l'arrêté du 14 juillet 1863.

Ensuite le tarif en cette matière fait l'objet des lois et dispositions du 22 avril 1873 (avertissements de simple police) 7 mars et 12 mai 1875 (arrêtés complétant et modifiant le tarif des frais de justice en matière répressive) 6 juin 1878 (tarif des huissiers en matière criminelle etc.)

Quant aux dommages-intérêts et quant aux intérêts judiciaires ils ne participent pas en principe de la nature des dépens.

Les dommages-intérêts peuvent faire l'objet d'une demande

principale ou bien d'une demande accessoire ou bien encore d'une demande reconventionnelle. Dans tous ces cas leur caractère varie suivant la cause génératrice de la réclamation.

Les intérêts légaux qui courent à partir du jour de la demande s'il n'y a convention contraire, sont de 5 % en matière civile et de 6 % en matière commerciale. [Voir au surplus Belgique § XIII].

---

§ XIV. Saisies.

Nous renvoyons à ce sujet au § XIV du droit belge qui fait connaître les principes et la théorie des saisies, principes et théorie qui sont les mêmes pour le droit luxembourgeois.

Nous ajouterons que la saisie-immobilière, quant à sa procédure est réglée par la loi du 2 janvier 1889, et que par une loi du 19 juillet 1895 la législature a modifié les conditions de cessibilité et de saisissabilité des salaires et petits traitements des ouvriers et employés. [Voir § XV ci après].

Quant à la procédure instituée pour la saisie-arrêt de ces salaires et petits traitements il échet de remarquer qu'aux termes d'une loi, datée également du 19 juillet 1895

1° la saisie-arrêt sur les salaires et les appointements ou traitements ne dépassant pas annuellement 1500 francs ne pourra être pratiquée, s'il y a titre, que sur le visa du greffier de la justice de paix du domicile du débiteur saisi.

S'il n'y a point de titre, il faut l'autorisation du juge de paix du domicile du débiteur saisi.

L'exploit de saisie-arrêt doit contenir en tête l'extrait du titre, s'il y en a un, ainsi que la copie du visa, et à défaut de titre, la copie de l'autorisation du juge. Il sera signifié au tiers saisi ou à son représentant préposé au payement des salaires ou traitements, dans le lieu où travaille le débiteur saisi.

L'autorisation accordée par le juge évaluera ou énoncera la somme pour laquelle la saisie-arrêt sera formée.

Le débiteur pourra toucher du tiers saisi la portion non saisissable de ses salaires, gages ou appointements.

Une seule saisie-arrêt doit être autorisée par le juge. S'il survient d'autres créanciers, leur réclamation, signée et déclarée sincère par eux et contenant toutes les pièces de nature à mettre le juge à même de faire l'évaluation de la créance, sera inscrite par le greffier sur un registre spécial.

Le greffier en donnera avis dans les quarante huit heures au débiteur saisi et au tiers saisi par lettre recommandée qui vaudra opposition.

L'huissier saisissant sera tenu de faire parvenir au juge de paix dans le délai de huit jours à dater de la saisie, l'original de l'exploit. sous peine d'une amende de dix francs.

Tout créancier saisissant, le débiteur et le tiers saisi pourront requérir la convocation des intéressés devant le juge de paix du débiteur saisi, par une déclaration consignée sur le registre spécial mentionné ci avant.

Dans les quarante huit heures de cette réquisition le greffier adressera 1° au saisi, 2° au tiers saisi, 3° à tous autres créanciers opposants, un avertissement recommandé à comparaître devant le juge de paix, lequel prononçant à l'audience par lui fixée, sans appel dans la limite de sa compétence et à charge d'appel à quelque valeur que la demande puisse s'élever, statuera sur la validité, la nullité ou la mainlevée de la saisie ainsi que sur la déclaration affirmative que le tiers saisi sera tenu de faire séance tenante.

§ **XV. Exécution des jugements.**

I. Jugements des tribunaux luxembourgeois.

Les jugements sont exécutés au nom du Grand Duc. Pour le surplus les principes sur la matière sont les mêmes que ceux rapportés pour la Belgique sous la même rubrique n° 1 à 5. [La loi luxembourgeoise sur les saisies immobilières date du 2 janvier 1889].

Les choses déclarées insaisissables en tout ou en partie ou sous certaines conditions sont énumérées aux articles 580, 581, 582, 592 et 593 du Code de proc. civ. (code de 1806).

Les traitements des fonctionnaires publics et employés civils sont saisissables jusqu'à concurrence du cinquième sur les premiers 1000 francs et toutes les sommes en dessous ; du quart sur les 5000 francs suivants et du tiers sur la partie excédant 6000 francs à quelque somme qu'elle s'élève et ce jusqu'à l'entier acquittement des créances. (Loi du 21 ventose an IX.)

Ils sont insaisissables, quelqu'en soit le taux, jusqu'à concurrence d'un tiers dans les circonstances prévues aux art. 203, 205, 206, 207 et 214 C. civ. (Loi du 8 mai 1872 art. 16).

Les appointements militaires sont saisissables jusqu'à concurrence d'un cinquième (Décret du 19 pluviose an III).

Les pensions sont saisissables jusqu'à concurrence d'un cinquième pour dettes envers l'Etat, ou pour les créances privilégiées aux termes de l'art. 2101 C. civ., ou du chef de loyers, et d'un tiers dans les circonstances prévues par les art. 203, 205, 206, 207 et 214 C. civ. (Loi du 16 janvier 1863 art. 34).

Une loi récente du 19 juillet 1895 dispose comme suit :

Les salaires des ouvriers et gens de service lorsqu'ils ne dépassent pas six francs par jour ne peuvent être saisis pour plus d'un dixième. S'ils dépassent cette somme ils ne peuvent être saisis pour plus d'un cinquième (1).

Toute stipulation contraire est nulle.

Les appointements attribués aux employés ou commis des sociétés civiles et commerciales, des marchands et autres particuliers ou des administrations publiques, auxquels ne s'appliquent pas les dispositions de la loi du 21 ventose an IX, lorsqu'ils ne dépassent pas quinze cents francs par an ne peuvent être saisis que jusqu'à concurrence d'un dixième (2).

Cette loi ne concerne pas les cessions et saisies qui auraient lieu pour les causes déterminées par les art. 203, 205, 206, 207 et 214 C. civ.

La procédure de saisie-arrêt sur les salaires et petits traitements des ouvriers et employés a été profondément simplifiée et réglée par une loi datée également du 19 juillet 1895.

II. JUGEMENTS DES TRIBUNAUX ÉTRANGERS.

Les jugements rendus par les Tribunaux étrangers ne sont susceptibles d'exécution dans le grand Duché qu'autant qu'ils ont été déclarés exécutoires par un tribunal indigène. (Art. 546 c. proc. civ. et 2123 C. civ.)

Pour que l'exequatur puisse être accordé il faut que le jugement étranger ne contienne rien de contraire aux lois du grand Duché, ni aux bonnes mœurs et qu'il soit déjà en force de chose jugée là où il a été rendu.

Le juge luxembourgeois peut réviser le fond.

Un jugement répressif étranger peut être déclaré exécutoire dans le grand Duché en ce qui concerne la partie qui décide sur les intérêts civils.

---

(1) Ils ne peuvent être cédés pour plus d'un cinquième. S'ils dépassent six francs par jour ils ne peuvent être cédés pour plus de deux cinquièmes.

(2) Ils ne peuvent être cédés que jusqu'à concurrence d'un cinquième.

Dans tous ces cas la partie cessible ne se confond pas avec la partie saisissable.

§ XVI. Des preuves.

Les dispositions légales sont celles en vigueur en Belgique. Il y a toutefois lieu de noter

1° que la transmission de droits réels immobiliers peut encore être constatée par des actes privés et

2° que l'affirmation du maître (art. 1781 C. civ.) ne peut plus être admise comme preuve vis-à-vis de ses domestiques et ouvriers pour la quotité des gages etc. (Loi du 1er avril 1885).

---

§ XVII. Des vices des contrats.

Les principes qui régissent cette matière sont les mêmes que ceux du droit belge. [Voir Belgique § XVII].

---

§ XVIII. Privilèges et Hypothèques.

La législation en vigueur est celle du Code civil français, titre 18°, promulgué le 29 mars 1804.

Tous les biens du débiteur sont, aux termes des articles 2092 et 2093 de ce code, le gage commun de ses créanciers, mais leurs droits sur ces mêmes biens peuvent être fort différents selon qu'ils sont créanciers chirographaires, hypothécaires ou privilégiés.

I. DES PRIVILÉGES.

Le privilége est un droit que *la qualité de la créance* donne au créancier d'être préféré aux autres créanciers même hypothécaires (art. 2095.)

Entre les créanciers privilégiés la préférence se règle *par les différentes qualités* des priviléges (art. 2096.)

Les créanciers privilégiés qui sont dans le même rang, c.-à-d. dont les créances sont de même qualité, sont payés par concurrence (art. 2097.)

Les priviléges peuvent être sur *les meubles ou sur les immeubles*.

A. PRIVILÉGES SUR LES MEUBLES.

1° Les priviléges sont ou bien *généraux* ou bien *particuliers sur certains meubles*.

Les créances privilégiées sur la généralité des meubles et l'ordre dans lequel s'exercent ces priviléges sont indiqués en l'art. 2101 du Code civil.

Il faut toutefois ajouter qu'aux termes de l'art. 545 de la loi du 9 juillet 1870 sur les faillites, le salaire acquis aux ouvriers employés directement par le failli pendant le mois qui aura précédé la déclaration de faillite, sera admis au nombre des créances privilégiées au même rang que le privilége établi par l'art. 2101 du C. civ. pour le salaire des gens de service.

Les salaires des commis pour les six mois qui auront précédé la déclaration de faillite seront admis au même rang.

2° Les créances privilégiées *sur certains meubles* sont indiquées par l'art. 2102 C. civ.

Toutefois le privilége et le droit de revendication établi par le n° 4 de l'art. précité au profit du vendeur d'effets mobiliers ainsi que le droit de résolution ne sont pas admis en cas de faillite.

Néanmoins ce privilége continuera à exister pendant deux ans à partir de la livraison, et sous certaines conditions de forme, en faveur des fournisseurs de machines et appareils employés dans les établissements industriels, et lors même que les machines ou appareils seraient devenus immeubles par destination ou par incorporation.

Art. 546 de la loi du 9 juillet 1870 sur les faillites.

B. Priviléges sur les immeubles.

C'est. l'art 1103 du C. civ. qui les énumère et en détermine la valeur.

C. Priviléges qui s'étendent sur les meubles et les immeubles.

Ces priviléges sont ceux énoncés en l'art. 2101 du C. civ. (art. 2104 C. civ.)

Il faut toutefois y ajouter celui du trésor public sur les meubles et les immeubles des comptables (art. 2 et 4 de la loi du 5 sept. 1807.)

Lorsqu'à défaut de mobilier les privilégiés énoncés en l'art. 210 et resp. 2101 C. civ. se présentent pour être payés sur le prix d'un immeuble en concurrence avec les créanciers privilégiés sur l'immeuble, les paiements se font dans l'ordre qui suit : 1° les frais de justice et autres énoncés en l'art. 2101, 2° les créances désignées en l'art. 2103.

D. Comment se conservent les priviléges.

Entre les créanciers les priviléges ne produisent d'effet à l'égard des immeubles qu'autant qu'ils sont rendus publics par l'inscription sur les registres du conservateur des hypothèques de la manière déterminée par la loi. (art. 2106).

Cet effet se produit par l'effet de l'inscription mais il rétroagit au jour où la nature de la créance confère le privilége.

Sont exceptées de la formalité de l'inscription les créances énoncées en l'art. 2102 du Code civil (art. 2107 C. civ.)

Le privilége du *vendeur* d'un immeuble se conserve par la transcription du titre qui a transféré la propriété à l'acquéreur et qui constate que la totalité ou partie du prix lui est due. (art. 2108 C. civ.)

Le *cohéritier* ou *copartageant* conserve son privilége sur les biens de chaque lot ou sur le bien licité pour les soultes et retour de lots, ou pour le prix de la licitation par l'inscription faite à sa diligence dans les *soixante jours* à dater de l'acte de partage ou de l'adjudication par licitation (art. 2109 C. civ.)

Les architectes ou entrepreneurs etc. par la *double inscription* faite 1° du procès verbal qui constate l'état des lieux, 2° du procès verbal de réception, leur privilége à la date de l'inscription du premier procès verbal (art. 2110 C. civ.)

Les *créanciers et légataires* qui demandent la séparation du patrimoine du défunt conservent à l'égard des créanciers, des héritiers ou représentants du défunt leur privilége sur les immeubles de la succession par les inscriptions faites sur chacun de ces biens *dans les six mois* à compter de l'ouverture de la succession. (art. 1211 C. civ.)

II. DES HYPOTHÈQUES.

A. L'hypothèque est un droit *réel* sur les immeubles affectés à l'acquittement d'une obligation. Elle est de sa nature *indivisible et suit* les immeubles dans quelque main qu'ils passent.

Sont seuls susceptibles d'hypothèques 1° les biens immobiliers qui sont dans le commerce et leurs accessoires réputés immeubles ; 2° l'usufruit des mêmes biens et accessoires pendant le temps de sa durée (art. 1218 C. civ.)

L'hypothèque est ou *légale*, ou *judiciaire* ou *conventionnelle*.

L'hypothèque *légale* est celle qui résulte de la loi. L'hypothèque judiciaire est celle qui résulte des jugements ou actes judiciaires. L'hypothèque conventionnelle est celle qui dépend des conventions et de la forme extérieure des actes et des contrats.

Les droits et créances auxquels l'hypothèque est attribuée sont ceux des femmes mariées sur les biens de leur mari ; ceux des mineurs et des interdits sur les biens de leur tuteur ; ceux de l'Etat, des communes et des établissements publics sur les biens des receveurs et des administrateurs comptables (art. 2121 C. civ.

L'hypothèque *légale* porte sur tous les immeubles du débiteur, même sur ceux qui pourront lui appartenir dans la suite. Il en est de même de l'hypothèque *judiciaire*.

Les décisions arbitrales n'emportent hypothèque qu'autant qu'elles sont revêtues de l'ordonnance judiciaire d'exéquatur. L'hypothèque ne peut pareillement résulter des jugements rendus *en pays étranger* qu'autant qu'ils ont été déclarés exécutoires par un tribunal luxembourgeois sans préjudice des dispositions contraires qui peuvent être dans les lois politiques ou dans les traités (art. 2123 C. civ.).

L'hypothèque *conventionnelle* ne peut être consentie que par ceux qui ont la *capacité d'aliéner* les immeubles qu'ils y soumettent (art. 2124 C. civ.).

Les biens des mineurs, des interdits et ceux des absents tant que la possession n'en est déférée que provisoirement ne peuvent être hypothéqués que pour les causes et dans les formes établies par la loi, ou en vertu de jugements (art. 2126 C. civ.).

L'hypothèque *conventionnelle* ne peut être consentie que par un acte passé en *forme authentique*. Il faut en outre, pour qu'elle soit valable, que l'acte constitutif, ou bien un acte authentique postérieur, déclare *spécialement* la nature et la situation de chacun des immeubles actuellement appartenant au débiteur sur lesquels le débiteur consent l'hypothèque de la créance.

Les biens à venir ne peuvent faire l'objet d'une hypothèque conventionnelle.

Néanmoins si les biens présents des débiteurs sont insuffisants pour la sûreté de la créance le débiteur peut, en exprimant cette insuffisance consentir que chacun des biens qu'il acquerra par la suite y demeure affecté à mesure des acquisitions (art. 2129, 2130 C. civ.).

Il faut enfin pour la validité de l'hypothèque conventionnelle que la somme pour laquelle l'hypothèque est consentie soit *certaine et déterminée par l'acte.*

Si la créance résultant de l'obligation est *conditionnelle* pour son existence ou *indéterminée* dans sa valeur, le créancier ne peut requérir l'inscription que jusqu'à concurrence d'une valeur estimative par lui déclarée expressément et que le débiteur aura le droit de faire réduire s'il y a lieu.

B. Entre les créanciers l'hypothèque soit légale, soit judiciaire, soit conventionnelle *n'a de rang que du jour de l'inscription* prise par le créancier sur les registres du conservateur, dans la forme et de la manière prescrites par la loi.

L'art. 2135 C. civ. énumère les exceptions apportées à ce principe. Voir au surplus les art. 2136 et s. du même code.

C. Quant au mode d'inscription des priviléges et hypothèques, voir les art. 2146 et s. C. civ.

D. Quant à la radiation et la réduction des inscriptions, voir les art. 2157 et s. C. civ.

E. En vertu de l'effet de suite des priviléges et hypothèques, le tiers détenteur d'un immeuble grevé, s'il ne remplit pas les formalités de la purge (voir les art. 2181 et s. C. civ.) demeure par l'effet seul des inscriptions, obligé comme détenteur à toutes les dettes hypothécaires (art. 2167 C. civ.) en principal et intérêts, ou de délaisser l'immeuble hypothéqué sans aucune réserve (art. 2168 C. civ.).

Faute par le tiers détenteur de satisfaire pleinement à l'une de ces obligations chaque créancier hypothécaire a droit de faire vendre sur lui l'immeuble hypothéqué (art. 2169 C. civ.).

F. Les causes d'extinction des priviléges et hypothèques sont énumérées à l'art. 2180 du Code civil.

G. Une loi du 16 mai 1891 concernant les prêts hypothécaires remboursables à long terme et par annuités donne aux prêteurs sur hypothèque de capitaux remboursables par annuités à dix ans de terme au moins la faculté de procéder à la purge des hypothèques pouvant grever les biens hypothéqués, en observant certaines formalités qui diffèrent suivant qu'il s'agit d'hypothèques légales connues ou d'hypothèques légales inconnues.

Les art. 3 à 6 de cette loi règlent les premières, l'art. 7 les secondes.

L'hypothèque consentie au prêteur sur hypothèque de capitaux remboursables par annuités à dix ans de terme au moins, prend rang du jour de l'inscription bien que les valeurs soient remises postérieurement.

§ XIX. Sources du droit. (1)

1° *Droit civil*. La base du droit civil luxembourgeois est le Code Napoléon, le Grand Duché ayant été doté de cette législation lors de sa réunion à la France (1794-1814).

Lois modificatives postérieures au Code civil :

Abolition de la mort civile par la Constitution luxembourgeoise.

Arrêté du 22 oct. 1842 réglant le mode de la publication des lois.

Loi du 18 avril 1851 sur les vices redhibitoires, ainsi que celle du 15 déc. 1871 qui la complète.

Loi du 26 déc. 1855 sur le drainage et les irrigations.

Loi du 29 février 1872 abrogeant les art. 726 et 912 du C. civ. sur le droit d'aubaine et de détraction.

Loi du 9 février 1874 sur le désaveu de paternité en cas de séparation de corps ou de divorce (art. 313 C. civ.).

Loi du 27 janvier 1878 sur la naturalisation et l'indigénat.

Loi du 21 déc. 1878 abrogeant l'art. 980 C. civ., l'art. 11 de l'ordonnance R. G. D. du 3 oct. 1841 et modifiant l'art. 976 C. civ.

Loi du 1 avril 1885 abrogeant l'art. 1781 C. civ.

Loi du 5 février 1890 portant interprétation de l'art. 10 C. civ. et de l'art. 11 de la loi du 27 janvier 1878 sur les naturalisations.

(1) Bibliographie : Les vingt cinq Codes Luxembourgeois, par Bonnier-Ginguy, das Staatsrecht des Grosherzogthums Luxembourg, par Eyschen. Les Étrangers dans le Luxembourg, par Aug. Alveling

Loi du 16 février 1893 sur la responsabilité des hôteliers et
aubergistes (art. 1953 C. civ.).

Loi du 26 déc. 1892 sur la publicité des contrats de mariage,
art. 75, 76 et 1394 C. civ.

2° *La procédure civile* est encore régie par le Code français
de 1806. Lois modificatives postérieures à ce code et à l'époque
où le Grand Duché était politiquement uni à la Hollande
(1815-1830).

Loi du 27 déc. 1842 sur la compétence des juges de paix en
matière civile.

Loi du 24 janvier 1874 sur la compétence civile et commerciale.

Loi du 18 février 1885 sur l'organisation judiciaire.

Loi du 18 février 1885 sur les pourvois et procédure en cassation.

Loi du 2 janvier 1889 sur la procédure de l'ordre et la saisie
immobilière.

Loi du 23 mars 1893 sur les référés.

3° *Le droit commercial* est toujours régi par le code de commerce français de 1808 sauf les lois modificatives postérieures,
dont les principales sont :

Loi du 9 juillet 1870 sur les faillites, banqueroutes et sursis.

Loi du 29 février 1872 sur les nantissements.

Loi du 24 janvier 1874 sur la compétence civile et commerciale.

Loi du 6 mai 1874 sur les protêts.

Loi du 16 avril 1879 sur l'arbitrage forcé.

Loi du 14 avril 1886 sur le concordat préventif.

Loi du 16 mai 1891 sur le contrat d'assurance.

Droit pénal. Le droit pénal est réglé dans le Grand Duché
par le Code pénal du 18 juin 1879 portant révision du code
pénal de 1810 et plusieurs autres lois spéciales dont les plus
importantes sont entre autres :

Edit portant règlement général pour les eaux et forêts, 13 août
1869 ;

Décret du 15 29 sept. 1791 sur l'administration forestière
(Tit. IX).

Décret du 28 sept. 6 octobre 1791 concernant les biens et usages
ruraux et la police rurale.

Lois pénales douanières : 5 mars 1842 = 18 août 1867 = 11 déc. 1869.

» sur la chasse, 19 mai 1885.

» » la pêche, 6 avril 1872.

» » le colportage, 2 déc. 1855.

» » les professions ambulantes, 18 juin 1870.

» » le vagabondage et la mendicité, 19 mai 1880.

» » la police des chemins de fer, 17 déc. 1859 = 25 janv. 1860.

» » la contrainte par corps 18 janv. 1867 = 16 fév. 1877.

» » la presse, 20 juillet 1869.

» » les collectes, 18 déc. 1873.

» » les mines et minières 12 juin 1874 = 30 avril 1890.

» » la police des bâtiments, 20 mars 1876.

» » les circonstances atténuantes, 18 juin 1879.

» » les cabarets, 2 mars 1885.

» » la condamnation conditionnelle, 10 mai 1892.

» portant révision du code pénal militaire, 1 nov. 1892 (loi du 20 juillet 1814, art. 1 à 14 incl. non abrogés.)

La procédure pénale est réglée par le Code d'instruction criminelle promulgué en France en 1808, lequel a subi jusqu'à présent peu de modifications.

Voir toutefois :

Loi sur la compétence des tribunaux de simple police 10 janv. 1863.

» » la détention préventive, 20 mars 1877.

» » l'exécution des arrêts par contumace 29 janv. 1890.

Les principales lois organiques non comprises dans les codes ci avant énumérés sont :

Loi sur l'organisation judiciaire, 18 fév. 1885.

Lois sur l'enregistrement, 22 frimaire an VII qui forme la base, 31 mai 1824, 11 août 1841.

Loi sur le timbre 13 brumaire an VII.

Loi sur le timbre des effets de commerce et les protêts, 6 mai 1874.

Loi sur la perception des droits de succession 27 déc. 1817.

Ordonnance sur l'organisation du notariat, 3 octobre 1841.

Législation sur la propriété littéraire 15-19 janvier 1791 ; 16 juillet, 6 août 1791 ; décret 19-24 juillet 1793, 25 janvier 1817 ; 11 mai 1838, 13 juillet 1838.

Loi sur les brevets d'invention, 30 juin 1880.

Loi sur les marques de fabrique et de commerce, 28 mars 1883.

M

Nous nous permettons d'attirer votre attention sur le **Diction-naire pratique de Droit Comparé** dont nous commençons aujourd'hui la publication.

Ce travail comble une lacune réelle dans la littérature juridique et répond à des besoins de jour en jour plus impérieux.

Le développement intense des moyens de communication internationaux, et l'habitude des déplacements qui s'ensuivit, ont compliqué les relations juridiques de notre époque, et fait surgir devant les tribunaux des localités les plus retirées, de fréquentes questions de Droit International Privé et de Droit Comparé.

Les sources juridiques sont rares pour s'éclairer en ces occurrences, et manquent de l'autorité nécessaire pour la conscience du magistrat. Car si l'on recourt au texte de la loi étrangère — combien difficile à fixer avec assurance — il reste toujours douteux, si l'interprétation qu'on en veut faire est conforme à la réalité ; et si l'on se réfère aux traités peu nombreux que des jurisconsultes distingués ont composé sur l'un ou l'autre droit étranger, il reste un autre doute sur la pratique et la jurisprudence réellement adoptées.

C'est dans cet esprit que les auteurs de notre **Dictionnaire pratique de Droit Comparé** ont cherché à grouper un certain nombre de consultations rédigées d'après les textes, la doctrine et la jurisprudence combinées. Sachant combien il est difficile de bien rendre le sens et l'esprit d'institutions juridiques au milieu desquelles l'écrivain ne vit pas, ils ont voulu faire appel à un jurisconsulte national pour chacune des législations qui seront retracées. Quelque grands que soient les obstacles à la réalisation de cette méthode, les auteurs sont décidés à ne s'en écarter dans aucun cas.

Le comité de rédaction, sous la direction de *M. Hector Lambrechts*, avocat, docteur en droit (Belgique), se compose de MM. *Arsène Laurent*, docteur en droit, professeur à la Faculté catholique de Paris (France) ; *Eduardo Cabella*, avocat à Gênes (Italie) ; Dr *Arthur*

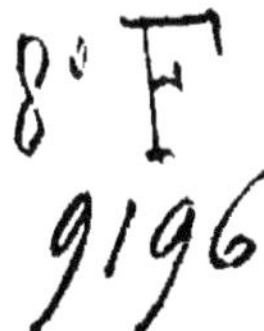

Freund, avocat près la Cour à Vienne (Autriche) ; *Auguste Liger*, avocat à Luxembourg (Grand Duché) ; *John Mac Mahon*, avocat à Londres ; Chevalier *O. Q. van Swinderen*, juge au tribunal de 1re Instance à Groeningue (Pays Bas) ; *E. Richter*, Justizrath Coblenz, (Pr. Rhénane) ; *H. Koch*, Regierungs Assessor à Burgdorf (Hanovre) ; *E. R. Salem*, avocat à Salonique (Turquie) ; *Mario Piuheiro Chagao*, avocat à Lisbonne (Portugal) ; *Hector de Rolland*, conseiller d'État et juge au tribunal supérieur de Monaco (Principauté) ; *Dimitri Alexandresco*, professeur à la Faculté de droit de Jassy (Roumanie) ; *Etienne de Sobilewski*, avocat à Varsovie (Pologne Russe) ; *A. Hindenburg*, avocat près la Cour, à Copenhague (Danemark) ; *S. Daneff*, docteur en droit, à Sofia (Bulgarie) ; *V. Velicovics*, Secrétaire Général au Ministère des Finances, à Belgrade (Serbie) ; *Georges Callispérès*, professeur à l'université, à Athènes.

Le plan du **Dictionnaire pratique de Droit Comparé** est conçu de façon à faciliter également les études scientifiques de Droit Comparé, et les recherches des praticiens sur quelque point spécial d'une législation déterminée.

Chaque pays formera un chapitre à part sous la signature de son auteur ; autant que possible le brochage des livraisons sera fait de façon à isoler chaque chapitre, afin de permettre aux lecteurs d'opérer le groupement des pays d'après leurs convenances personnelles.

Chacun de ces chapitres est subdivisé en XIX sections, dont voici les titres :

I. Naissances (nationalité — état civil).

II. Régime des étrangers.

III. Capacité civile (Mineurs — absents — interdits — femmes mariées — mort civile).

IV. Corporations (personnes civiles).

V. Mariage.

VI. Divorce.

VII. Testament.

VIII. Succession *ab intestat*.

IX. Administration des successions.

X. Actions.

XI. Organisation judiciaire et compétence.

XII. Frais judiciaires et intérêts.

XIII. Appels et voies pour attaquer les jugements.

L'ordre étant invariablement le même à travers tout l'ouvrage, on conçoit qu'il sera aisé de se faire sur les questions de son choix, un tableau d'ensemble de l'état du droit de toutes les nations.

Ainsi notre Dictionnaire sera également utile aux Membres des Facultés de droit et aux Magistrats, aux Jurisconsultes et aux Avocats.

Il ne fait double emploi avec aucune des publications récentes, formant un complément nécessaire à la collection française des codes étrangers ; il ne comprendra que des articles originaux et inédits.

La publication se fera en livraisons brochées de 112 pages, texte spécimen ci-contre, au prix de frs 3,50 l'une ; une grande concision étant la caractéristique de tous les travaux préparés, nous ne prévoyons pas qu'on atteindra le nombre de 20 livraisons.

Le **Dictionnaire pratique de Droit Comparé** que nous présentons en ce moment concerne uniquement les législations européennes. Mais nous croyons savoir qu'un travail identique est en préparation pour les législations américaines et coloniales, sur le plan du travail actuel, et dans le but d'en augmenter la valeur scientifique.

Les Éditeurs :

Chevalier-Marescq à Paris.

Ve Ferd Larcier à Bruxelles.

Belinfante fr. à La Haye.

PAYS-BAS

I. Naissance.

Afin de bien saisir les dispositions légales concernant la naissance et d'en pouvoir traiter dans un ordre régulier, il est nécessaire de commencer par celles qui portent un caractère international.

La loi du 12 Décembre 1892 (Bulletin des lois, N° 268) réglant l'état du Néerlandais et du domicilié, entrée en vigueur le 1er Juillet 1893, est de la teneur suivante :

ARTICLE 1.

Sont Néerlandais par naissance :

a) L'enfant légitime, légitimé ou naturel reconnu par le père, dont le père possède au moment de la naissance l'état de Néerlandais ;

b) L'enfant légitime d'un Néerlandais, décédé dans les trois cents jours avant la naissance de l'enfant ;

c) L'enfant naturel reconnu seulement par la mère, si cette mère possède au moment de la naissance l'état de Néerlandais ;

d) L'enfant naturel reconnu ni par le père, ni par la mère, né dans le Royaume.

ARTICLE 2.

Sont aussi Néerlandais :

a) L'enfant, dont le père ou la mère selon les distinctions établies dans l'art. 1, étant domicilié dans le Royaume, serait né lui-même d'une mère habitant le Royaume, à moins qu'il ne soit démontré que l'enfant appartient comme étranger à un autre pays ;

JHR O. Q. VAN SWINDEREN
Juge, Groningen.

ROUMANIE

II. Du régime des Étrangers.

I. — Les principes qui forment la base du régime applicable aux étrangers, en Roumanie, ont été, en dernier lieu, arrêtés et inscrits dans la Constitution du pays, lors de sa dernière révision en 1879. A partir de cette époque, les dispositions concernant les étrangers qui se trouvent dans le code civil (1866) ne sont applicables qu'autant qu'elles ne contreviennent pas à la lettre et à l'esprit de la Constitution.

II. — Pour mieux saisir la portée de ces dernières réformes, il est indispensable, sans entrer dans les détails d'une législation qui n'a plus d'existence, d'en rappeler au moins les traits généraux.

Jadis les étrangers n'étaient pas tous soumis au même régime. Les anciennes lois établissaient parmi eux des différences suivant la religion. Les étrangers professant le culte orthodoxe d'Orient, qui est aussi le culte dominant du pays, avaient la jouissance et l'exercice de tous les droits civils, sans restriction aucune ; tandis que les étrangers appartenant aux autres cultes chrétiens, et à plus forte raison ceux qui ne professaient pas la religion chrétienne, n'exerçaient les droits civils que dans certaines limites ; ils étaient notamment incapables d'acquérir par achat des immeubles ruraux, ainsi que d'obtenir jamais la naturalisation.

En dehors des étrangers proprement dits, la législation du pays a fait de tous temps une classe à part, des individus assez nombreux en Roumanie, qui étrangers d'origine et de religion, ne relèvent pourtant d'aucune puissance étrangère. Ceux-ci, suivant qu'ils professaient ou non un culte chrétien, avaient l'exercice des droits civils avec plus ou moins de restrictions.

Demetrie Alexandresco
Prof. Faculté de Jassy.

ITALIE

X. Actions.

Les actions se distinguent en *pénales* et *civiles*.

1° L'action *pénale* est essentiellement publique.

Elle n'appartient qu'aux fonctionnaires auxquels elle est confiée par la loi ; c'est-à-dire, aux officiers du Ministère Public auprès des Cours d'Appel et d'Assise, des Tribunaux et des Juges de paix. (*Pretori*).

Elle est exercée d'office, excepté les cas où la loi ne permet qu'elle soit poursuivie que moyennant *l'autorisation* ou la *plainte* de la personne offensée. (Code de Procédure Criminelle. Art. 2)

Ces cas sont les suivants : — Offense, par paroles ou gestes, contre la personne du Roi, ou contre les membres de la Famille royale : — offense envers un Corps judiciaire, politique ou administratif : — offense envers les Chefs des Etats étrangers ou au drapeau des mêmes Etats : — violation de domicile commise par un particulier : — exercice arbitraire de ses propres raisons : — Attentats aux mœurs, lorsqu'ils ne sont pas commis en lieu public. — Adultère. — Enlèvement d'une femme. — Diffamation. — Injures. — Abus de confiance (appropriatione indebite), etc.

Tous ceux qui ont souffert du dommage causé par un crime peuvent exercer l'action civile en réparation de ce dommage contre *les auteurs immédiats, les agents principaux* et *les complices* du crime. — Contre les personnes civilement responsables — et contre leurs héritiers (Art. 1 et 3 Cod. Proc. Crim.) Cette action peut être poursuivie en même temps et devant les mêmes juges que l'action pénale. — Elle peut aussi être exercée

EDUARDO CABELLA
Avocat à Gênes.

ANGLETERRE

XVI. Des preuves.

Suivant la division adoptée par Sir James Stephen, nous ramenons ce qui concerne les preuves aux trois questions suivantes :

1. Quels faits peuvent êtres prouvés et de quels faits la preuve est interdite ?

2. Quels modes de preuves sont admissibles pour établir ces faits dont la preuve est reçue ?

3. Qui est tenu à faire la preuve et de quelle manière ?

§ I.

On peut prouver toute question de fait soulevée dans une procédure quelconque, ainsi que tout fait relevant dans la cause.

Mais dans les accusations de *Conspiracy* (conjuration) tout acte ou toute parole émanée de l'un des conjurés tendant à l'accomplissement du but poursuivi en commun par eux, forme preuve valable contre les autres conjurés.

Toutes les fois que le debat roule sur un fait, seront recevables les preuves tendant à établir le motif de l'acte ou la conduite tenue en conséquence de cet acte.

Lorsque la preuve d'un fait sera recevable ou recevra également ment la preuve de déclarations soit adressées à l'auteur de cet acte, soit émanées de lui, si ces déclarations sont nécessaires à l'interprétation de l'acte en question. — S'il s'agit de la conduite d'une personne, on pourra apporter la preuve de déclarations faites par elle ou en sa présence, si ces déclarations ont eu vraisemblablement de l'influence sur cette conduite.

On peut aussi prouver des faits nécessaires pour expliquer

J. Mc Mahon
Avocat à Londres.

FRANCE et MONACO

DICTIONNAIRE PRATIQUE

DE

DROIT COMPARÉ

PREMIÈRE PARTIE

LÉGISLATIONS EUROPÉENNES

PAR

Hector Lambrechts,

DOCTEUR EN DROIT, ATTACHÉ AU MINISTÈRE DE L'INDUSTRIE ET DU TRAVAIL DE BELGIQUE

avec le concours de MM.

Dimitri Alexandresco, Ancien Secrétaire Général au Ministère de la Justice, professeur à la Faculté de droit de Jassy (Roumanie).
Arsène Laurent, docteur en droit, professeur à la Faculté catholique de Paris (France)

Chevalier **O. Q. van Swinderen**, docteur en droit et juge au tribunal de 1re Instance à Groningue (Pays-Bas).
Hector de Rolland, docteur en droit, avocat général près le Tribunal Supérieur de Monaco (Principauté).

(Voir suite au verso.)

PARIS

CHEVALIER-MARESCQ & Cie, ÉDITEURS

Rue Soufflot, 20

BRUXELLES | LA HAYE

Ve Ferd. LARCIER, Éditeur | BELINFANTE FRÈRES

Rue des Minimes

Edoardo Cabella, avocat à Gênes
(Italie).

Dr **Arthur Freund,** avocat près la
Cour d'appel à Vienne (Autriche).

Auguste Liger, avocat à Luxembourg (Grand Duché).

John Mac Mahon, avocat à Londres.

E. Richter, Justizrath Coblenz, (Pr.
Rhénane).

Dr **H. Koch,** Regierungs Assessor à
Burgdorf (Hanovre).

E. R. Salem, avocat à Salonique
(Turquie).

Mario Pluheiro Chagao, avocat
à Lisbonne (Portugal).

Etienne de Sobilewski, avocat à
Varsovie (Pologne Russe).

A. Hindenburg, avocat près la Cour
Suprême à Copenhague (Danemark).

S. Daneff, docteur en droit, à Sofia
(Bulgarie).

V. Velicovics, Secrétaire Général
au Ministère des Finances à Belgrade (Serbie).

Georges Callispérès, professeur à
l'université, à Athènes (Grèce).

Louvain — Typ. J.-B. Istas.

DICTIONNAIRE PRATIQUE

DE

DROIT COMPARÉ

PREMIÈRE PARTIE
LÉGISLATIONS EUROPÉENNES

PAR

Hector Lambrechts,

DOCTEUR EN DROIT, ATTACHÉ AU MINISTÈRE DE L'INDUSTRIE ET DU TRAVAIL DE BELGIQUE

avec le concours de MM.

Dimitri Alexandresco, Ancien Secrétaire Général au Ministère de la Justice, professeur à la Faculté de droit de Jassy (Roumanie).

Arsène Laurent, docteur en droit, professeur à la Faculté catholique de Paris (France).

Chevalier **O. Q. van Swinderen**, docteur en droit et juge au tribunal de 1re Instance à Groningue (Pays-Bas).

Hector de Rolland, docteur en droit, avocat général près le Tribunal Supérieur de Monaco (Principauté).

(*Voir suite au verso.*)

PARIS

CHEVALIER-MARESCQ & Cie, ÉDITEURS

RUE SOUFFLOT, 20

BRUXELLES	LA HAYE
Ve Ferd. LARCIER, Éditeur	BELINFANTE FRÈRES, Éditeurs
RUE DES MINIMES	WAGENSTRAAT

Edoardo Cabella, avocat à Gênes (Italie).

Dr **Arthur Freund,** avocat près la Cour d'appel à Vienne (Autriche).

Auguste Liger, avocat à Luxembourg (Grand Duché).

John Mac Mahon, avocat à Londres.

E. Richter, Justizrath Coblenz, (Pr. Rhénane).

Dr **H. Koch,** Regierungs Assessor à Burgdorf (Hanovre).

E. R. Salem, avocat à Salonique (Turquie).

Mario Piuheiro Chagao, avocat à Lisbonne (Portugal).

Etienne de Sobilewski, avocat à Varsovie (Pologne Russe).

A. Hindenburg, avocat près la Cour Suprême à Copenhague (Danemark).

S. Daneff, docteur en droit, à Sofia (Bulgarie).

V. Vellcovics, Secrétaire Général au Ministère des Finances à Belgrade (Serbie).

Georges Callispérès, professeur à l'université, à Athènes (Grèce)

Louvain — Typ. J.-B. Istas.

FRANCE

§ I. Naissance. [Etat civil, nationalité.]

I. Le premier point à déterminer pour connaître l'état civil d'une personne, c'est sa nationalité.

Deux faits, suivant les législations, influent d'une manière plus ou moins considérable sur la nationalité : la filiation et le lieu de la naissance.

En France, même depuis la loi du 24 juin 1889, qui a considérablement modifié les règles antérieures, le principe général est que l'enfant suit la nationalité de ses parents.

En ce qui concerne l'enfant légitime, il se rattache à son père, quand exceptionnellement ses deux auteurs n'ont pas la même nationalité.

L'enfant naturel ne suit la nationalité de ses parents que s'il a été reconnu pendant sa minorité. La reconnaissance après la majorité produit tous ses effets ordinaires excepté l'attribution de nationalité. L'enfant naturel reconnu pendant sa minorité est de même nationalité que celui de ses parents qui l'a reconnu le premier. Si tous les deux le reconnaissent en même temps, il se rattache plus particulièrement à son père.

L'enfant né de parents français, est français d'après les règles précédentes, quel que soit le lieu de la naissance. L'influence du *jus soli* ne se fait jamais sentir pour priver un descendant de Français de la nationalité française.

Le fait de la naissance sur le sol français suffit au contraire pour attribuer à l'enfant la qualité de Français. Cela aura lieu :

1° Quand on naît en France de parents inconnus, ou bien de parents naturels vis-à-vis desquels la filiation ne sera établie qu'après la minorité de l'enfant.

2° Quand un enfant est né en France de parents connus mais dont on ignore la nationalité.

3° Quand un enfant est né en France de parents étrangers également nés en France. Il suffit qu'un seul des parents soit né en France pour que l'enfant soit Français. Cet enfant ne pourra pas répudier la qualité de Français, à moins que ce soit celui dont il ne suit pas la nationalité en principe qui est né en France. (L. du 22 juillet 1893).

4° L'enfant né en France d'un étranger qui n'y est pas né est néanmoins Français, s'il est domicilié en France au moment de sa majorité. Cet enfant pourra d'ailleurs répudier la qualité de Français.

Tous autres enfants sont au moment de leur naissance étrangers. Mais pour quelques uns le fait de la naissance sur le sol Français leur donne en quelque sorte un droit à la qualité de Français. Ils pourront réclamer cette qualité, en faisant enregistrer au ministère de la justice avant l'âge de 22 ans leur soumission de fixer leur domicile en France, et en le fixant réellement dans l'année de la soumission.

Depuis la loi du 22 juillet 1893 l'enregistrement peut être refusé pour cause d'indignité ; mais dans ce cas il doit être statué par décret du Président de la République, rendu sur l'avis conforme du Conseil d'Etat.

II. L'étranger peut acquérir la qualité de Français par la naturalisation, c'est-à-dire par la concession gracieuse qui lui est faite de cette qualité par décret du Chef de l'Etat.

Le Président de la République ne peut accorder la naturalisation qu'à celui qui a, depuis trois ans au moins, fixé en France son domicile avec l'autorisation du gouvernement, ou qui a résidé de fait en France pendant 10 ans. Quelquefois au bout d'un an de domicile autorisé, la naturalisation peut être accordée si l'étranger a rendu des services importants à la France, ou s'il a épousé une Française. — Si c'est une étrangère qui épouse un Français, elle devient française de plein droit.

La naturalisation du chef de famille entraine *ipso facto* la naturalisation des enfants mineurs, sauf pour eux la faculté de répudier la qualité de Français au moment de leur majorité.

A la femme et aux enfants majeurs la loi n'impose pas la condition nouvelle du chef de famille ; elle permet seulement de leur accorder la qualité de Français dans le décret de naturalisation du mari ou du père, ou dans un décret postérieur, sans exiger aucune condition de résidence à titre de stage.

Peuvent encore obtenir du Chef de l'Etat la naturalisation sans être soumis à aucun stage : 1° les Français qui ont perdu cette qualité, excepté si c'est pour avoir pris sans autorisation du service militaire à l'étranger ; 2° les descendants d'ex-Français.

III. On perd la qualité de Français de plusieurs manières :

1° Par la naturalisation demandée et acquise en pays étranger. Mais l'Etat français ne reconnaît cette naturalisation que si elle a été autorisée pour ceux qui sont soumis au service militaire dans l'armée active.

2° En répudiant la qualité de Français dans les cas où cela est possible. Pour que cette répudiation soit valable, il faut qu'elle ait lieu en principe avant l'âge de 22 ans, et que le répudiant démontre deux choses : qu'il a conservé la nationalité étrangère, et qu'il a satisfait au service militaire dans le pays auquel il se rattache.

3° En conservant malgré le Gouvernement français des fonctions publiques conférées par un Gouvernement étranger.

4° En acceptant, sans autorisation préalable, du service militaire en pays étranger.

IV. Le second élément important de l'état civil, c'est la famille dont on fait partie.

Au point de vue de la filiation l'enfant est légitime ou naturel.

Est enfant légitime : 1° Tout enfant conçu au cours du mariage, fut-il né après sa dissolution. L'époque de la conception se déterminera d'après le moment de la naissance en vertu de présomptions posées dans les articles 312-314 du Code civil. 2° Tout enfant né pendant le mariage fut-il né moins de 180 jours après la célébration et par conséquent conçu avant le mariage.

L'enfant légitime a légalement pour père le mari de la mère. Toutefois dans le cas de conception au cours du mariage l'enfant peut être désavoué :

1° Quand du trois centième jour au cent quatre vingtième jour avant sa naissance, soit pour cause d'éloignement, soit pour cause d'accident, il y a eu impossibilité physique de cohabitation entre le mari et la femme.

2° Quand, au moment de la naissance de l'enfant, il s'est écoulé plus de trois cents jours après que, dans une instance en divorce ou en séparation de corps, la femme a été autorisée à avoir un domicile séparé de celui du mari. (L. du 18 avril 1886.)

3° Quand il y a eu adultère de la femme, et que la naissance de l'enfant a été cachée au mari.

Si l'enfant est né moins de 180 jours après le mariage le désaveu est en principe permis excepté : 1° Si le mari a eu connaissance de la grossesse de la femme avant le mariage. 2° S'il a signé à l'acte de naissance. 3" Si l'enfant n'est pas né viable. Dans ce dernier cas du reste l'enfant n'a eu aucune personnalité juridique.

L'action en désaveu peut être intentée par le mari, ou, s'il meurt étant encore dans les délais pour l'intenter, par ses héritiers. Le mari a en principe un mois pour intenter son action. S'il était absent au moment de la naissance ou que celle-ci lui eut été cachée, il a deux mois après son retour ou après qu'il a eu connaissance de la naissance. Les héritiers, quand l'action leur appartient, ont toujours deux mois à compter du jour où ils ont été troublés dans la possession des biens du mari. Leur silence ne porte pas atteinte à leur droit tant que leur intérêt pécuniaire n'est pas en jeu.

Quand l'action en désaveu aura été admise, l'enfant sera adultérin, si sa conception a eu lieu pendant le mariage. Il sera naturel simple s'il est né moins de 180 jours après la célébration du mariage.

V. L'enfant né en dehors d'un mariage valable est enfant naturel. On le dit enfant naturel simple si ses deux auteurs n'étaient pas parents à un degré prohibé, et si aucun d'eux n'était engagé dans les liens du mariage. Si les auteurs de l'enfant étaient proches parents, il sera incestueux ; si l'un d'eux était marié, l'enfant sera adultérin.

La loi prohibe la constatation directe de la filiation adultérine ou incestueuse, au moins vis-à-vis de celui des parents qui rend cette filiation adultérine ou incestueuse. La filiation naturelle simple peut être établie Elle résulte d'une reconnaissance émanée du père et de la mère. A défaut de reconnaissance volontaire l'enfant peut faire la preuve de sa filiation maternelle, pourvu qu'il présente à l'appui de sa demande un commencement de preuve par écrit. La recherche de la paternité naturelle est au contraire interdite, à raison des difficultés de preuve et des scandales que le législateur a craint de soulever. Elle sera permise dans un seul cas, c'est celui où il y a eu rapt de la mère, et que l'époque de la conception correspond avec celle de l'enlèvement.

L'enfant naturel simple est légitimé par le mariage subséquent de ses père et mère, si à ce moment sa filiation était légalement constatée. Les enfants adultérins ou incestueux ne peuvent être légitimés. Toutefois la Cour de Cassation admet qu'un enfant, né des relations entre deux personnes entre lesquelles le mariage est interdit pour parenté ou alliance, peut être légitimé, si plus tard ses parents obtiennent des dispenses afin de pouvoir se marier.

L'enfant naturel n'a de rapports juridiques qu'avec ses père et mère, exceptionnellement avec ses frères et sœurs naturels. Même vis-à-vis de ses père et mère ses droits sont inférieurs à ceux d'un enfant légitime.

Quant aux enfants adultérins ou incestueux, dont la filiation serait exceptionnellement et indirectement constatée, ils ne peuvent exiger et recevoir que des aliments de leurs père et mère.

En cas de contestation il faut que la preuve de l'état civil puisse être légalement faite. Le législateur a établi des registres destinés à recevoir les procès verbaux des faits les plus importants de la vie civile. La tenue de ces registres est confiée, en France, au maire de la commune, à son défaut, à un adjoint.

VI. La loi exige que toute naissance sur le sol français soit constatée. Les règles concernant cette obligation sont les mêmes en France qu'en Belgique. Il y a cependant quelques changements de détail, apportés au Code civil par une loi du 8 juin 1893, quand il se produit une naissance pendant un voyage en mer.

La preuve de la filiation, si elle est contestée, pourra s'établir de manières différentes suivant que cette filiation est légitime ou naturelle.

La filiation légitime se prouvera : 1° par les actes de naissance inscrits sur les registres de l'état civil ; 2° par la possession d'état ; 3° à défaut de l'un et de l'autre, par le témoignage ; mais la demande doit alors être accompagnée d'un commencement de preuve par écrit émané d'une personne ayant un intérêt opposé à celui de l'enfant, ou au moins précédée d'indices graves.

La filiation naturelle n'est pas prouvée par l'acte de naissance, mais bien par l'acte de reconnaissance, ou aveu émané du père et de la mère. Cette reconnaissance doit avoir lieu dans un acte authentique quelconque. A défaut de reconnaissance la recherche de la maternité, ou de la paternité quand elle est admise, doit être accompagnée d'un commencement de preuve par écrit, et la jurisprudence exige ici que cet écrit émane de celui contre qui la recherche a lieu.

§ II. Des étrangers.

La situation juridique d'un étranger en France est différente suivant qu'on envisage les droits politiques, les droits publics, les lois pénales ou les lois civiles proprement dites.

I. Les étrangers ne sont pas admis à l'exercice des droits

politiques. Ils ne peuvent donc être ni électeurs, ni éligibles. Ils ne peuvent non plus occuper une fonction publique. Toutefois les professeurs de l'enseignement public peuvent être étrangers, quand il s'agit de l'enseignement des langues vivantes.

II. Aucun texte général ne donne aux étrangers la jouissance des libertés publiques ; mais on s'accorde à les leur donner. C'est ainsi que leur liberté individuelle est garantie comme celle des Français. (Charte de 1830 art. 4.) Mais ils peuvent être expulsés par mesure administrative, soit en vertu d'un décret, soit par simple arrêté ministériel, suivant qu'ils ont été ou non autorisés à fixer leur domicile en France. (Loi du 3 Déc. 1849.) L'étranger expulsé qui rentre en France sans autorisation encourt une peine d'emprisonnement.

De plus tout étranger non autorisé doit, dans les 15 jours de son arrivée, faire une déclaration de séjour à la Mairie de la Commune dans laquelle il voudra se fixer. (Décret du 2 Octobre 1888.)

Comme en Belgique, en vertu tantôt de lois spéciales, tantôt de la jurisprudence, les étrangers comme les nationaux, peuvent manifester leur pensée par la voie de la presse (Loi du 29 Juillet 1881), par l'enseignement privé. (Loi du 30 Octobre 1886.)

Ils peuvent adresser aux pouvoirs publics des pétitions, autres que celles ayant un caractère purement politique. Ils sont admis au bénéfice des lois sur la liberté de réunion et d'association. En cas de besoin on leur accorde en fait, au moins temporairement, les mêmes secours qu'aux Français.

En retour les étrangers sont soumis aux mêmes charges fiscales que les nationaux.

III. Pendant qu'ils séjournent en France, les étrangers sont soumis aux mêmes lois pénales et de police que les Français.

Il n'en est pas de même pour les actes commis en pays étrangers. Pour ces actes, en principe, les étrangers échappent à la compétence des lois et des tribunaux français. Par exception, tout étranger arrêté en France ou dont on aura obtenu l'extradition, pourra être jugé et puni d'après la loi française, s'il a commis même hors de France un crime contre la sureté de l'Etat, ou s'il a contrefait les sceaux, monnaies ou papiers nationaux, ou les billets de Banque autorisés par la loi. (Loi du 27 Juin 1866.)

Les auteurs décident que si l'étranger a déjà été, pour ces mêmes faits, jugé dans son pays, il ne pourra plus être poursuivi en France.

IV. La question des droits civils donne lieu aux plus vives controverses. Avant tout il faut distinguer entre les étrangers admis par le Chef de l'Etat à fixer leur domicile en France, et ceux qui n'ont pas reçu cette autorisation.

1° Ces premiers jouissent de tous les droits civils accordés aux Français, mais l'effet de l'autorisation ne dure que 5 ans. (Loi du 26 Juin 1889) ; cette autorisation peut être révoquée.

2° Pour les seconds, diverses lois leur ont accordé la jouissance de certains droits civils déterminés. C'est ainsi que depuis le 14 Juillet 1819 ils peuvent recueillir en France une succession ou une donation. Toutefois, comme en Belgique, si le national est écarté, à quelque titre que ce soit, des biens situés en pays étranger, il prélèvera d'abord une égale somme sur les biens situés en France.

Les étrangers jouissent aussi des lois sur la propriété artistique ou littéraire, sur la propriété industrielle, les marques de fabrique. Ils peuvent être concessionnaires de mines.

En dehors de ces lois, des traités ont accordé à certains étrangers des droits plus étendus. C'est ainsi que beaucoup d'étrangers sont dispensés de fournir la caution *judicatum solvi* pour intenter un procès en France ; qu'ils peuvent obtenir le bénéfice de l'assistance judiciaire gratuite, etc.

En principe, même en dehors d'une concession formelle, l'étranger jouit en France de tous les droits que des traités accordent aux Français dans le pays auquel cet étranger appartient. On admet donc le principe de la réciprocité *législative*, mais on a toujours repoussé le principe de la réciprocité légale. Il ne suffit pas que la législation d'un pays accorde aux Français un certain droit, pour que l'étranger appartenant à ce pays ait un droit semblable en France.

En dehors des hypothèses prévues formellement par un texte de loi ou un traité, il existe en doctrine une grande controverse.

Les uns refusent à l'étranger tous les droits qui ne lui seraient pas expressément ou implicitement accordés. — D'autres accordent au contraire tous les droits qui ne sont pas expressément enlevés aux étrangers. — D'autres enfin, et c'est l'opinion dominante en jurisprudence, distinguent entre les droits naturels qui appartiennent à tout homme, et les droits civils proprement dits, création plus arbitraire du législateur, qui sont réservés aux seuls citoyens, sauf une convention diplomatique contraire.

Lorsqu'un étranger sera admis à invoquer un droit civil en France, le droit sera régi tantôt par la loi française, tantôt par la loi étrangère.

On admet que les questions d'état et de capacité sont régies par la loi nationale de l'étranger, excepté lorsque cette loi serait contraire à l'ordre public tel qu'il est conçu en France. Les questions relatives aux biens seront au contraire toujours tranchées par la loi du lieu où ces biens sont situés. (article 3 du C. civ.) Ce double principe tend à s'établir partout.

La loi française est muette, en principe, sur la forme des actes en droit international. On admet généralement la règle : *locus regit actum*. Mais les uns donnent à cette règle un caractère *impératif*, en ce sens qu'il faudrait toujours suivre la forme du lieu où l'acte est passé ; d'autres donnent à la règle un caractère permissif : pour eux la loi applicable devrait être la loi nationale, sauf en cas de nécessité à recourir aux formes de la loi locale.

Quant aux tribunaux français, aucune loi générale ne leur a fixé, comme l'a fait la loi belge de 1876, des règles de compétence. Voici ce qu'on décide le plus généralement. Lorsqu'un Français est intéressé dans l'instance, le tribunal français est toujours compétent, même si c'est un étranger qui est défendeur. (art. 14 du C. civ.) L'étranger poursuivi par un Français ne pourrait pas décliner la compétence du tribunal français excepté si un traité lui avait donné ce droit.

Quand l'affaire intéresse deux étrangers, les tribunaux français sont encore compétents pour faire respecter l'ordre public, pour statuer sur des questions de droits réels, sur des affaires commerciales ou même civiles quand le défendeur est domicilié en France. Mais le plus souvent les tribunaux ont refusé de statuer sur des questions d'état intéressant seulement deux étrangers.

---

§ III. Capacité civile.

La capacité étant la règle et l'incapacité l'exception, je me contente de résumer les règles principales de l'incapacité en droit français, en suivant l'ordre du code civil.

I. La mort civile a été abolie par la loi du 31 Mai 1854. Toutefois la loi attache encore à certaines condamnations une restriction de capacité.

Ainsi toute condamnation à une peine criminelle entraine la dégradation civique, et toute peine afflictive et infamante frappe le condamné d'interdiction légale, qui dure autant que la peine. L'interdit ne peut plus administrer son patrimoine, ni en disposer : il est remplacé par un tuteur. Toutefois cet interdit peut, s'il n'est pas condamné à une peine perpétuelle, faire un testament, ou recevoir, par l'intermédiaire de son tuteur, une donation ou un legs. Dans tous les cas, d'après la jurisprudence, le condamné peut valablement se marier ou reconnaître un enfant naturel. Les tribunaux correctionnels peuvent aussi enlever au condamné, par un temps plus ou moins long, l'exercice de certains droits civils.

II. L'absence n'est pas une cause d'incapacité ; mais elle entraine de fait l'impossibilité pour l'absent d'administrer son patrimoine.

Comme en Belgique, quand il y a eu pendant un certain temps incertitude sur l'existence d'une personne, les parties intéressées peuvent obtenir l'envoi en possession de son patrimoine. L'envoi en possession est d'abord provisoire, les envoyés n'ont alors que le pouvoir d'administrer. Puis l'envoi devient définitif, et les bénéficiaires peuvent aliéner valablement les biens de l'absent. Même après l'envoi en possession définitif, l'absent s'il revient ou ses descendants s'ils se présentent, peuvent réclamer la restitution des biens qui restent.

III. La femme mariée est incapable d'ester en justice sans l'autorisation de son mari. Elle ne peut non plus en principe faire aucun acte extrajudiciaire, sauf les actes d'administration si elle s'est réservé ce droit par contrat de mariage, sans une autorisation spéciale du mari pour chaque acte.

En cas de non autorisation par le mari, soit qu'il ne veuille ou ne puisse légalement autoriser, la femme doit demander au tribunal le complément de capacité dont elle a besoin.

Depuis la loi du 6 février 1893, la femme séparée de corps jouit en principe d'une capacité aussi complète que si elle n'était pas mariée.

IV. Le majeur de 21 ans est entièrement capable. Cependant l'homme avant 25 ans ne peut, sans l'autorisation de certaines personnes, contracter mariage. L'homme et la femme, mineurs de 25 ans, ne peuvent se donner en adoption sans le consentement de leurs père et mère.

1° Le mineur de 21 ans, incapable en principe, peut toutefois accomplir certains actes : *a*) A partir de 15 ou 18 ans il peut se marier avec l'assistance de certaines personnes. *b*) Avec le consentement de ces mêmes personnes, il peut faire son contrat de mariage, et y insérer même des donations en faveur de son conjoint. *c*) A partir de 16 ans il peut tester pour une partie de ses biens. *d*) Enfin le père ou la mère mineurs pourront être tuteurs de leurs enfants.

2° En dehors de ces cas, le mineur non émancipé ne peut faire valablement un acte juridique même de pure administration. Il sera remplacé, pour la gestion de ses intérêts, par son père pendant le mariage, et à la mort d'un de ses parents, par un tuteur. Ce tuteur sera d'abord le survivant des père et mère, puis certains parents ou des étrangers. La tutelle est une charge publique à laquelle ne peuvent être appelées les femmes, excepté la mère et les ascendantes du mineur. Les hommes appelés à la tutelle, ne peuvent y échapper s'ils n'ont des excuses légitimes.

Le tuteur remplace le mineur. Il agit seul pour les actes d'administration. Le tuteur peut, avec l'autorisation du conseil de famille, c'est-à-dire des plus proches parents, accepter ou répudier une succession ou une donation, former une demande immobilière, intenter une action en partage.

Pour aliéner les immeubles ou les grever de droits réels, pour emprunter, il faudra au tuteur et l'autorisation du conseil de famille et l'approbation du tribunal civil. Pour la transaction il lui faudra même éclairer la religion du tribunal par une consultation délibérée par 3 jurisconsultes.

Enfin il est absolument interdit au tuteur de faire aucun acte d'aliénation à titre gratuit, aucun compromis, c'est-à-dire consentir à un arbitrage sur les droits du mineur ; le tuteur ne peut se rendre acquéreur des biens appartenant au mineur.

3° Le mineur peut être émancipé à 15 ans par son père et à défaut par sa mère, ou à 18 ans par délibération du conseil de famille ; il l'est de plein droit par le mariage.

Le mineur émancipé administre lui-même son patrimoine ; il a pleine capacité pour les actes de pure administration. Si cependant il contracte des obligations exagérées, le tribunal pourra les réduire, eu égard à la fortune du mineur et à la mauvaise foi de celui avec lequel il a contracté. Dans ce cas on pourra enlever au mineur non marié le bénéfice de l'émancipation.

En dehors des actes de pure administration le mineur a besoin d'être assisté par un curateur. Cette assistance lui suffira : pour recevoir le compte de tutelle, pour plaider, recevoir un paiement. Pour les autres actes il lui faudra obtenir l'autorisation du conseil de famille, et quelquefois l'homologation du tribunal comme s'il n'était pas émancipé. Le mineur même émancipé ne pourra faire un compromis, ni faire une donation entre vifs, excepté dans son contrat de mariage.

Le mineur émancipé peut être, à partir de 18 ans, autorisé à faire le commerce. L'autorisation lui est donnée par son père, à défaut du père, par sa mère, et à défaut de celle-ci par le conseil de famille. Le mineur est alors capable comme un majeur pour tous les actes relatifs à son commerce. Il peut, dans ce but, hypothéquer ses immeubles, mais il ne pourrait les aliéner que comme un mineur ordinaire.

4° Autrefois l'aliénation des valeurs mobilières, titres de rente, actions, obligations etc., ainsi que la conversion de ces mêmes titres en titres au porteur, étaient considérés comme des actes d'administration comme l'aliénation des autres meubles.

Depuis la loi du 27 février 1880, il n'en est plus ainsi. Les titres appartenant à des mineurs, même émancipés autrement que par le mariage, doivent être nominatifs. L'aliénation ou la conversion en titres au porteur n'est possible qu'avec l'autorisation du conseil de famille. Au dessus de 1500 francs il faudrait même obtenir l'homologation du tribunal.

V. Toute personne qui se trouve dans un état habituel de folie doit être interdite par décision du tribunal civil. L'existence d'intervalles lucides plus ou moins longs n'y mettrait pas obstacle.

L'interdit, dès le jour du jugement d'interdiction est assimilé au mineur non émancipé. Aussi ce jugement doit être porté à la connaissance des tiers. Les personnes qui ont demandé l'interdiction seraient pécuniairement responsables envers les tiers trompés, s'ils ne faisaient pas faire cette publicité dans un délai de 10 jours à compter du jugement.

Pour que cette incapacité cesse, il faut un nouveau jugement prononçant la main-levée de l'interdiction.

VI. Le prodigue, et celui dont l'état de démence n'est pas assez caractérisé pour qu'il soit interdit, reçoivent un conseil judiciaire qui est nommé par le tribunal civil, et sans l'assistance duquel ils ne peuvent plaider, transiger, emprunter, recevoir un capital mobilier et en donner décharge, aliéner ou grever leurs biens d'hypothèque.

Une loi du 16 mars 1893, exige pour les nominations de

conseils judiciaires la même publicité que pour les jugements d'interdiction.

En principe l'incapacité ne peut être invoquée que par ceux-là même en faveur de qui elle a été établie. Toutefois il n'en est pas ainsi dans le cas d'incapacité résultant d'une condamnation ; dans l'opinion générale, l'incapacité est alors d'ordre public et peut être invoquée par tout le monde.

On admet que l'incapacité de l'étranger, excepté celle qui serait contraire à l'ordre public et celle qui résulterait d'un jugement de condamnation, suit cet étranger en France. Toutefois, de même qu'en Belgique, certains tribunaux ont admis qu'elle ne pourrait être invoquée contre les intérêts d'un Français. On décide aussi que si l'étranger avait usé de fraude pour faire croire à une capacité qui n'existait pas, il ne pourrait invoquer son incapacité à l'encontre de ceux qu'il a trompés.

§ IV. Corporations.

La *corporation* ou *personne civile*, peut être définie : un être immatériel auquel la loi reconnaît une existence juridique, qui ne se confond pas avec celle de chacun de ses membres.

On distingue en France deux catégories de personnes morales : 1° celles qui ont pour but l'utilité publique ou générale ; 2° celles qui ont pour but l'accroissement de la fortune particulière de chacun de leurs membres, c'est-à-dire les sociétés commerciales.

I. La première classe de personnes morales comprend deux catégories : les établissements publics proprement dits, et les établissements d'utilité publique.

1° On a défini les établissements publics : ceux qui font partie de l'organisation administrative de la France, ou qui se rattachent d'une manière intime à cette organisation.

Ce sont en première ligne : l'État, les départements, les

communes. Il faut aussi y faire rentrer : les sections de communes, les hospices, les bureaux de bienfaisance, l'Université, les Facultés, etc. Il faut encore y comprendre certains établissements du culte catholique tels que les fabriques d'église, les menses épiscopales et curiales, les séminaires diocésains ; et pour les cultes dissidents, les consistoires protestants ou israélites.

2° On entend par établissements d'utilité publique, ceux qui, présentant un caractère d'utilité générale, ont été reconnus par la loi, mais ne se lient pas à l'administration de la France. A titre d'exemples on peut citer : les communautés religieuses reconnues, les caisses d'épargne, les monts de piété, les sociétés de secours mutuels, les associations syndicales autorisées, et, en vertu de la loi du 21 mars 1884, les syndicats professionnels.

Chacune de ces personnes morales tient son existence quelquefois d'une loi spéciale, le plus souvent d'un décret ou même d'un simple arrêté préfectoral. Presque toujours il faut une intervention formelle et spéciale de la puissance publique pour donner naissance à la corporation. Toutefois les syndicats professionnels peuvent se former librement, et jouir des avantages de la personnalité civile, à la condition de respecter les formalités établies par la loi du 21 mars 1884.

Les corporations ou personnes civiles n'ont pas une capacité aussi complète que les personnes physiques. Créées en vue d'un but déterminé, elles ont seulement les droits qui leur ont été conférés expressément dans l'acte qui leur donne naissance, et ceux qui leur sont nécessaires pour atteindre le but qu'on s'est proposé en les créant.

En particulier ces personnes ne peuvent recevoir de libéralité sans avoir reçu du gouvernement français l'autorisation d'accepter ; car on a craint la reconstitution d'une trop grande masse de biens de main-morte.

Les modes d'administration de ces corporations ou personnes morales varient à l'infini, suivant les lois, les décrets qui leur ont donné naissance, suivant les statuts particuliers à chacune

2f.

d'elle. On constate une ingérence souvent très grande du gouvernement dans leur administration. On a pu dire que les personnes civiles sont, dans la pratique française, des mineurs soumis à la tutelle administrative. L'ingérence du gouvernement est d'ailleurs beaucoup plus grande quand il s'agit d'établissements publics, qu'en présence d'établissements d'utilité publique.

II. Aucune association civile, formée dans un intérêt particulier, n'est une personne morale. Telle est au moins la jurisprudence et la doctrine des auteurs. Les sociétés commerciales, au contraire, à l'exception des associations en participation, constituent des personnes civiles.

Autrefois les sociétés anonymes ne pouvaient se former sans une autorisation du gouvernement. Depuis les lois de 1867 et de 1893, ces sociétés peuvent se former librement en observant les conditions prévues par ces lois. Par exception, les sociétés par actions qui ont pour objet les assurances sur la vie, doivent toujours être autorisées par décret.

Dans la corporation, la personne civile est indépendante de chacun de ses membres, elle survit à tous, les changements de personnalité n'ont aucune influence sur la marche légale de ces corporations.

Il semble toutefois que dans les sociétés de commerce la personne civile soit moins indépendante de ses membres que dans les corporations de la première catégorie. En effet quand la société commerciale disparaît le patrimoine en est partagé entre les associés. Quand au contraire un établissement public ou d'utilité publique cesse d'exister, ses biens ne sont pas partagés entre les membres qui le composaient.

Une opinion, se basant sur ce que la personne civile n'existe que par l'autorité de la loi qui la crée, a prétendu que cette personnalité ne pouvait s'étendre au delà des limites territoriales soumises à l'autorité de cette loi. Mais l'opinion qui tend à prévaloir en France, par une interprétation libérale de la loi du 14 juillet 1889, c'est qu'il faut admettre à exercer leurs droits en France, les personnes civiles régulièrement existantes dans leur pays.

Cela peut certainement être admis pour les sociétés commerciales autres que les sociétés par actions. Pour ces dernières une loi du 30 mai 1857 a admis les sociétés belges autorisées par leur gouvernement, à agir en France, et de nombreux décrets rendus en exécution de l'article 2 de cette même loi, ont étendu cette faveur aux sociétés par actions de beaucoup d'autres pays.

---

§ V. Du Mariage.

I. En France, comme en Belgique, les lois ne considèrent le mariage que comme un acte purement civil. Les conditions mises par la loi religieuse à la célébration du mariage ne sont donc plus exigées, à moins qu'elles n'aient été reproduites par la loi civile.

Les conditions de capacité prescrites par la loi française sont les suivantes :

1° Dix-huit ans pour l'homme et quinze ans pour la femme. Le Chef de l'État peut néanmoins pour causes graves accorder des dispenses d'âge.

2° Le consentement des époux. Le consentement doit être exempt de violence et d'erreur portant sur l'identité civile de la personne. Toute autre erreur ou tout autre vice du consentement ne peuvent porter atteinte à la validité du mariage.

3° Si les époux sont âgés, le mari de moins de 25 ans et la femme de moins de 21 ans, ils doivent demander le consentement des père et mère. En cas de dissentiment la volonté du père l'emporte.

Si l'un des père et mère est mort ou dans l'impossibilité de manifester sa volonté, le consentement de l'autre suffit. La règle à suivre est la même pour les enfants naturels reconnus.

A défaut de père et mère, la famille légitime doit être consultée en la personne des ascendants. Dans une même ligne la volonté du grand père l'emporte sur celle de la grand mère ; mais il n'y a aucune prééminence de la ligne paternelle vis-à-vis de la ligne maternelle. Le consentement d'une ligne permet de procéder à la célébration du mariage.

A défaut d'ascendants, les enfants légitimes mineurs de 21 ans doivent obtenir le consentement de leur conseil de famille.

A défaut de père et mère l'ayant reconnu, ou s'ils sont morts, l'enfant naturel également mineur de 21 ans doit obtenir le consentement d'un tuteur qui lui sera spécialement désigné à cet effet.

Au delà de 21 et de 25 ans suivant le sexe, le consentement des ascendants doit toujours être demandé ; mais si ce consentement n'est pas obtenu, on peut passer outre, à la condition que les futurs conjoints démontrent, au moyen d'actes respectueux dressés par notaires, qu'ils ont demandé ce consentement. Il faudra, suivant les cas 1 ou 3 actes respectueux.

4° On ne peut contracter un second mariage avant que la précédente union ait été déclarée nulle, on dissoute par la mort ou le divorce. Dans ces deux derniers cas, la veuve ou la femme divorcée doit attendre un délai de 10 mois avant de contracter une nouvelle union.

Si le second mariage était attaqué pour cause de bigamie, il faudrait, avant de statuer sur cette question, décider si le premier mariage était valable ou nul.

5° Pour des raisons de haute moralité ou d'intérêt public, le mariage est interdit entre certains parents ou alliés.

L'interdiction est absolue en ligne directe. En ligne collatérale le mariage est prohibé entre frère et sœur légitimes ou naturels, entre oncle et nièce, tante et neveu légitimes, entre beau-frère et belle-sœur. Le Chef de l'État peut accorder des dispenses pour permettre le mariage entre oncle et nièce, tante et neveu, et, depuis une loi du 16 avril 1832, entre beau-frère et belle-sœur. En France on ne distingue pas à ce point de vue suivant que le premier mariage s'est dissous par la mort de l'un des époux ou par le divorce.

Ces conditions de capacité sont exigées des Français qu'ils

se marient en France ou à l'étranger. Elles ne sont exigées des étrangers se mariant en France que quand elles sont d'ordre public.

II. Ces conditions de fond une fois remplies, il faut des conditions de forme.

La loi veut d'abord que le projet de mariage soit publié dans les communes où les époux ont un domicile réel, ou un domicile matrimonial établi par six mois de résidence. De plus il faudra le publier dans les communes où sont domiciliées les personnes qui doivent consentir au mariage.

La loi française, afin de mieux s'assurer qu'il n'existe aucun empêchement, exige deux publications à deux dimanches consécutifs. Le Chef de l'Etat, ou en cas d'urgence le Procureur de la République, peuvent accorder dispense de la seconde publication, mais jamais de la première.

Pour donner aux personnes ainsi averties le temps de faire connaître l'existence d'un empêchement, la loi veut que le mariage ne soit célébré au plus tôt que le troisième jour qui suit la dernière publication.

Toute personne peut faire connaître à l'officier de l'état civil l'existence d'un empêchement au mariage ; mais cet officier public n'est tenu alors de s'arrêter que s'il reconnait le bien fondé de l'opposition.

Il y a certaines personnes qui peuvent, au contraire, en faisant opposition obliger l'officier de l'état civil à surseoir sous peine d'amende, même s'il est persuadé que l'opposition n'est pas fondée. Le tribunal civil seul peut statuer.

Les personnes qui peuvent ainsi s'opposer à un mariage sont:

1° Le père, et à défaut du père, la mère de l'un des époux.

2° A défaut de père et mère le droit passe aux ascendants dans l'ordre même où ils sont appelés à consentir au mariage.

3° Enfin à défaut d'ascendants le droit d'opposition peut encore être exercé cumulativement par les frères et sœurs, les oncles, tantes, cousins germains, et par le tuteur autorisé du conseil de famille. Mais pour les collatéraux et le tuteur, ils ne peuvent faire opposition que pour l'un des deux motifs suivants : non-consentement du conseil de famille, ou folie du futur époux. Les ascendants, eux, peuvent faire opposition sans indiquer de motifs à l'officier de l'état civil.

Le mariage doit en principe avoir lieu devant l'officier de l'état civil du domicile de l'un des époux. Toutefois le mariage est encore possible là où l'un des époux a six mois de résidence continue : car en fait il y sera connu aussi bien qu'à son domicile.

Le mariage est célébré *publiquement* dans la maison commune.

Le consentement des époux est la seule base du mariage. Aussi l'officier de l'état civil a-t-il pour mission seulement de demander aux deux fiancés s'ils consentent à se prendre pour mari et femme, et de constater officiellement cet accord de volonté.

Ces règles de forme sont applicables au mariage des Français en France. Si les Français contractent mariage en pays étranger, ils peuvent suivre la loi locale *(locus regit actum)*. Ils peuvent aussi, s'ils sont tous deux français, se marier dans la forme française devant le consul ou l'agent diplomatique de leur pays.

Par réciprocité, les étrangers en France peuvent suivre la forme française ; mais ils peuvent aussi, s'ils sont de même nationalité, suivre la forme usitée dans leur pays, si, en fait, le recours à cette forme est possible dans le lieu où ils contractent mariage.

III. Les conditions de fond et de forme précédemment indiquées n'ont pas toutes la même importance, et leur violation entrainera des sanctions de natures diverses.

Il y aura seulement une amende et quelquefois une peine d'emprisonnement pour l'officier de l'état civil ou les époux, quand il y aura eu défaut de publications, violation d'une opposition au mariage, mariage d'une femme veuve ou divorcée avant l'expiration d'un délai de 10 mois après la dissolution du précédent mariage. Il en sera de même du défaut d'actes respectueux quand le consentement des ascendants n'est pas indispensable.

La violation des autres conditions peut entrainer la nullité du mariage.

Dans certains cas la nullité est relative, c'est-à-dire ne peut être demandée que par certaines personnes et pendant un certain temps.

C'est ainsi qu'en cas de consentement vicié, celui des époux dont le consentement a été vicié peut seul demander la nullité de son mariage. L'action ne serait plus possible s'il s'était écoulé plus de six mois de cohabitation entre les époux depuis le jour où le vice du consentement a disparu.

De même s'il n'y a pas eu consentement des ascendants, avant 21 ou 25 ans, la nullité pourra être demandée par celui des ascendants qui devait être consulté, et par l'époux qui avait besoin du consentement de son ascendant. L'adhésion de la famille a été jugée nécessaire pour protéger l'époux encore jeune contre ses entrainements. Si l'ascendant qui pouvait demander la nullité meurt, son droit ne passe ni à ses héritiers, ni à un autre ascendant.

La nullité disparait si l'ascendant a ratifié le mariage expressément ou tacitement. De plus l'ascendant ne peut plus agir quand il s'est écoulé un an depuis qu'il a eu connaissance du mariage. L'époux lui-même perd son action un an après qu'il a atteint l'âge où il aurait pu se marier, malgré l'opposition de sa famille.

Dans tous les autres cas la nullité est absolue. Elle est alors perpétuelle sauf dans le cas d'impuberté. Elle peut être invoquée par le Procureur de la République dans l'intérêt de la société, par les ascendants dans l'intérêt moral de la famille, par toute personne ayant un intérêt pécuniaire personnel à faire valoir. Les époux peuvent aussi demander la nullité de leur mariage.

La nullité pour défaut d'âge présente deux exceptions à la règle générale des nullités absolues :

1° Elle n'est pas perpétuelle ; elle cesse dès qu'il s'est écoulé six mois depuis le jour où les époux ont atteint l'un et l'autre l'âge requis pour le mariage. Elle cesse encore, en cas de défaut d'âge de la femme seulement, sitôt qu'elle aura conçu.

2° Par exception la nullité pour défaut d'âge ne peut pas être invoquée par l'ascendant, qui, connaissant cet obstacle, a donné son consentement au mariage.

En principe, quand une nullité existe, et que l'action est intentée, le tribunal doit, après avoir constaté la violation de la loi, prononcer la nullité. Toutefois le législateur donne au juge un pouvoir discrétionnaire quand la nullité est demandée par défaut de publicité, ou pour incompétence de l'officier de l'état civil. Dans ces cas, le tribunal peut, après avoir constaté que la publicité a été insuffisante, ou que l'officier de l'état civil n'était pas compétent, repousser la nullité à raison des circonstances particulières à l'affaire.

IV. Le mariage ne produit d'effet que s'il est prouvé. La preuve normale est l'acte inscrit sur les registres de l'état civil. En cas de destruction des registres la preuve testimoniale est admise.

Si les registres ont été falsifiés, la preuve du mariage peut résulter de l'arrêt de condamnation qui atteint l'auteur du crime. Cette preuve peut encore résulter, en cas de mort du coupable, de l'action en dommages-intérêts dirigée contre les héritiers du coupable. Mais dans ce cas, et par exception à la règle générale, afin d'empêcher toute collusion frauduleuse entre les héritiers et les personnes intéressées, la loi exige que l'action civile en dommages-intérêts soit intentée par le Procureur de la République.

V. Le principal effet du mariage est de créer la famille légitime.

Les époux ont droit l'un vis-à-vis de l'autre à une pension alimentaire qui ne disparaît même pas par la séparation de corps. La succession du prédécédé en doit également une au survivant qui se trouverait dans le besoin (L. du 9 mars 1891).

Les ascendants doivent cette pension alimentaire à leurs descendants et réciproquement. La loi établit une semblable obligation entre les gendre et belle-fille d'un côté, et beau-père et belle mère d'autre part, au moins tant que l'alliance demeure intime par l'existence de l'époux qui produit l'affinité, ou par celle d'enfants nés du mariage.

Le montant de la dette alimentaire dépend des besoins du créancier et des ressources du débiteur. Elle se fournit en argent, à moins que le tribunal autorise le débiteur à fournir en nature au créancier ce qui lui est nécessaire, soit à raison de la situation pécuniaire du débiteur, soit parce que le débiteur est un ascendant.

Ce qui est dû par les ascendants aux descendants, c'est une pension alimentaire, et non un établissement par mariage ou autrement.

En vertu du mariage les époux se doivent mutuellement fidélité, secours et assistance.

L'obligation de fidélité est la même pour le mari que pour la femme, et au point de vue domestique la sanction est la même : faculté pour l'époux outragé de demander le divorce ou la séparation de corps. Au point de vue social, l'adultère du mari a paru moins grave au législateur qui ne le frappe que d'une amende de 100 à 2000 francs, et encore faut-il qu'il y ait eu entretien d'une concubine au domicile conjugal, tandis que l'adultère de la femme peut toujours être puni d'un emprisonnement de 3 mois à 2 ans.

Dans une société de deux personnes il faut qu'il y ait un chef ; aussi le législateur déclare que le mari doit protection à la femme, mais la femme doit obéissance au mari. Comme conséquence la femme doit suivre son mari partout où il juge à propos de résider, à la condition qu'il lui fournisse une habitation convenable.

Le mariage entraîne en principe pour la femme l'incapacité d'agir en justice ou de contracter sans une autorisation spéciale de son mari. Si le mari ne peut ou ne veut autoriser sa femme à faire un acte utile, la justice le plus souvent pourra intervenir pour habiliter la femme à faire l'acte. Mais alors le contrat passé par la femme ne peut nuire aux intérêts du mari ou de la communauté.

§ **VI. Divorce et séparation de corps.**

1. — Le divorce a été introduit dans la législation française par une loi du 20 septembre 1792, qui, en même temps, supprimait la séparation de corps. Maintenu dans le code civil, concurremment avec la séparation de corps rétablie, il avait été repoussé par une loi du 31 mai 1816. Il a été rétabli par la loi du 24 juillet 1884 et modifié quant à la procédure, par une loi du 18 avril 1886.

La loi nouvelle n'admet que le divorce pour causes déterminées, et non le divorce par consentement mutuel qui, s'il supposait une cause, pouvait n'avoir qu'une cause légère.

2. — Actuellement les causes de divorce sont au nombre de trois :

1° L'adultère de l'un des époux. Aucune différence, à ce point de vue, n'existe plus entre le mari et la femme.

2° Les excès, services ou injures graves. Ce sont là des faits qui compromettent la vie, la santé ou l'honorabilité de la personne. La gravité des faits doit être appréciée eu égard à la situation sociale, à l'éducation des époux. Les juges ne doivent pas oublier que le divorce ne doit être qu'un remède à une situation devenue intolérable, et non un moyen de rompre un lien imprudemment noué.

3° La condamnation de l'un des époux à une peine afflictive et infamante. Le code civil se contentait d'une peine simplement infamante ; mais comme ces peines ne sont jamais encourues que pour des faits politiques, n'entachant pas par eux-mêmes l'honorabilité, la loi de 1884 a écarté dans ces cas le divorce.

3. — Le divorce est demandé en principe au tribunal civil du domicile commun des époux. Au cas où les époux auraient un domicile différent par suite d'une séparation de corps, on applique la règle *actor sequitur forum rei*.

Le législateur veut que la demande de divorce émane de

l'époux lui-même, qui doit présenter sa requête au président du tribunal. En cas de maladie le président du tribunal se transporte au domicile de l'époux demandeur.

Si l'époux est incapable en principe, le divorce ne peut être demandé en son nom par son tuteur. Toutefois en cas d'interdiction légale, l'interdit peut autoriser son tuteur à présenter la requête à fin de divorce.

Le président, dans une seconde audience, essaiera de reconcilier les époux qui ne pourront agir par l'intermédiaire d'un avoué. En cas de non succès, le président autorise l'époux demandeur à poursuivre le procès devant le tribunal. On suivra les formes ordinaires de la procédure. Toutefois dans l'enquête on pourra entendre les domestiques et les parents, excepté les descendants des époux. D'autre part le pourvoi en cassation, et même le délai pour se pourvoir, seront suspensifs de l'exécution du jugement, aussi bien que l'opposition et l'appel.

Pendant l'instance il y aura souvent à prendre des mesures provisoires sur la garde des enfants, la résidence des époux, les pensions *ad litem* et les pensions alimentaires, la constatation et la conservation des biens communs et des biens personnels de la femme. Ce sera d'abord le président du tribunal, et après l'instance engagée, le tribunal lui-même qui indiquera les mesures provisoires qu'il y a lieu de prendre.

Plusieurs fins de non recevoir pourraient être opposées par l'époux défendeur :

1° La réconciliation, qui efface les torts précédents, jusqu'à ce que de nouveaux faits viennent permettre une seconde instance.

2° Lorsque la femme est demanderesse, elle ne peut poursuivre l'instance qu'autant qu'elle justifie qu'elle habite dans la résidence qui lui a été fixée par le Président ou par le tribunal.

3° La mort de l'un des époux rend le divorce impossible si, au moment du décès le divorce n'est pas devenu définitif.

Le divorce ne devient définitif que par son inscription sur les registres de l'état civil du lieu du mariage, si le mariage a été célébré en France, sinon au dernier domicile des époux. L'époux demandeur n'a plus besoin de se présenter lui-même devant l'officier de l'état civil ; il suffit de notifier le jugement de divorce à cet officier public.

La notification doit avoir lieu dans les deux mois à partir du jour où le jugement est devenu définitif. A défaut de signification dans ce délai, le divorce est considéré comme non avenu, et la procédure ne pourra être recommencée que si de nouveaux faits justifient la demande.

Le droit de faire inscrire le divorce sur les registres de l'état civil appartient aussi bien à celui contre qui il a été prononcé qu'à celui qui l'a obtenu, au moins pendant le second mois.

Le divorce sera inscrit sur les registres le cinquième jour qui suit la notification.

Vis-à-vis des tiers le divorce ne produit son effet qu'à dater du jour de l'inscription sur les registres de l'état civil, sauf pour la femme le droit de faire annuler les obligations contractées et les aliénations consenties en fraude de ses droits.

Dans les rapports des époux entre eux, les effets pécuniaires du divorce remontent au jour de la demande.

4. — Le divorce produit des effets dans les rapports entre les conjoints, et vis-à-vis des enfants nés du mariage.

Le mariage est définitivement rompu. Chacun reprend sa liberté, ses biens et l'usage exclusif de son nom.

Chacun des ex-conjoints peut se remarier, le mari immédiatement et la femme au bout de 10 mois, avec n'importe quelle personne, excepté le complice de l'adultère si le divorce avait été prononcé pour cette cause. — Les époux divorcés peuvent même se remarier ensemble, excepté quand, dans l'intervalle, l'un d'eux avait contracté un autre mariage depuis dissous par le divorce.

Les conjoints qui se remarient ensemble après divorce ne peuvent plus divorcer à nouveau, si ce n'est pour condamnation de l'un des époux à une pleine afflictive et infamante.

Le code civil déclare l'époux contre lequel le divorce a été prononcé, déchu des donations et avantages qui avaient été consentis en sa faveur par son conjoint, encore que ses libéralités eussent été déclarées mutuelles et réciproques. Si le divorce est prononcé à la fois contre les deux époux, cette déchéance atteint en même temps chacun des conjoints.

Aucune obligation alimentaire ne subsiste entre les époux divorcés. Néanmoins si celui qui a obtenu le divorce n'a pas reçu de son conjoint des avantages suffisants pour assurer sa subsistance, le tribunal peut lui accorder, à l'encontre de l'époux coupable, une pension alimentaire qui ne peut dépasser le tiers des revenus de ce dernier.

Le divorce ne porte pas en principe atteinte aux droits et aux obligations de la puissance paternelle. La loi apporte deux dérogations à cette règle :

1° L'époux contre lequel le divorce est prononcé ne peut réclamer aucun usufruit légal sur les biens de ses enfants mineurs de 18 ans.

2° La garde des enfants appartient en principe à celui des parents qui a obtenu le divorce, à moins qu'il n'en ait été ordonné différemment par le tribunal, soit sur la demande des conjoints ou de la famille, soit sur les conclusions du Procureur de la République.

La jurisprudence française tend à repousser les demandes en divorce formées par les étrangers, excepté toutefois si ces étrangers étaient admis à fixer leur domicile en France. Dans ce cas, le divorce ne peut être prononcé que pour les causes déterminées par la loi nationale des époux ; encore faudrait-il que ces causes n'aient pas été rejetées en France comme étant de nature à porter atteinte à l'ordre public. La procédure à suivre sera évidemment celle déterminée par la loi française.

V. Au lieu de demander le divorce, l'époux peut demander la séparation de corps, admise dans notre code concurremment avec le divorce. Il semblerait même que le législateur considère la séparation de corps comme moins grave que le divorce, puisque le tuteur d'un interdit judiciaire, qui ne peut demander le divorce au nom de l'incapable, peut intenter pour lui une action en séparation de corps.

Les causes de séparation sont exactement les mêmes que celles de divorce.

La procédure à suivre, les mesures provisoires destinées à sauvegarder les droits de la femme, sont à peu près les mêmes qu'en matière de divorce.

Le jugement de séparation produit ses effets sans avoir été inscrit sur les registres de l'état civil.

La séparation de corps relâche le lien conjugal sans le rompre ; les époux restent tenus des devoirs de fidélité et de secours. Un nouveau mariage n'est pas possible, mais à toute époque et sans avoir aucune formalité à remplir, les époux peuvent se réconcilier et faire cesser la séparation de corps.

Après la séparation un jugement peut interdire à la femme de porter le nom de son mari ou l'autoriser à ne le pas porter.

Toute communauté d'intérêt cesse et la femme, d'après une loi du 6 février 1893, redevient aussi capable que si elle n'était pas mariée. En cas de réconciliation la femme garde cette capacité vis à vis des tiers à moins que la réconciliation ait été authentiqnement constatée et rendue publique.

D'après la jurisprudence la plus récente, l'époux contre lequel a été prononcée la séparation de corps est privé, comme pour le divorce, des avantages qui lui avaient été consentis par son conjoint.

Lorsque la séparation de corps a duré 3 ans, l'un des époux peut demander la conversion de la séparation en divorce. Le tribunal saisi de la demande n'est pas tenu de prononcer cette conversion, s'il juge que c'est par la faute de l'époux demandeur que la réconciliation n'a pas eu lieu, ou s'il pense que, eu égard aux circonstances, une réconciliation peut être espérée pour l'avenir.

§ **VII. Testaments.**

Le testament est un acte de dernière volonté, essentiellement révocable, et par lequel une personne dispose pour le moment où elle ne sera plus, de tout en partie de sa fortune. Pour mieux assurer ce caractère de révocabilité absolue, la loi défend que deux personnes fassent leur testament par un seul et même acte.

Cette matière a été peu modifiée en Belgique et en France depuis le code civil, aussi me bornerai-je à quelques réflexions, renvoyant pour le surplus au chapitre consacré au testament dans le droit belge.

A. *Formes.* Sur la forme même du testament il y a entre les deux législations quelques différences, résultant de plusieurs règles nouvelles introduites dans le Code français par la loi du 6 juin 1893, pour les testaments faits par les militaires en expédition, et les testaments faits sur mer.

Dans le premier cas on a précisé quelles personnes peuvent recevoir le testament, et on a augmenté les facilités d'exprimer ses dernières volontés. Pour assurer la conservation du testament la loi du 6 juin 1893 veut qu'il soit fait en double original, ou, en cas d'impossibilité à raison de l'état de santé du testateur, en un seul original et une expédition, qui serait alors signée de l'officier et des témoins instrumentaires comme l'original lui-même.

En cas de testament maritime, la loi étend la compétence des officiers de vaisseau en leur permettant de recevoir un testament même dans un port étranger, si dans ce port il n'y a ni agent diplomatique, ni agent consulaire français pour recevoir le testament. Comme pour le testament des militaires en expédition, la loi exige un double original ou au moins un original et une copie officielle. La loi réglemente avec soin la transmission de ce testament au dernier domicile du testateur. Ce testament produira ses effets si celui qui l'a fait · meurt en mer ou avant qu'il se soit écoulé 6 mois depuis le jour où il aurait pu tester en la forme ordinaire.

B. *Capacité de recevoir par testament.* En ce qui concerne les personnes physiques, elles sont incapables si elles sont déjà mortes, ou si elles ne sont pas encore conçues au moment du décès du testateur. En cas de conception il faudra que l'enfant naisse vivant et viable.

Les collectivités dont l'existence n'a pas été reconnue par une loi ou un décret du chef de l'Etat, ne peuvent rien recevoir par testament puisque légalement elles n'existent pas. Si ces collectivités ont été reconnues elles peuvent recevoir, pourvu que l'acceptation de la libéralité ait été spécialement autorisée par un décret en Conseil d'Etat.

Quant aux incapacités relatives de recevoir de telle ou telle personne, je n'ai qu'à renvoyer aux règles exactement semblables du droit belge.

C. *Capacité de disposer par testament.* Là encore les deux législations française et belge sont à peu près identiques. Je fais seulement observer que la seconde édition du code en 1807 avait permis la création de majorats, et une loi du 17 mai 1826 avait autorisé les substitutions d'une manière très large. Ces dispositions ont été presque complètement abrogées par les lois du 12 mai 1835 et du 7 mai 1849. Ces lois interdisant pour l'avenir la création de majorats, n'ont pas touché à ceux qui avaient été créés antérieurement sur des biens de l'Etat. Ceux établis sur des biens particuliers ont été déclarés éteints s'il y avait déjà eu deux degrés de restitution, et les autres n'ont été maintenus qu'en faveur des bénéficiaires déjà nés ou au moins conçus au jour de la promulgation de la loi du 7 mai 1849. Semblable disposition est applicable aux substitutions à l'exception de celles qui étaient autorisées par les articles 1048-1074 du code civil, et qui sont encore permises maintenant.

Dans l'intérêt des descendants et des ascendants, le code civil interdit de donner ou léguer tous ses biens ; la liberté n'est absolue qu'autant que le défunt ne laisse pas de parents ou laisse seulement des collatéraux. Les règles de la réserve n'ont été l'objet d'aucune modification depuis le code civil.

On peut par testament disposer soit de l'universalité de ses biens, soit d'une quote part, soit d'un ou plusieurs objets déterminés. Dans les deux premiers cas le légataire, recueillant une partie du patrimoine à titre universel, doit supporter dans une égale proportion les charges qui grevaient ce patrimoine. C'est une question très controversée que celle de savoir si les légataires sont tenus *ultra vires*, lorsqu'ils n'ont pas accepté sous bénéfice d'inventaire.

Quant aux légataires à titre particulier, ils ne sont pas tenus de supporter les dettes du défunt. Toutefois 1° ils peuvent être tenus d'en faire l'avance si l'immeuble légué était hypothéqué ; 2° ils seront tenus de supporter définitivement une partie des dettes si une fois ces dettes payées, il n'y a plus dans le patrimoine du défunt assez pour payer intégralement les legs.

---

§ VIII. Des successions.

I. La loi française régit la dévolution à titre successoral de tous les biens situés en France quelle que soit la nationalité du *de cujus*. Toutefois la jurisprudence admet que la succession mobilière d'un étranger est régie par la loi nationale de cet étranger, même si les meubles composant le patrimoine se trouvent en France au moment du décès.

Pour être appelé par la loi à recueillir une succession, il faut être vivant ou au moins conçu au moment de l'ouverture de la succession. Si deux personnes appelées réciproquement à la succession l'une de l'autre meurent dans un même événement, sans qu'il soit possible de déterminer quelle est celle qui a survécu, la loi établit des présomptions basées sur l'âge et dans certains cas sur le sexe. (art. 720-722 C. C.) Ces présomptions ne peuvent s'appliquer qu'à l'hypothèse indiquée précédemment. En dehors de ce cas, c'est à celui qui réclame un droit de succession au nom d'une autre personne à prouver que cette personne avait survécu.

Quant à l'époque de la conception on admet qu'en général elle ne peut être déterminée par la présomption de l'article 314 du Code civil, à moins que la question de succession ne soit liée à une question de légitimité.

La personne appelée à recueillir la succession est quelquefois frappée d'indignité et privée du bénéfice de cette succession. (art. 727-730 du Code civil conservés sans modification en France et en Belgique).

Quant aux étrangers déclarés par le code civil incapables de recueillir une succession en France, ils peuvent depuis la loi du 14 juillet 1819 succéder comme les Français. Toutefois s'il y a en même temps des cohéritiers étrangers et des cohéritiers français, et que ceux-ci soient écartés pour une cause quelconque des biens situés en pays étranger en vertu des lois locales, ils peuvent prélever avant le partage sur les biens situés en France, une somme égale à celle dont ils sont privés sur les biens situés en pays étranger.

II. Pour déterminer ceux qui recueillent la succession, la loi ne tient en principe aucun compte de la nature ou de l'origine des biens. Le droit de succession est basé surtout sur l'affection présumée du défunt, c'est-à-dire sur la proximité du degré dans la famille légitime, certains parents naturels n'étant appelés que par exception.

En première ligne le code appelle les descendants du défunt sans distinction de sexe ni de primogéniture. Si l'un des descendants est mort avant l'ouverture de la succession, ses enfants prennent sa place, en vertu du bénéfice de la représentation.

A défaut de descendants, les biens donnés au défunt par un ascendant lui reviennent s'ils existent encore en nature dans la succession. Ce droit de retour s'exerce aussi sur le prix des biens aliénés quand il est encore dû, et sur les actions en reprises que pouvait avoir le défunt. (art. 749 du C. civ.)

Les autres biens sont attribués au père, à la mère et aux collatéraux privilégiés, c'est-à-dire frères et sœurs du défunt ou leurs descendants légitimes. Le père prend un quart de la succession, la mère un quart, et les collatéraux privilégiés le reste, c'est-à-dire moitié, trois quart ou totalité suivant qu'il y a deux ascendants, ou un seul, ou pas du tout.

S'il n'y a ni descendants ni collatéraux privilégiés, la succession est partagée en deux parts égales, l'une pour les parents paternels, l'autre pour les parents maternels. Cette règle a eu pour but de simplifier l'attribution faite par notre ancien droit des biens paternels aux parents du père, et des biens maternels aux parents de la mère.

Dans chaque ligne, la succession est attribuée d'abord aux ascendants les plus proches en degré ; le bénéfice de la représentation n'est pas admis en ligne ascendante. A défaut d'ascendants les biens passent aux collatéraux les plus rapprochés. S'il n'y a pas dans une ligne de parents au degré successible, les parents de l'autre ligne prennent la totalité de la succession.

Depuis la loi du 9 mars 1891, le conjoint survivant non divorcé et contre lequel n'existe pas le jugement de séparation de corps passé en force de chose jugée, est appelé à recueillir en usufruit une certaine partie de la succession de son conjoint Cette portion varie suivant les parents appelés à l'hérédité.

Si le défunt laisse des enfants d'un précédent mariage, le conjoint survivant recueillera en usufruit une part d'enfant légitime le moins prenant, sans que cette part puisse dépasser le quart de l'hérédité. — S'il y a seulement des enfants communs, l'usufruit portera sur un quart des biens quelque soit le nombre des enfants. Enfin en présence de tous autres parents l'usufruit sera de moitié du patrimoine.

Ce droit d'usufruit ne constitue pas une réserve et ne peut porter atteinte à la réserve des descendants ou des ascendants, ni au droit de retour successoral au profit de l'ascendant donateur.

Pour calculer le montant du droit on tient compte tant des

biens existant au décès que de ceux précédemment donnés, réserve faite du principe posé précédemment.

Ce droit d'usufruit ne se cumule pas avec les libéralités soit entre vifs, soit testamentaires qui ont été faites par le *de cujus* à son conjoint. Ces libéralités sont toujours imputables sur l'usufruit établi par la loi du 9 mars 1891.

Enfin le législateur permet aux héritiers légitimes de demander que cet usufruit soit transformé en une rente viagère équivalente.

Lorsqu'ils n'y a ni parents légitimes, ni parents naturels appelés à la succession, le conjoint survivant reçoit la totalité des biens en pleine propriété.

III. La loi appelle à la succession certains parents naturels soit en concours avec les parents légitimes, soit à leur défaut.

Les enfants naturels simples dont la filiation est légalement constatée, viennent en concours avec tous les parents légitimes quels qu'ils soient. Toutefois quand ils ont été reconnus pendant le mariage ils ne peuvent nuire aux droits héréditaires des enfants nés du mariage, ou aux droits du conjoint. L'enfant naturel reçoit une part plus ou moins considérable suivant les parents avec lesquels il vient en concours.

S'il se trouve en présence d'enfants légitimes, il reçoit le tiers de ce qu'il aurait eu s'il eût été lui-même légitime. S'il est en présence d'ascendants ou de frères et sœurs du défunt (quelques auteurs contrairement à l'opinion de la jurisprudence y ajoutent les descendants légitimes de frères et sœurs) il recueille la moitié. — En concours avec des collatéraux, il reçoit les trois quarts des biens ; et s'il est seul, il prend la totalité de la succession.

Un projet de loi, adopté récemment par le Sénat, mais qui n'a pas encore été voté par la Chambre des Députés, accorde des droits beaucoup plus considérables aux enfants naturels, qui seraient appelés à recueillir la moitié d'une part d'enfant légitime quand ils seront en concours avec des descendants légitimes, les trois quarts de la succession quand ils se trouveront en présence d'ascendants ou de collatéraux privilégiés ; enfin, la totalité si le défunt ne laisse que des collatéraux ordinaires comme successibles. — Ce projet sera vraisemblablement adopté dans un avenir prochain.

Le code civil permet aux père et mère d'écarter de leur succession les enfants naturels, à la condition de leur donner entre vifs une somme équivalente à la moitié de leur part héréditaire. (Art. 761. C. civ.)

Les enfants adultérins et incestueux dans les cas où leur filiation peut être légalement prouvée (ce qui est très rare), ont droit seulement à des aliments, et cette obligation cesse si le père ou la mère ont fait apprendre à l'enfant un art mécanique ou lui ont assuré de leur vivant des aliments.

Lorsqu'un enfant naturel meurt, ses biens appartiennent à ses descendants légitimes ou naturels et à défaut de descendants, au père et à la mère qui l'ont reconnu. Si un seul a reconnu l'enfant, il recueille le tout.

La loi n'établit en principe de lien successoral en matière de parenté naturelle qu'entre le père ou la mère et l'enfant naturel. Toutefois lorsqu'un enfant naturel meurt sans descendants ni ascendants, les biens qu'il aurait reçus de ses père et mère passent à ses frères et sœurs légitimes, s'il en a : mais sa succession en général est attribuée à ses frères et sœurs naturels.

Rappelons qu'à défaut de tout parent au degré successible le conjoint survivant recueille la succession, et s'il n'y a pas de conjoint les biens reviennent à l'État.

IV. Il peut arriver qu'aucun héritier ne se présente, ou que ceux qui sont connus renoncent, et que l'État lui-même ne demande pas à recueillir la succession parce qu'il n'est pas encore moralement certain qu'il n'y aura pas d'héritiers ; dans ce cas on dit que la succession est vacante. L'administration des biens sera confiée à un curateur nommé par le tribunal de première instance dans l'arrondissement duquel la succession s'est ouverte. Cette nomination aura lieu sur la requéte de toute personne intéressée ou du ministère public.

V. Nul en France n'est héritier qui ne veut. La personne appelée à une succession peut en principe choisir entre trois partis : accepter purement et simplement, répudier, ou accepter sous bénéfice d'inventaire. Toutefois si un mineur ou un interdit sont appelés à une succession, ils ne peuvent l'accepter que sous bénéfice d'inventaire. De même si un héritier meurt sans avoir pris parti et laissant plusieurs ayant-cause, si tous ne sont pas d'accord, la loi décide que la succession doit être acceptée sous bénéfice d'inventaire.

L'héritier qui ne manifeste aucune volonté n'est définitivement déchu de son droit de choisir entre ces différents partis qu'au bout de 30 ans ; mais avant ce délai il peut être poursuivi, et s'il s'est laissé condamner définitivement sans exercer son option, il ne pourra plus, vis-à-vis du créancier qui a obtenu le jugement, se prévaloir d'une renonciation ou d'une acceptation bénéficiaire postérieure.

Au bout de 30 ans, des auteurs prétendent que l'héritier doit être considéré comme acceptant, mais la jurisprudence française le considère comme renonçant.

L'acceptation pure et simple peut être expresse ou tacite. Elle résulte de tout acte qui manifeste avec certitude la volonté de se considérer comme héritier pur et simple. Des actes d'administration ne peuvent être considérés comme tels, mais l'acte par lequel un héritier cherche à s'approprier un objet héréditaire entraîne acceptation. Il en est de même de tout acte de disposition.

La renonciation ne peut avoir lieu que par une déclaration faite au greffe du tribunal civil, dans l'arrondissement duquel la succession s'est ouverte.

Il en est de même de l'acceptation sous bénéfice d'inventaire, qui permet à l'héritier de n'être tenu des dettes de la succession que sur les biens héréditaires, et de conserver sur ces mêmes biens les droits qu'il avait du vivant du *de cujus*. La déclaration doit d'ailleurs pour produire tous ses effets être précédée d'un inventaire fidèle et exact des biens de la succession.

En principe une fois l'option faite on ne peut revenir sur le parti qu'on a pris. Cependant en cas de renonciation l'héritier peut revenir sur son option tant que la succession n'a pas encore été acceptée par un autre.

On peut aussi, quel que soit le parti qu'on a pris, l'attaquer pour cause d'erreur, de violence ou de dol. On ne pourrait attaquer une acceptation pour cause de lésion, que si la lésion provenait de la découverte postérieure d'un testament absorbant plus de la moitié de l'actif successoral.

On ne peut prendre parti que quand la succession est ouverte; tout pacte sur successions futures est nul, même s'il est fait du consentement du *de cujus* (art. 791 et 1130 C. C.). Mais dès que la succession est ouverte on peut disposer de son droit soit en renonçant, soit en acceptant, soit en le transmettant à d'autres personnes. Toute transmission même à titre gratuit, faite même à un ou à quelques-uns des héritiers constitue un acte d'acceptation ; car pour disposer d'une chose il faut en être le maître. A plus forte raison en est-il ainsi de tout acte de disposition à titre onéreux même fait en faveur de tous les héritiers indistinctement.

Lorsque la cession a été faite à titre onéreux au profit d'un étranger à la succession, les autres cohéritiers peuvent prendre pour eux l'opération en remboursant à l'acheteur de la part héréditaire le prix de cession et les frais et loyaux coûts du contrat (art. 841 C. civ.).

VI. Quand il y a plusieurs héritiers acceptants, ils se trouvent dans l'indivision. Chacun d'eux peut exiger le partage nonobstant toute prohibition ou convention contraire. Toutefois les héritiers peuvent convenir qu'ils resteront dans l'indivision pendant un délai *maximum* de 5 ans. Cette convention peut être renouvelée.

Le partage a pour but de transformer le droit indivis de chaque héritier sur l'ensemble des biens successoraux en un droit absolu sur quelques uns de ces biens.

Le principe du partage en droit français est l'égalité. Chacun des héritiers a droit à une part en nature des diverses catégories de biens qui composent la succession. Quand un bien n'est pas commodément partageable et est trop considérable pour entrer dans le lot d'un seul, il y a lieu de le vendre aux enchères pour partager le prix.

Pour former la masse à partager chaque cohéritier doit rapporter les libéralités qu'il a reçues du défunt, à moins qu'il n'ait été dispensé du rapport soit par la loi (art. 852 et suiv. C. civ.), soit par une clause expresse de la donation ou du testament.

Le cohéritier ne doit le rapport que de ce qui lui a été donné à lui-même, et non des libéralités faites à ses ascendants, à ses descendants ou à son conjoint. Toutefois quand un cohéritier vient par représentation, il doit le rapport de ce qui a été donné à la personne représentée.

Le rapport peut se faire en nature ou en moins prenant. Dans le premier cas le bien est remis dans la succession pour être partagé comme les autres, et tous les droits consentis sur ce bien par le donataire sont annulés, à moins que le bien ne retombe au lot du donataire. Dans le rapport en moins prenant le donataire reçoit un lot d'autant moins fort qu'il a reçu plus avant l'ouverture de la succession.

Pour les meubles le rapport se fait toujours en moins prenant. Pour les immeubles il a lieu en principe en nature. Il se fait par exception en moins prenant : 1° quand le bien a été aliéné par le donataire ; 2° quand il y a dans la succession d'autres immeubles de même nature dont on puisse composer les lots des autres héritiers.

Le partage peut se faire à l'amiable si tous les cohéritiers sont capables et d'accord. En cas d'incapacité d'un seul des héritiers ou si tous ne s'entendent pas, le partage a lieu en justice.

Le partage en droit français a un effet déclaratif, c'est-à-dire que chaque cohéritier est considéré comme ayant reçu dès l'ouverture de la succession la pleine propriété des objets compris dans son lot, et n'avoir jamais eu de droits sur les autres biens (art. 883 C. civ.). Les droits consentis par un héritier sont donc maintenus pour le tout ou totalement anéantis suivant que le bien, objet de ce droit, est tombé ou non au lot du cohéritier qui a consenti le droit.

Le partage une fois fait, peut être attaqué pour cause de

violence ou de dol. Il peut l'être aussi pour cause de lésion de plus du quart, mais dans ce dernier cas le cohéritier attaqué peut empêcher la rescision en payant à l'héritier lésé une somme équivalente à celle dont il a été lésé.

§ IX. Administration des successions.

I. La possession et le droit d'administration du patrimoine laissé vacant par le défunt sont attribués directement par la loi aux héritiers légitimes, au légataire universel, s'il n'y a pas d'héritiers réservataires. Ce droit d'administration leur appartient, même avant qu'ils aient pris parti sur la succession. Ces personnes peuvent gérer les biens, poursuivre les débiteurs héréditaires sans avoir aucune formalité préalable à remplir, excepté le légataire universel s'il n'est appelé qu'en vertu d'un testament olographe ou mystique (art. 1008 C. civ.).

Les héritiers naturels, le conjoint survivant et l'Etat ne peuvent administrer qu'après avoir demandé l'envoi en possession aux héritiers légitimes, s'il y en a, sinon à la justice. Un projet voté le 21 juin 1895 par le Sénat, mais non encore adopté par la Chambre des Députés, donne aux héritiers naturels, comme aux héritiers légitimes, la saisine de la succession.

Le défunt peut aussi dans son testament conférer la saisine à un ou plusieurs exécuteurs testamentaires, mais seulement en ce qui concerne les meubles et pour une année. Les règles relatives aux exécuteurs testamentaires sont restées les mêmes en France et en Belgique.

Dans le cas spécial où, au décès de son mari la femme se déclare enceinte, il est nommé par le conseil de famille un curateur au ventre (art. 393 C. civ.). Jusqu'à la naissance de l'enfant, ce curateur doit prendre soin de ses intérêts, et en conséquence il peut et doit faire tous les actes conservatoires d'administration sur les biens héréditaires.

II. Un acte d'administration des plus fréquents est l'apposition des scellés : en principe facultative pour les intéressés, elle est obligatoire et peut avoir lieu d'office par le juge de paix dans les cas prévus par l'article 911 du code de procédure civile. Les principes étant identiques à ceux conservés en Belgique je renvoie à la partie de cet ouvrage concernant la loi belge.

Le plus souvent il sera dressé par un notaire un inventaire des biens meubles de la succession ; cet inventaire est même obligatoire : 1° s'il y a des incapables parmi les héritiers ; 2° si les héritiers veulent accepter sous bénéfice d'inventaire.

Cet inventaire sera dressé les personnes intéressées étant présentes ou dument appelées. Toutefois, si à raison de la distance, on ne convoque pas certains intéressés, ils sont représentés à la levée des scellés et à l'inventaire par un notaire que désigne le président du tribunal civil. (Art. 931 C. proc. civ.)

En dehors de ces actes, la personne qui a l'administration d'une succession doit faire tout ce qui est nécessaire pour assurer la conservation du patrimoine, pour en percevoir les fruits qu'il est susceptible de donner. C'est ainsi que l'administrateur doit faire les actes interruptifs de prescription, inscrire les hypothèques, faire ou renouveler les baux. Cependant le pouvoir d'administration de l'exécuteur testamentaire est limité à ce qui est nécessaire pour atteindre le but de sa mission.

Il faudra ensuite payer les dettes et acquitter les legs. Dans ce but on vendra, si cela est nécessaire, les biens de la succession. Mais chaque cohéritier peut exiger sa part en nature des immeubles et même des meubles, et empêcher ainsi la vente avant partage, à moins que, en ce qui concerne les meubles, il y ait des créanciers opposants qu'il convient de désintéresser rapidement (art. 826 C. civ.).

Ces règles spéciales d'administration prendront fin par le partage que chaque cohéritier peut toujours demander, à moins qu'il ne se soit engagé à rester dans l'indivision. Cet engagement ne peut être pris pour plus de 5 ans (art. 815 C. civ.).

Le droit d'administration de l'exécuteur testamentaire cesse par le paiement des legs, ou lorsque l'héritier donne des garanties pour l'exécution du testament.

III. La succession opère confusion des 2 patrimoines du défunt et de l'héritier. D'où une double conséquence : 1° L'héritier est tenu des dettes de la succession même au delà de son émolument, à moins qu'il ne renonce, ou qu'il n'accepte sous bénéfice d'inventaire. Dans le premier cas il devient étranger à l'hérédité, dans le second cas il n'est tenu des dettes que sur les biens de la succession.

2° Les créanciers de l'héritier peuvent se faire payer sur les biens héréditaires en concurrence avec les créanciers du défunt, et ceux-ci peuvent partager avec les créanciers de l'héritier la valeur du patrimoine de ce dernier.

Les créanciers du défunt peuvent conserver un droit privatif sur les biens héréditaires en demandant la séparation des patrimoines. Cette séparation peut être demandée sur les immeubles tant qu'ils existent dans la succession, mais elle n'est opposable aux créanciers hypothécaires de l'héritier, que si elle a été inscrite sur le registre du conservateur des hypothèques dans les 6 mois de l'ouverture de la succession. (art. 2111 C. civ.) Pour les meubles, elle ne peut être demandée qu'autant qu'ils n'ont pas été aliénés, qu'ils sont restés distincts de ceux de l'héritier, et *au maximum* pendant trois ans à dater de l'ouverture de la succession. (art. 880 C. civ.)

Tout créancier qui se prévaudrait de la confusion en acceptant l'héritier pour débiteur ne pourrait plus invoquer le bénéfice de la séparation des patrimoines (art. 879).

Les créanciers de l'héritier ne peuvent jamais invoquer ce bénéfice. Ils ne pourraient échapper au concours des créanciers héréditaires qu'en faisant rescinder comme faite en fraude de leurs droits l'acceptation de l'héritier (art. 881 et 1167 C. civ.).

IV. Chaque héritier peut être poursuivi pour la part pour laquelle il représente le défunt (art. 1220 C. civ.) à moins que la dette soit garantie par une hypothèque, ou à moins qu'elle soit indivisible. Dans le premier cas l'héritier détenteur de l'immeuble hypothéqué peut être poursuivi pour le tout ; dans le second cas le créancier peut demander son paiement intégral à l'un quelconque des héritiers. L'héritier qui aura ainsi payé plus que sa part aura un recours contre chacun de ses cohéritiers pour la portion qu'il doit supporter, l'insolvabilité de l'un d'entre eux se repartissant alors entre tous, y compris celui qui a fait l'avance du paiement.

Si les créanciers ou légataires du défunt ont fait opposition au paiement, ce paiement sera fait en suivant l'ordre de préférence des divers créanciers. (Voy. § XVIII, Privilèges et Hypothèques). Ensuite on paie les légataires.

S'il n'y a pas eu opposition, en principe, excepté pour les biens hypothéqués, l'héritier administrateur paie les créanciers et les légataires au fur et à mesure qu'ils se présentent. Quand l'héritier a accepté sous bénéfice d'inventaire, il ne doit plus rien dès qu'il a distribué la valeur de la succession, lors même que des créanciers resteraient impayés. Dans ce cas ces créanciers auraient pendant 3 ans, à partir de l'apurement du compte, un recours contre les légataires désintéressés. Mais il n'y a pas de recours du créancier non payé contre un autre créancier qui a reçu un paiement intégral.

§ X. Actions.

L'action est le droit de poursuivre en justice la réclamation de ce qui nous est dû ou de ce qui nous appartient.

Dans la législation romaine, chaque droit correspondait à une action ayant ses conditions propres d'exercice. — Aujourd'hui, par cela seul qu'un droit existe, on peut agir en justice, et il n'y a plus d'action correspondant à chaque espèce de droit.

Dans la pratique usuelle, en France comme en Belgique, on distingue les actions, soit par la juridiction devant laquelle elles sont portées, soit par le but auquel elles tendent, soit par certains caractères de leur objet.

Parmi les divisions les plus importantes on remarque : la distinction des actions civiles par opposition aux actions pénales, les actions mobilières et immobilières, réelles ou personnelles, les actions possessoires par opposition aux actions pétitoires.

I. Les actions peuvent naître d'un délit ou d'un fait non prévu par la loi pénale.

Les faits qui constituent un délit donnent naissance à deux actions : l'action publique, qui tend à l'application de la peine, et l'action privée qui tend à la réparation du préjudice causé.

L'action publique en matière criminelle appartient exclusivement au ministère public : (Procureur général près la cour d'appel et ses subordonnés). Les personnes lésées peuvent seulement porter plainte ou dénoncer le coupable. — En cas de délit ou de contravention, l'action publique appartient encore au ministère public ; mais la partie lésée peut citer directement devant la juridiction de répression en demandant des dommages-intérêts.

Quelquefois le ministère public ne peut agir que s'il y a eu plainte de la partie lésée.

L'action publique ne peut faire en principe l'objet d'une transaction, ni entre le coupable et la victime, ni même entre l'auteur du délit et le ministère public représentant la société. Toutefois un certain nombre d'administrations financières peuvent transiger non seulement sur la réparation due à l'Etat, mais aussi sur le délit lui-même et ses conséquences pénales, parce que dans ces cas la poursuite a surtout pour but de sauvegarder les intérêts pécuniaires du trésor public.

L'action privée peut être portée par la partie lésée soit devant le tribunal de répression accessoirement à l'action publique, soit devant la juridiction civile. Dans ce dernier cas, si le tribunal de répression est saisi en même temps, on applique la règle : « le criminel tient le civil en état » ; le tribunal civil ne pourra statuer alors que quand la juridiction de répression aura prononcé. Mais tant que cette dernière n'est pas saisie le tribunal civil peut valablement statuer. En matière de question d'état, au contraire, on dit que le civil tient le criminel en état, et la juridiction pénale ne peut jamais infliger la peine, avant que la juridiction civile ait donné la solution de la question d'état.

II. Les actions réelles sont celles qui tendent à faire respecter un droit réel ; et les actions personnelles sont celles qui ont pour objet un droit de créance. Ces actions peuvent avoir pour objet des meubles ou des immeubles.

Remarquons cependant que les actions réelles mobilières sont rares à cause de la règle « en fait de meubles possession vaut titre » posée par l'article 2279 du Code civil. Les actions personnelles immobilières sont aussi peu fréquentes parce que, en droit français actuel, la simple convention suffit pour transférer le droit réel sur l'immeuble, et il est rare qu'on traite en vue d'un immeuble indéterminé.

A côté des actions réelles et des actions personnelles, le code de procédure civile reconnaît des actions mixtes, c'est-à-dire dans lesquelles on peut agir en justice à la fois en vertu d'un droit réel et en vertu d'un droit personnel.

L'intérêt de la distinction des actions réelles, personnelles et mixtes existe au point de vue de la compétence *ratione loci*. Le demandeur doit en matière personnelle suivre le défendeur devant son propre tribunal ; en matière réelle immobilière, le tribunal compétent est celui de la situation de l'immeuble ; en cas d'action mixte le demandeur a le choix entre les deux tribunaux.

Il est en général plus facile d'intenter une action mobilière qu'une action immobilière. C'est ainsi que les administrateurs légaux de la fortune d'autrui ont l'exercice des actions mobilières, tandis que pour exercer les actions immobilières il leur faut le plus souvent une autorisation spéciale.

III. Les actions immobilières se subdivisent en actions petitoires et actions possessoires. Ces dernières sont prévues par les articles 23 à 27 du Code de procédure civile et par la loi du 25 Mai 1838, mais elles ont été insuffisamment réglementées, et donnent naissance à de graves difficultés.

L'action petitoire est celle dans laquelle on veut faire reconnaître l'existence d'un droit réel à son profit. Dans l'action possessoire on prétend simplement avoir droit à la possession de la chose. L'avantage que présentent ces dernières actions consiste en ce qu'il est souvent plus facile de prouver sa possession que son droit de propriété, et celui qui triomphe dans l'action possessoire jouera plus tard dans l'action petitoire le rôle de défendeur, par conséquent en cas de doute sur le droit, il gagnera son procès.

Pour intenter les actions possessoires et triompher il faut plusieurs conditions : 1° que le droit soit susceptible d'être acquis par prescription ; 2° que l'on ait possédé pendant au moins un an ; 3° que la possession présente les conditions de l'article 2229 du Code civil ; 4° qu'il se soit écoulé moins d'une année depuis le trouble ou la dépossession. — Toutefois quand une personne a été dépouillée par violence, on admet qu'elle peut agir même si elle n'a pas possédé pendant une année : *spoliatus ante omnia restituendus*, il n'est même pas nécessaire d'après l'opinion générale que sa possession présente tous les caractères de l'article 2229. Cependant il est plus sûr de ne pas admettre à l'exercice de cette action celui qui est simplement détenteur,

Le cumul des deux voies, petitoire et possessoire, est interdit, d'abord en ce sens que celui qui a perdu au petitoire ne peut plus exercer l'action possessoire, et aussi en ce sens que l'on ne peut exercer en même temps les deux actions. D'ailleurs elles sont de la compétence de deux tribunaux différents. L'action possessoire est de la compétence du juge de paix et l'action petitoire en principe doit être portée devant le tribunal civil.

IV. D'une manière générale, pour agir, il faut avoir un intérêt personnel, né et actuel, pécuniaire ou quelquefois moral. Il faut de plus avoir qualité pour intenter l'action, c'est-à-dire être le titulaire du droit, ou son représentant. Mais nul en France ne plaide par procureur. Cette règle a exactement le même sens en France qu'en Belgique.

V. Agir en justice consiste avant tout à appeler son adversaire devant le tribunal compétent pour trancher le différend. Cependant la loi impose en général aux parties une tentative de conciliation ou transaction en présence de juge de paix.

On appelle son adversaire en justice par un exploit d'huissier indiquant avec le tribunal compétent, l'objet de la demande et les moyens invoqués à l'appui. Comme en Belgique, un certain délai doit s'écouler entre le jour de la demande et celui de la comparution en justice. (Voir le § X de la Belgique).

Les plaideurs comparaissent eux-mêmes ou par des mandataires choisis librement. Toutefois devant les tribunaux de première instance et les cours d'appel il faut nécessairement recourir à un avoué qui fera tous les actes de procédure au nom de son client. Devant la Cour Suprême, il faut avoir pour représentant un avocat à la Cour de Cassation.

Le tribunal une fois saisi doit statuer, dans les limites de sa compétence, sur toutes les demandes qui sont portées devant lui, et seulement sur ces demandes.

L'instance se termine ordinairement par un jugement, excepté s'il y a eu désistement de l'une des parties, ou péremption de l'instance, c'est-à-dire discontinuation des poursuites pendant trois années au moment où la péremption est demandée.

Les frais occasionnés par le débat sont en principe à la charge du perdant.

§ **XI. Organisation judiciaire et compétence.**

Il faut avant tout distinguer avec soin la compétence judiciaire et la compétence administrative, qui appartiennent en France à deux ordres de juridiction complètement distincts.

La juridiction administrative a pour mission de trancher en principe tous les débats et toutes les difficultés que peuvent soulever les actes administratifs. Les deux principales juridictions administratives sont le Conseil d'Etat et le Conseil de préfecture. Les ministres, les préfets et même les maires ont aussi quelques attributions de juridiction administrative.

Dans l'organisation judiciaire proprement dite, au sommet de la hiérarchie on trouve la Cour de cassation dont le siège est à Paris : sa compétence s'étend à toute la France. Elle a pour mission principale de veiller à l'exacte application de la loi ; elle ne constitue pas un degré de juridiction. Elle ne connaît pas de l'affaire au fond et quand elle a cassé une décision, elle renvoie devant une autre juridiction de degré égal à celle dont le jugement a été cassé. La Cour de cassation connaît encore 1º des règlements de juge, 2º des demandes en renvoi d'un tribunal à un autre, 3º des prises à partie dirigées contre certains magistrats.

La France est divisée en 26 cours d'appel, dont chacune comprend dans son ressort un ou plusieurs départements. La Cour d'appel a compétence pour connaître, comme second degré de juridiction, des appels des jugements rendus par les tribunaux de première instance ou les tribunaux de commerce, dans les affaires au dessus de 1500 francs de capital en matière mobilière ou de 60 francs de revenu en matière immobilière. Les affaires d'une valeur indéterminée, comme celles relatives aux questions d'état, sont toujours susceptibles d'appel.

En matière pénale, elles jugent en appel toutes les affaires de la compétence du tribunal de police correctionnel, et quelquefois en premier et dernier ressort, quand le délit a été commis par un magistrat, ou par certains fonctionnaires ou dignitaires.

Au dessous des cours d'appel et dans chaque arrondissement, il y a un tribunal civil de première instance qui connaît : 1° En appel de toutes les décisions de justice de paix au-dessus de 100 francs. 2° En premier et dernier ressort de toute affaire mobilière au dessous de 1500 francs de capital, ou au dessous de 60 francs de revenu en matière immobilière. 3° En premier ressort seulement des affaires de plus grande importance.

Comme tribunal correctionnel le tribunal de première instance connaît en principe de tous les délits, à l'exception d'un certain nombre de délits de presse qui sont portés en cour d'Assises.

Dans beaucoup d'arrondissements il y a un ou plusieurs tribunaux de commerce, dont les juges sont des commerçants élus par leurs pairs. Là où il n'a point été organisé un tribunal de commerce, le tribunal civil en tient lieu.

L'arrondissement comprend un certain nombre de cantons, et dans chaque canton il y a un juge de paix qui connaît en matière civile : 1° en premier et dernier ressort de toutes les affaires jusqu'à 100 francs, 2° en premier ressort seulement de toutes les actions possessoires et des actions mobilières jusqu'à concurrence de 200 francs en principe ; quelquefois la compétence du juge de paix va jusqu'à 1500 francs et même dans certains cas est sans limite. Un projet en discussion tend à augmenter considérablement la compétence du juge de paix.

Ce magistrat est de plus conciliateur dans tous les procès. Il est aussi juge de simple police.

Dans quelques villes il a été organisé des conseils de prud'hommes, composés mi-partie de patrons et mi-partie d'ouvriers, élus les premiers par les patrons et les seconds par les ouvriers. Ils ont compétence pour trancher les procès entre patrons et ouvriers relativement au travail.

En principe tous les magistrats sont nommés par le chef de l'Etat. Toutefois les membres des tribunaux de commerce et des conseils de prudhommes sont nommés à l'élection. Ils ne reçoivent même pas d'investiture du chef de l'Etat, à la différence de ce qui se passe dans les pays monarchiques. Ils doivent seulement, avant d'entrer en fonctions, prêter serment devant la Cour d'appel.

Les conseillers de la Cour de cassation et ceux des Cours d'appel, les juges des tribunaux de première instance sont nommés à vie et jouissent du bénéfice de l'inamovibilité. Ils ne peuvent ni être révoqués, ni même être déplacés, sans leur consentement. Toutefois en cas de faute grave contre la discipline, le conseil supérieur de la magistrature, c'est-à-dire la Cour de cassation, peut autoriser le déplacement et même la révocation (Loi du 30 Août 1883). A un certain âge les magistrats inamovibles sont mis à la retraite d'office.

Les membres des tribunaux de commerce sont élus pour 2 ans seulement, mais pendant ce temps ils ne peuvent être révoqués.

Les juges de paix sont nommés à vie sans jouir du bénéfice de l'inamovibilité. Il en est de même des membres du ministère public.

Auprès de chaque juridiction il y a un ou plusieurs magistrats chargés d'agir dans l'intérêt public. A la Cour de cassation et dans chaque Cour d'appel il y a un procureur général et plusieurs subordonnés. Dans chaque tribunal il y a un procureur de la République et un ou plusieurs substituts.

Il n'y a pas en principe de ministère public auprès des tribunaux de commerce, des conseils de prudhommes et des justices de paix. Cependant quand un juge de paix est appelé à statuer comme juge de simple police, un commissaire de police délégué à cet effet remplit le rôle de ministère public.

En matière pénale, en dehors des juridictions que nous venons de voir, il y a pour les faits les plus graves, c'est-à-dire pour les crimes, la juridiction de la Cour d'assises. La Cour d'assises se réunit à intervalles réguliers dans chaque département. Elle est composée de deux éléments : 1° la magistrature, c'est-à-dire un conseiller de la cour d'appel, président, et deux assesseurs ; 2° le jury, composé de 12 membres tirés au sort sur une liste de citoyens choisis dans le département. Le jury statue sur la culpabilité de l'accusé, et la Cour applique la loi aux faits déclarés constants par le jury.

Il existe aussi des tribunaux spéciaux pour les crimes et délits commis par les militaires et par les marins.

---

§ **XII. Voies de recours contre les jugements.**

Quand un procès est terminé par un jugement, il n'est point permis de le recommencer. A une nouvelle action on répondrait par l'autorité de la chose jugée : *res judicata pro veritate habetur*. La paix sociale l'exige. Toutefois l'autorité de la chose jugée est purement relative. Il faut pour qu'un nouveau procès soit impossible 3 conditions : 1° Que la nouvelle affaire ait lieu entre les mêmes parties, agissant en la même qualité ; 2° que les deux actions aient le même objet ; 3° que les deux actions soient basées sur la même cause. L'une de ces 3 identités faisant défaut le procès peut renaître, sans qu'il y ait lieu de recourir contre le jugement.

Pour que l'autorité de la chose jugée empêche de recourir à nouveau à la justice, il faut que la décision soit passée en force de chose jugée, c'est-à-dire ne soit plus susceptible d'être attaquée par certaines voies de recours organisées par la loi.

Ces voies de recours se divisent en deux grandes classes : 1° les voies de recours ordinaires et 2° les voies de recours extraordinaires. Le principal intérêt de distinguer c'est que, sauf exception, les voies de recours ordinaires ont pour effet de suspendre l'exécution de la décision attaquée, tandis que cet effet suspensif n'est point en principe attaché par la loi aux voies de recours extraordinaires.

1. Les voies de recours ordinaires sont au nombre de deux : l'opposition et l'appel.

1° *Opposition.* Il y a lieu à opposition quand un jugement a été rendu par défaut, c'est-à-dire sans que le tribunal ait connu les explications d'une des deux parties.

a) Si au jour fixé le demandeur ne comparait pas, il est prononcé contre lui, au profit du défendeur, défaut-congé. Le défendeur est renvoyé des fins de l'assignation, mais il n'est pas, d'après l'opinion générale, rendu de jugement sur l'affaire. Le demandeur pourra recommencer son procès sans avoir à faire opposition.

b) Si c'est le défendeur qui ne se présente pas, le tribunal examine la prétention du demandeur et statue sur l'affaire. Si le défendeur perd son procès, il pourra faire opposition à ce jugement, c'est-à-dire demander aux juges qui ont rendu la première décision d'examiner à nouveau l'affaire.

Pour les jugements de justice de paix, le délai d'opposition est de 3 jours à compter de la signification.

Pour les tribunaux civils et les cours d'appel, il faut distinguer suivant que le défaillant a ou n'a pas constitué avoué. — Dans le premier cas, si l'avoué ne donne pas de conclusions, le jugement sera rendu par défaut et l'opposition sera recevable dans les 8 jours à partir de la signification du jugement à l'avoué du défendeur. — Dans le second cas, le jugement sera considéré comme non avenu s'il n'est pas exécuté dans les 6 mois de sa date. En outre l'opposition sera possible jusqu'à l'exécution complète du jugement, ou jusqu'à ce qu'un acte du défendeur démontre qu'il a nécessairement connu le commencement d'exécution.

Au cas où il y a plusieurs défendeurs dont l'un comparait, le tribunal en prononçant le défaut ordonne que les défaillants seront réassignés. Si au bout du délai pour comparaître les défaillants réassignés n'ont pas constitué avoué, l'affaire suit son cours vis à vis de tous les défendeurs dont les intérêts sont joints. Le jugement rendu dans l'affaire ne sera pas susceptible d'opposition. C'est ce qu'on appelle le défaut profit-joint.

Dans tous les cas, le défaillant ne peut plus faire opposition s'il a acquiescé au jugement. Enfin la partie défaillante qui se laisserait juger une seconde fois par défaut, ne pourrait plus faire opposition.

En matière pénale, le jugement du tribunal de simple police peut être frappé d'opposition dans les 3 jours de sa signification, plus 1 jour par 3 myriamètres de distance entre le siège du tribunal et le domicile de l'opposant. Il en est de même pour les jugements des tribunaux correctionnels, sauf que le délai est porté à 5 jours, plus 1 jour par 5 myriamètres de distance. L'arrêt de la Cour d'assises tombe si le contumax se représente dans les 20 ans.

2° *Appel*. En principe un procès peut être soumis successivement à deux degres de juridictions, mais ne peut jamais l'être à plus de deux degrés. Toutefois pour certaines affaires peu importantes les tribunaux inférieurs jugent en premier et dernier ressort, c'est-à-dire sans appel. (Voir ce que nous avons dit sur la compétence).

Nota. La décision du juge inférieur sur sa propre compétence peut toujours être soumise à la juridiction d'appel.

On peut non seulement faire appel des jugements définitifs, mais encore des jugements interlocutoires, c'est-à-dire qui préjugent le fond du débat, même avant la décision définitive. Il en est différemment des jugements simplement préparatoires, pour lesquels l'appel ne peut être interjeté qu'après le jugement définitif et accessoirement à l'appel de ce jugement.

On qualifie appel principal celui qui le premier saisit la juridiction supérieure. L'intimé, ou défendeur à l'appel, peut interjeter un appel incident sans être tenu de se conformer aux délais ci-dessous établis.

On ne peut former appel *ab irato*. L'appel n'est possible que 3 jours après le jugement de justice de paix, et 8 jours après la décision d'un tribunal civil. En matière commerciale aucun délai *minimum* n'est imposé.

La loi a aussi fixé un délai après lequel l'appel n'est plus possible. Ce délai ne court qu'à partir de la signification pour les jugements contradictoires, et de l'expiration des délais d'opposition pour les jugements par défaut. Le délai est de 30 jours pour les jugements de justice de paix (loi du 25 mai 1838) ; — de 2 mois pour les tribunaux civils et de commerce ;

— et de 3 mois pour les conseils de prud'hommes. Dans quelques cas particuliers la loi a abrégé les délais.

Ces délais ne sont pas allongés à raison des distances pour les personnes domiciliées en France. Contre les mineurs, les délais ne courent qu'à partir de la signification du jugement au tuteur *et au subrogé tuteur*.

L'appel a, en principe, un effet suspensif, excepté pour les jugements déclarés exécutoires par provision, et pour les jugements des tribunaux de commerce.

Le tribunal d'appel est saisi de l'affaire telle qu'elle a été soumise au premier juge. Il ne peut être formé de demandes nouvelles, excepté celles qui ne seraient qu'une défense à l'action principale, ou celles qui se rapportent aux intérêts échus, aux fruits perçus, aux dommages soufferts depuis le premier jugement.

La Cour d'appel, saisie de l'appel d'un jugement interlocutoire, peut, si l'affaire au fond est susceptible de recevoir une solution immédiate, et si le jugement du tribunal est réformé, retenir l'affaire au fond et statuer définitivement par un seul arrêt.

En matière pénale il n'y a pas d'appel des arrêts de Cours d'assises. Pour les jugements correctionnels ou de simple police on peut former appel dans le délai de 10 jours.

II. Voies de recours extraordinaires.

1° *Cassation*. Toutes les décisions judiciaires peuvent en principe être déférées à la Cour de Cassation, quand il y a eu incompétence, excès de pouvoir ou violation de la loi.

La Cour de cassation se compose de 3 Chambres : la Chambre des requêtes, la Chambre civile et la Chambre criminelle. Cette dernière est chargée exclusivement de tout ce qui concerne l'application de la loi pénale.

Pour les lois non pénales, la Chambre des requêtes examine si le pourvoi paraît fondé. En cas de négative elle rejette immédiatement la demande ; dans le cas contraire elle renvoie la question à l'examen plus approfondi de la Chambre civile.

La cour de cassation est saisie de l'affaire au moyen d'un

pourvoi signé par un avocat à la Cour de cassation. Le pourvoi doit être formé dans le délai de deux mois ; en matière pénale le délai est réduit à 3 jours.

La Cour de cassation ne statue pas elle-même sur l'affaire. Quand elle a cassé une décision elle renvoie devant une juridiction de degré égal à celle qui a rendu le premier jugement. Cette seconde juridiction est libre de se ranger à l'avis de la Cour suprême. Si un nouveau pourvoi est formé dans la même affaire, il est jugé par la Cour de cassation toutes Chambres réunies, et la 3e juridiction doit adopter sur l'interprétation de la loi l'opinion de la Cour de cassation.

2" *Tierce opposition*. Quand une personne n'a pas été appelée au procès et que néanmoins le jugement lui porte préjudice, elle peut former tierce opposition au jugement.

La tierce opposition peut survenir au cours d'un nouveau procès et dans ce cas elle est portée devant la juridiction saisie du second débat, si cette juridiction est de degré égal ou supérieur à celle dont le jugement est attaqué. Dans tous les autres cas, on ira devant la juridiction à la décision de laquelle on fait tierce opposition.

Le délai pour intenter cette voie de recours est de 30 ans, la loi étant muette sur ce point.

3° *Requête civile*. Cette voie de recours suppose un jugement contradictoire rendu en dernier ressort, mais qui a été rendu dans des circonstances telles qu'on peut supposer que les juges ont été trompés. La requête civile consiste à demander aux juges d'examiner à nouveau la même affaire.

Les cas de requêtes civiles sont énumérés dans les articles 480 et 481 du code de procédure civile. (Voir la partie consacrée à la Belgique). La requête civile doit être exercée dans le délai de 2 mois. Ce délai court en principe du jour de la signification du jugement, et quelquefois d'événements postérieurs, tels que découverte de pièces indûment détenues par l'adversaire, condamnation pour faux, minorité quand le mineur n'a pas été valablement défendu ; dans ce dernier cas le délai ne commence à courir qu'à dater de la majorité.

Avant d'être introduite la requête civile doit être appuyée d'une consultation de trois avocats inscrits depuis au moins dix ans au tableau de l'ordre.

4° *Prise à partie.* Quand un plaideur a perdu son procès par suite du dol du juge, ou quand celui-ci refuse de juger, le plaideur peut prendre le juge à partie et lui demander des dommages-intérêts.

De plus s'il est jugé que la décision a été rendue par dol, cette décision perdra pour l'avenir tout son effet juridique.

La prise à partie est portée soit devant la Cour d'appel, soit devant la Cour de cassation, suivant la hiérarchie du juge dont on attaque la décision.

5° *Pourvoi en révision.* Ce recours ne peut se rencontrer qu'en matière pénale. Il a pour but de réparer dans la mesure du possible les erreurs judiciaires qui auraient été commises, lorsqu'on ne peut pas intenter une des précédentes voies de recours.

La révision est admise en matière criminelle et **aussi** en matière correctionnelle, mais seulement quand une peine d'emprisonnement est encourue, ou quand il y a eu privation des droits civils ou de famille. Elle peut être demandée au nom des condamnés décédés. (Loi de 29 juin 1867.)

Elle est admise dans 3 cas : 1° quand il y a des indices graves que la prétendue victime de l'homicide est vivante ; 2° quand deux personnes ont été condamnées pour le même fait et que les deux jugements sont inconciliables ; 3° enfin quand un des témoins à charge a dans la suite été condamné pour faux témoignage.

Dans le premier cas et aussi chaque fois que le condamné est décédé, la Cour de cassation statue elle-même sur le fond du débat. Dans les autres hypothèses, elle examine si on se trouve dans un des cas de révision prévus par la loi, si les conditions exigées sont remplies, et en cas d'affirmative, elle renvoie l'affaire au fond devant une juridiction compétente pour connaître de cette affaire.

Remarque. Le législateur ne veut pas qu'un plaideur entêté puisse sans sanction intenter toutes les voies de recours sans avoir aucune chance de réussir. Dans les voies de recours en matière civile, excepté pour l'opposition, celui qui intente la voie de recours et qui succombe, est condamné à une amende plus ou moins considérable, sans préjudice dans certaines circonstances de dommages-intérêts prononcés en faveur de ceux contre lesquels le recours est exercé.

En matière pénale celui qui se pourvoit sans succès devant la Cour de cassation est aussi condamné à l'amende, à l'exception toutefois du condamné en matière criminelle.

§ XIII. Frais judiciaires. — Intérêts.

On entend par frais juniciaires ou dépens, les frais nécessités par le débat judiciaire, et qui n'auraient pas eu lieu sans ce débat. On y fait entrer les droits fiscaux payés à l'administration de l'enregistrement ; la rémunération due aux officiers ministériels dont l'intervention est nécessaire au cours d'un procès, tels que les huissiers, les avoués, le greffier du tribunal ; la taxe des témoins ; les honoraires des experts et des arbitres ; les frais de déplacement des membres du tribunal dans certaines procédures. Mais les honoraires des avocats ne sont pas compris dans les frais judiciaires, parce que dans aucun procès on n'est obligé d'avoir recours à leur intervention.

La plupart de ces frais sont tarifés soit par la loi, soit par des décrets.

En matière de procédure civile le tarif général a été établi par un décret du 16 février 1807 ; ce décret a été complété et modifié à plusieurs reprises par de nombreux décrets dont les principaux sont : le décret du 12 juillet 1808 modifié par les décrets des 24 Mai 1854, 8 décembre 1862 et 24 novembre

1871, sur les droits de greffe ; l'ordonnance du 17 juillet 1825 sur les émoluments des greffiers de justice de paix; l'ordonnance du 9 octobre 1825 modifié par le décret du 18 juin 1880 sur les droits à percevoir par les greffiers des tribunaux de commerce ; l'ordonnance du 18 janvier 1826 sur les dépens devant le conconseil d'Etat ; l'ordonnance du 18 septembre 1833 en matière d'expropriation pour cause d'utilité publique ; l'ordonnance du 10 octobre 1841 relative aux ventes judiciaires de biens immeubles ; la loi du 18 juin 1843 sur les commissaires priseurs ; le décret du 23 mars 1848 sur les protêts.

En matière criminelle le tarif est établi par le décret du 18 juin 1811 modifié par d'assez nombreux décrets et ordonnances.

Les frais de timbre et d'enregistrement sont déterminés par la loi de frimaire an VII, et par de nombreuses lois postérieures.

Les frais en matière civile et commerciale sont avancés par celui qui fait l'acte judiciaire ; mais en principe ils doivent être supportés par celui qui perd le procès. Lorsque les deux parties succombent respectivement sur plusieurs chefs, le tribunal compense les dépens et en met une partie à la charge des plaideurs.

Par dérogation au principe général les frais ne sont pas toujours supportés en entier par le perdant : 1° quand les plaideurs sont parents ou alliés en ligne directe, ou en ligne collatérale jusqu'au degré de frères et sœurs, ou encore conjoints, le tribunal peut compenser les dépens ; 2° les frais inutiles et vexatoires sont supportés par celui qui les a faits, même s'il gagne son procès.

En France comme en Belgique, dans le but de diminuer les frais, le code impose dans certains cas soit des procédures sommaires, soit l'obligation pour les divers intéressés de se faire représenter en commun.

En plus des frais la partie perdante peut encore être condamnée à des dommages-intérêts, quand elle a intenté de mauvaise foi un procès vexatoire. Il est fait allusion à cette condamnation dans un assez grand nombre de dispositions du code de procédure civile (Voir notamment art. 213, 246, 479, 500, 513, 608, etc.).

D'après le code civil les parties pouvaient établir tels intérêts que bon leur semblait comme condition du crédit accordé à un débiteur. Une loi de septembre 1807 avait limité le *maximum* de l'intérêt en matière civile à 5 °/₀ et en matière commerciale à 6 °/₀ ; mais une loi du 12 janvier 1886 a rétabli la liberté du taux de l'intérêt en matière commerciale.

Toute personne qui habituellement prète de l'argent à un taux supérieur à celui qui est fixé par la loi de 1807 en matière civile commet un délit puni d'emprisonnement et d'amende. (Loi du 19 décembre 1850.)

Des intérêts peuvent être dus sans qu'il en ait été établi par la convention. Ils sont dus de plein droit dans certains cas ; quelquefois ils sont dus en vertu d'une simple sommation non suivie de paiement ; enfin dans tous les autres cas les débiteurs doivent des intérêts pour cause de retard à partir de la demande en justice formulée contre eux. — Dans tous ces cas le taux de l'intérêt est fixé par la loi de 1807 à 5 °/₀ en matière civile et à 6 °/₀ en matière commerciale. Le juge, excepté en matière de société, ne pourrait élever au delà les intérêts sous prétexte que les dommages subis par le créancier, par suite du défaut de paiement à l'échéance, dépassent le taux légal.

§ XIV. Des saisies.

I. La saisie consiste à placer sous la main de justice un objet, soit en vue de le faire vendre pour être payé sur le prix, soit seulement en vue d'empêcher que le possesseur de l'objet saisi puisse en disposer, et faire ainsi évanouir les droits directs ou indirects que le saisissant peut avoir sur lui. — Jamais la saisie par elle-même n'opère une transmission de propriété du saisi au saisissant.

Toute saisie doit être, en France comme en Belgique, constatée par un procès verbal dressé par un huissier, et dont copie est notifiée au saisi. Dans le cas où la saisie a pour objet une chose corporelle susceptible d'être déplacée, l'huissier peut établir un gardien judiciaire.

II. Les différentes espèces de saisies sont :

1° *La saisie exécution*. Elle consiste à mettre sous la main de justice les biens du débiteur pour être payé sur le prix. Elle ne peut être faite qu'en vertu d'un titre exécutoire ; elle doit être précédée d'un commandement fait au débiteur au moins un jour franc avant la saisie. L'huissier doit être assisté de 2 témoins, français, majeurs, non parents ni alliés des parties ou de l'huissier jusqu'au degré de cousins issus de germain inclusivement, ni leurs domestiques (art. 585 du Code de procédure civile).

La vente des biens aura lieu ensuite aux enchères publiques après affiches. Elle ne pourra être faite au plus tôt que huitaine après notification de la saisie au débiteur.

En matière immobilière les formalités sont beaucoup plus compliquées.

2° *La saisie gagerie*. Le bailleur peut, un jour après le commandement adressé au locataire ou fermier de payer son loyer, saisir les meubles qui se trouvent dans la maison louée ou les récoltes de la ferme. Le bailleur pourrait même sans commandement préalable pratiquer la saisie pourvu qu'il obtienne, sur requête, la permission du président du tribunal civil. (art. 819 du code de procédure civile.)

3° *La saisie foraine*. Tout créancier même sans titre, peut, sans commandement préalable, mais avec permission du président du tribunal de première instance, et même du juge de paix, faire saisir les effets trouvés en la commune qu'il habite, appartenant à un débiteur forain, c'est-à-dire domicilié en dehors de la France.

4° *La saisie conservatoire*. En matière commerciale, dans

tous les cas qui requièrent célérité, le président du tribunal peut permettre de saisir les effets mobiliers du débiteur. (art. 417 Code de commerce.)

5° *La saisie revendication.* Elle consiste dans la réclamation de la possession d'effets mobiliers destinée à assurer le paiement d'une dette. Elle a lieu dans les cas suivants :

a) Le bailleur qui a un privilège sur les objets qui garnissent la maison peut faire saisir-revendiquer ces objets partout où il les trouvera, quand ces objets auront été déplacés sans son consentement. Il doit faire cette saisie revendication dans les 15 jours du déplacement quand il s'agit du bail d'une maison, et dans les 40 jours quand il s'agit d'une ferme.

Si le possesseur actuel a acheté les objets déplacés dans une foire ou sur un marché, la saisie-revendication ne peut être exercée contre lui qu'à la condition de lui rembourser le prix d'acquisition. (Loi du 11 Juillet 1892.)

b) Le vendeur non payé, dans la vente faite sans terme, peut saisir-revendiquer l'objet vendu pourvu qu'il fasse cette revendication dans la huitaine de la livraison, et que l'objet soit encore entre les mains de l'acheteur et non transformé. — En matière commerciale cette saisie-revendication n'est possible que si la chose n'est pas encore arrivée entre les mains de l'acheteur.

Tout détournement d'objets par le saisi, bien qu'il soit propriétaire, est puni d'une peine d'emprisonnement de 2 mois à 2 ans s'il a été institué gardien, et de 1 an à 5 ans s'il n'était pas gardien de ces objets. (art. 400, 401 et 406 Code pénal).

6° *La saisie-arrêt.* Tout créancier en vertu d'une titre authentique ou sous seing privé, ou même sans titre, pourvu qu'il obtienne une permission du juge, peut saisir-arrêter les sommes ou effets appartenant à son débiteur. (art. 557 Code de Procédure civile).

L'exploit de saisie-arrêt doit être dans le délai de huitaine notifié au débiteur avec assignation devant le tribunal pour faire valider la saisie. Dans un nouveau délai de huitaine la notification devra être dénoncée au tiers-saisi, faute de quoi tout paiement fait par le tiers avant la dénonciation sera valable.

Le tiers devra aussi être assigné en déclaration de dette. Si le tiers conteste qu'il soit débiteur, il pourra exiger que l'affaire en ce qui le concerne soit portée devant le tribunal de son domicile.

L'effet de la saisie-arrêt n'est pas d'attribuer au saisissant un droit exclusif sur la valeur saisie. Si d'autres saisissants interviennent ils se partagent la somme en raison des droits de préférence attachés à leurs créances, ou en proportion de leur montant.

Mais dès qu'un jugement valide la saisie, il ordonne au tiers saisi de payer entre les mains du saisissant qui a seul droit désormais au montant de la valeur arrêtée.

Souvent la loi exige que la saisie soit précédée d'une permission du juge. Dans ces cas, le juge, qui pourrait refuser cette permission peut la subordonner à certaines conditions telles que caution, obligation de lui en référer en cas de résistance de saisi.

---

§ XV. Exécution des Jugements.

Il faut distinguer entre les jugements des tribunaux français, et les jugements rendus par les tribunaux étrangers.

I. Tout jugement rendu par un tribunal français est exécutoire au nom du chef de l'Etat, en vertu d'une formule ordonnant à tous détenteurs de l'autorité publique d'y donner la main. Pour faire exécuter le jugement, celui qui l'a obtenu se fait délivrer par le greffier une expédition revêtue de la formule exécutoire.

Certains jugements ordonnent simplement des mesures d'instruction de l'affaire. Le Code de procédure civile organise d'une manière particulière l'exécution de ces divers jugements.

Parmi les jugements qui statuent sur le droit lui-même, les uns sont simplement déclaratifs d'un droit ou d'un état. Ils n'ordonnent pas à une personne d'accomplir un acte quelconque, il n'y a donc pas lieu de recourir à l'exécution forcée de ces jugements.

Les autres contiennent dans leur dispositif l'obligation pour une personne d'accomplir un certain fait ou une prestation.

En principe le gagnant a le droit de forcer à l'exécution même de ce qui est contenu dans le dispositif du jugement.

Toutefois quand il s'agit d'un fait dépendant de la pure volonté de la partie perdante, il est impossible de la contraindre par la force à exécuter ce fait. Il n'y a même pas lieu à coercition indirecte au moyen d'amendes ou de peines quelconques. En principe l'obligation se résout en dommages-intérêts, c'est-à-dire que le titulaire du droit peut demander une somme d'argent, représentant pour lui l'intérêt qu'il pouvait avoir à l'exécution même de l'obligation ; mais on ne peut employer la contrainte matérielle pour amener un débiteur à faire un acte. La loi cependant déclare qu'un témoin qui ne comparait pas, après avoir été une première fois condamné à une amende, peut être contraint par la force à venir devant la justice pour y faire sa déposition.

L'exécution du jugement peut avoir pour objet le paiement d'une somme d'argent, que telle soit la chose due ou que le débiteur refusant d'exécuter l'obligation primitive, celle-ci se soit transformée en une dette d'argent. Dans ce cas on parvient à l'exécution en mettant sous la main de justice les différents objets qui composent le patrimoine du débiteur, et en les faisant vendre pour être payé sur le prix (Le chapitre précédent est consacré aux formalités des diverses saisies).

Quiconque est obligé est tenu sur tous ses biens meubles ou immeubles. Des lois assez nombreuses ont apporté à cette règle plusieurs exceptions.

Dans un intérêt fiscal les rentes sur l'Etat ont été déclarées insaisissables. D'un autre côté les choses inaliénables sont en principe insaisissables, car on ne peut faire indirectement ce qu'il est interdit de faire directement. Cependant les biens dotaux, bien qu'inaliénables, peuvent être saisis à raison des délits commis par la femme.

Les restrictions apportées au droit de saisie par le code de procédure civile sont évidemment les mêmes en France qu'en Belgique.

Les principes sont aussi les mêmes qu'en Belgique en ce qui concerne les traitements des fonctionnaires publics et employés civils, dont le traitement dépasse 2000 francs. (L. du 21 Ventôse au IX combinée avec la loi du 12 janvier 1895) ; les rentes des caisses de retraite (L. 18 juin 1850) ; les pensions militaires (Lois du 11 avril et du 18 avril 1831) ; les appointements des officiers de l'armée (L. du 19 Pluviose an III) ; les traitements ecclésiastiques (L. du 21 Ventôse an IX).

Les pensions civiles peuvent être saisies jusqu'à concurrence de 1/5 pour dettes envers l'Etat, ou pour paiement des créances garanties par un privilége général, et jusqu'à concurrence d'un tiers pour paiement de dettes alimentaires.

Une loi du 12 janvier 1895 a déclaré saisissables seulement jusqu'à concurrence de 1/10 les salaires des ouvriers et gens de service quelque soit le montant de ces salaires, et les appointements ou traitements des employés ou commis et fonctionnaires lorsqu'ils ne dépassent pas 2000 francs par an.

Ces salaires et appointements ne peuvent être cédés à l'avance que pour un autre dixième.

Les cessions et saisies faites pour le paiement des dettes alimentaires prévues par les articles 203, 205, 206, 207, 214 et 249 du code civil ne sont pas soumises aux restrictions qui précèdent.

La loi ne permet pas au patron d'opposer à la demande en paiement de salaire la compensation de ce que lui dit l'ouvrier, excepté dans certains cas. Pour les avances ordinaires faites par le patron celui-ci ne peut se rembourser qu'au moyen de retenues ne dépassant pas un dixième, retenues qui peuvent se cumuler avec la saisie d'un premier dixième par les créanciers, et la cession d'un second dixième au profit d'un autre créancier. Ne sont pas considérées comme avances remboursables, mais comme paiement de salaires les sommes versées à l'ouvrier ou employées pour un travail en cours d'exécution.

Une différence importante à signaler avec la législation belge, c'est l'absence en France d'une loi concernant l'insaisissabilité des appointements attribués aux employés et commis des sociétés civiles ou de commerce, et des particuliers. Mais la jurisprudence, assimilant jusqu'à un certain point ces appointements à une pension alimentaire, ne permet de les saisir qu'avec autorisation du juge et jusqu'à concurrence d'une certaine quotité seulement.

Autrefois celui qui ne pouvait payer était contraignable par corps, c'est-à-dire mis en prison pendant un certain temps. C'était un moyen de forcer à exécuter la condamnation, le débiteur qui avait des ressources sur lesquelles on ne pouvait mettre la main. La contrainte par corps a été abolie en matière civile et commerciale, et contre les étrangers. (Loi du 24 juillet 1867.)

II. Les jugements rendus par les tribunaux étrangers ne sont exécutoires en France qu'après un jugement d'un tribunal français.

Sur la mission de ce tribunal la loi est muette. Quelques traités ont prévu la question ; ils enlèvent au tribunal français le droit de reviser au fond le jugement étranger. Il doit seulement vérifier si on lui présente un jugement régulier du tribunal étranger, et si l'exécution de la décision ne sera pas contraire à l'ordre public.

Mais s'il n'y a aucun traité, la jurisprudence reconnait au tribunal français la mission d'examiner si le jugement a été bien rendu au fond, et même de le réformer en ce qui concerne son exécution en France. Beaucoup d'auteurs en droit international repoussent cette prétention.

En France jamais on ne rendrait exécutoire le jugement du tribunal étranger, si ce tribunal n'avait eu compétence qu'à raison de la nationalité du demandeur.

Les jugements des tribunaux repressifs étrangers ne sont

jamais exécutoires en France. Mais si le condamné se réfugie en France il sera souvent extradé, excepté en matière politique, au profit du gouvernement étranger qui le réclame.

§ **XVI. Des Preuves.**

Il faut soigneusement distinguer la preuve et l'existence du droit. Le droit existe même si, en cas de dénégation, la preuve n'en peut être rapportée.

Cependant il y a certains contrats qu'on appelle solennels pour lesquels la confection d'un écrit destiné à la preuve est nécessaire pour la naissance du droit (Donation, contrat de mariage, etc.). Mais cet écrit lui-même peut disparaître sans que cela entraîne extinction du droit ; il sera seulement très difficile de prouver l'existence du droit en cas de dénégation.

La liberté naturelle des hommes les uns à l'égard des autres fait que celui qui invoque un droit doit en prouver l'existence ; mais quand la naissance du droit aura été prouvée, c'est à celui qui prétend que ce droit a pris fin à en prouver l'extinction.

Quelquefois la loi dispense celui qui invoque le droit, d'apporter la preuve, dans des cas où elle établit elle-même une présomption. Tantôt cette présomption est absolue, et celui contre lequel on l'invoque, ne pourrait prétendre qu'elle n'a aucun fondement dans l'espèce ; tantôt elle transporte seulement le fardeau de la preuve d'une des parties à l'autre. C'est en ce dernier sens qu'il faut prendre la présomption légale, excepté quand la loi a formellement ou implicitement écarté la preuve contraire.

Dans le droit français, en général, le juge peut baser sa conviction sur telle ou telle preuve. Cependant cette liberté absolue pourrait avoir des dangers et la loi impose souvent aux parties l'obligation d'apporter des preuves d'un ordre spécial dont le législateur précise le degré d'efficacité.

I. De la Preuve littérale. La preuve littérale peut résulter de titres authentiques ou de titres privés. Les règles sur la force probante de chaque espèce de titre sont en principe les mêmes dans les deux législations belge et française.

Toutefois en France on n'exige pas une preuve authentique des transmissions de droits réels immobiliers. La convention peut être sous seing-privé et c'est cet acte sous seing privé qui, étant publié par la transcription, sera opposable même aux tiers. Il n'est pas non plus absolument exact de dire en France qu'on ne pourra prouver la donation entre vifs ou le contrat de mariage que par la production de l'acte authentique. Même la preuve testimoniale est admise s'il y a eu perte par cas fortuit du titre authentique qui avait été régulièrement rédigé.

II. Preuve Testimoniale. — En principe la preuve testimoniale suppose que les témoins ont prêté serment. Toutefois, comme les présomptions de l'homme sont admises quand la preuve testimoniale est possible, les juges pourraient baser leur solution sur la déclaration d'une personne non admise à prêter serment. — Le défaut de serment indique seulement qu'il y a lieu de se montrer plus sévère pour apprécier la valeur morale de ces renseignements.

Les conditions d'admissibilité de la preuve testimoniale sont encore les mêmes qu'en Belgique. Toutefois une loi du 18 avril 1889, déclare que vis-à-vis de l'hôtelier, l'apport dans sa maison de sommes d'argent ou valeurs au porteur de nature quelconque au dessus de 1000 francs n'est pas un dépôt nécessaire. Par conséquent l'hôtelier n'en sera responsable que si ces valeurs dépassant mille francs lui ont été réellement confiées, et que la preuve en soit légalement faite.

III. Les présomptions sont admises dans le droit français dans la même mesure et avec la même force que dans le droit belge. Il en est de même de l'aveu de la partie, et du serment soit décisoire, soit supplétoire.

§ **XVII. Des Vices des contrats..**

Je n'ai ici qu'à rappeler brièvement les principes qui sont restés les mêmes en France et en Belgique.

Les vices des contrats peuvent porter atteinte à leur existence ou seulement à leur validité.

I. Dans le premier cas le contrat n'a jamais existé légalement, il n'y a eu qu'une apparence, et ce prétendu contrat n'est pas susceptible de prescription ou de ratification.

Le contrat est inexistant lorsqu'il n'y a pas accord de volontés soit sur la nature, soit sur l'objet ou les conditions du contrat, ou quand une formalité exigée par la loi fait défaut dans les contrats solennels.

II. Le contrat dont le vice porte atteinte à la validité, peut être déclaré nul par une décision de justice. Mais tant qu'il n'est pas annulé le contrat produit ses effets, et le vice qui l'affecte peut disparaitre soit par une ratification, soit par une prescription de 30 ans, quand la cause de nullité a disparu.

Les contrats sont annulables :

1° Quand le consentement a été vicié.

Les vices du consentement sont :

a) L'erreur, pourvu qu'elle porte sur la substance de l'objet, (Nous avons vu plus haut que l'erreur sur la nature du contrat ou sur l'identité de son objet empêche le contrat de se former).

b) La violence, pourvu qu'elle soit de nature à enlever la liberté du consentement ; peu importe alors l'auteur de la violence.

c) Le dol ; pour cela il faut que les manœuvres frauduleuses aient été employées par celui avec lequel on contracte, ou par son complice, et qu'elles soient telles que sans elles il est certain que la personne n'aurait pas contracté.

d) La lésion ; elle est toujours une cause d'annulabilité quand c'est un mineur qui a été lésé. Quand le contrat a été passé par un majeur, la lésion n'est une cause de nullité que dans deux cas : lésion de plus du quart en matière de partage, et lésion de plus des sept douzièmes à la charge du vendeur d'immeubles.

2° L'incapacité des parties contractantes.

III. Comme en Belgique les faits qui constituent le vice du contrat peuvent être prouvés par tous moyens de preuve, même par les présomptions.

§ XVIII. Privilèges et Hypothèques.

La loi donne en principe à tous les créanciers d'une personne des droits égaux sur son patrimoine, dont le prix sera partagé entre les créanciers proportionnellement au montant de leurs créances respectives.

Il n'y a à cette règle que deux dérogations : les privilèges et les hypothèques. Le droit de rétention, en effet, quand il existe au profit d'un créancier détenteur d'une chose appartenant au débiteur, ne constitue pas un droit de préférence sur le prix de la chose. Il permet seulement au créancier de ne pas se dessaisir de la chose, s'il n'est pas désintéressé. Ce droit de rétention existe chaque fois que le détenteur est devenu créancier à raison de la chose qu'il a entre les mains.

Privilèges.

Le privilège est un droit que la loi elle-même attribue à raison de la nature de la créance, et qui donne à celui qui peut l'invoquer l'avantage d'être payé avant les créanciers même hypothécaires.

Les privilèges sont généraux ou spéciaux. Les privilèges généraux portent d'abord sur l'ensemble des meubles et, à défaut de meubles, sur les immeubles. Les privilèges spéciaux sont ceux qui portent sur un objet déterminé. On distingue les privilèges spéciaux sur certains meubles et les privilèges spéciaux sur certains immeubles.

Les privilèges généraux sont :

1° Les frais de justice, qui sont faits dans l'intérêt commun de tous les créanciers, soit pour défendre une partie du patrimoine, soit pour convertir un bien en une somme d'argent. — Les frais faits dans l'intérêt personnel d'un créancier, pour faire reconnaître l'existence de sa créance, sont l'accessoire de cette créance et ne sont privilégiés qu'au rang où cette créance l'est elle-même.

2° Les frais funéraires en rapport avec la fortune et la situation sociale du défunt.

3° Les frais quelconques de la dernière maladie, quelle qu'en ait été la terminaison (L. du 30 novembre 1892).

4° Les salaires des gens de service, pour l'année échue et ce qui est dû sur l'année courante. Au même rang, en cas de faillite ou de liquidation judiciaire, peuvent invoquer un privilège les ouvriers employés par le failli pendant les 3 derniers mois et les commis pour 6 mois (L. du 4 mars 1889). La loi du 9 février 1895 restreint le privilège des commis à 3 mois, quand leurs appointements consistent en remises proportionnelles.

5° Les fournitures de subsistances faites au débiteur pendant les 6 derniers mois par les marchands en détail, et pendant la dernière année par les marchands en gros.

Les époques indiquées ci-dessus sont celles qui précèdent la mort, ou la faillite, ou la saisie du mobilier.

Dans leurs rapports entre eux les privilèges généraux s'exercent dans l'ordre ci-dessus établi.

Les privilèges spéciaux sur certains meubles sont :

1° Le privilège du bailleur. Il porte sur tous les meubles qui garnissent la maison louée ou la ferme, et sur les récoltes de la dernière année avant l'exercice du privilège.

Il garantit pour les biens ruraux au maximum deux années échues, l'année courante et une année dans l'avenir. Pour les biens urbains, en dehors du cas de faillite qui suit une règle analogue à la précédente, le privilège garantit toute la durée du bail si celui-ci est authentique ou a date certaine ; et tout le passé et une année seulement dans l'avenir, si le bail sous seing privé n'a pas date certaine. — Dans l'un comme dans l'autre cas, le privilège a lieu pour tout ce qui concerne l'exécution du bail, tel que réparations locatives, etc.

Pour assurer l'efficacité de ce droit, la loi donne au bailleur la faculté de revendiquer, c'est-à-dire de réclamer pendant 15 ou 40 jours suivant les cas, la possession des meubles qui auraient été déplacés à son préjudice. (Art. 2102 C. civ. et loi du 11 juillet 1892).

2° Les sommes dues pour les semences ou pour les frais de la récolte de l'année, sont payées sur le prix de la récolte, et celles dues pour ustensiles, sur le prix de ces ustensiles.

3° Le créancier gagiste a un privilège sur l'objet de son gage.

4° Ceux qui ont fait des frais pour la conservation de la chose, ont fait un acte utile aux autres créanciers et ont un privilège sur la chose conservée.

5° Le vendeur d'objets mobiliers a un privilège pour le paiement du prix si ces objets sont encore en la possession de l'acheteur. — La loi donne même à celui qui a vendu sans terme pour le paiement du prix, la faculté de reprendre, dans le délai de 8 jours à partir de la livraison, la possession de la chose afin d'en éviter la revente, pourvu que les objets de la vente se retrouvent encore à ce moment là et non transformés entre les mains de l'acheteur.

6° Les fournitures d'un aubergiste sont privilégiées, sur les effets du voyageurs qui ont été transportés dans son auberge. Mais les créances nées d'un précédent voyage ne seraient pas garanties avec privilège par les effets apportés dans le voyage actuel.

7° Les frais de voiture et les dépenses accessoires sur les choses voiturées, à la condition que le voiturier en ait conservé la possession.

8° Les créances résultant d'abus et prévarications commis par les fonctionnaires publics dans l'exercice de leur fonctions sont privilégiées sur les fonds de leur cautionnement, et sur les intérêts qui en peuvent être dûs.

Quand plusieurs privilèges mobiliers viennent en concours sur un même objet, il faut, pour en déterminer le rang, appliquer les règles suivantes :

1° Les frais de justice priment les droits de tous ceux dans l'intérêt desquels ces frais ont été faits.

2° Les autres privilèges généraux passent après tous les privilèges portant particulièrement sur l'objet dont le prix est mis en distribution. Ce que les privilèges généraux gagnent en étendue ils le perdent en quelque sorte en force.

3° Entre les privilèges spéciaux, celui qui a fait des frais pour la conservation de la chose passe avant les créanciers dont le privilège a pris naissance avant la conservation ; il ne vient qu'après ceux dont le privilège a pris naissance dans la suite.

4° Réserve faite de la règle précédente, le créancier privilégié dont le droit repose sur la possession de la chose prime en principe les autres créanciers s'il est de bonne foi ; il passe au contraire après tous ceux dont il connaissait les droits au moment où il est entré en possession. — C'est en vertu de ce principe que le code décide que le bailleur ne vient qu'après le vendeur non payé, s'il avait connaissance que le prix n'avait pas été payé.

5° Par dérogation au principe précédent le privilège spécial du numéro 2 passe avant le privilège indiqué au numéro 1, même si le bailleur avait ignoré que les ustensiles introduits sur sa ferme n'avaient pas été payés.

Les privilèges spéciaux sur les immeubles sont :

1° Le privilège du vendeur sur l'immeuble vendu, pour le paiement du prix. — Ce privilège appartient au coéchangiste pour sûreté de la soulte par lui stipulée, mais non pour les dommages-intérêts auxquels il aurait droit en cas d'éviction. Il est douteux que le donateur ait un privilège pour assurer l'exécution des charges pécuniaires imposées au donataire.

2° Le privilège des cohéritiers sur les immeubles de la succession pour la garantie des partages faits entre eux et des soultes ou retour de lots. Ce privilège garantit toutes les obligations que le partage fait naître entre les cohéritiers.

3° Le privilège des architectes, entrepreneurs, maçons et autres ouvriers sur la plus value procurée à l'immeuble par leurs travaux. Pour déterminer la plus value, la loi exige un procès verbal dressé avant le commencement des travaux, et un autre après l'achèvement pour constater exactement le changement opéré.

La loi subroge au privilège du vendeur et de l'architecte celui qui a prêté les deniers nécessaires pour désintéresser le créancier primitif.

Le législateur n'admet le créancier à exercer son droit que s'il a eu soin de le faire inscrire au bureau du conservateur des hypothèques. Toutefois pour le vendeur la transcription de l'acte de vente vaut inscription du privilège.

Hypothèques.

L'hypothèque est un droit réel portant sur un ou plusieurs immeubles par nature ou sur l'usufruit de ces mêmes immeubles affectés à l'acquittement d'une dette. Les meubles, à l'exception des navires ne peuvent être hypothéqués.

L'hypothèque comme le privilège est indivisible c'est-à-dire qu'elle subsiste en entier, sur tous et sur chacun des biens hypothéqués jusqu'à l'entière libération du débiteur.

L'hypothèque peut dériver de 3 sources :

1° De la loi. Une hypothèque légale existe ainsi :

a) Au profit de la femme pour sûreté de sa dot et de ses conventions matrimoniales, sur les immeubles de son mari.

b) Au profit des mineurs et interdits sur les biens des tuteurs pour garantie de leur gestion. — Le tribunal peut établir aussi une hypothèque sur tout ou partie des biens des administrateurs nommés à ceux qui sont enfermés dans une maison d'aliénés.

c) Au profit de l'Etat, des communes et des établissements publics sur les biens de leurs comptables.

d) Enfin la jurisprudence reconnaît, en vertu de l'article 1017 du Code civil une hypothèque légale portant sur tous les biens de la succéssion au profit du légataire pour assurer le paiement de son legs.

2° D'un jugement de condamnation. Celui qui a obtenu un jugement a une hypothèque portant sur tous les biens présents et à venir de son débiteur. Cette hypothèque prend naissance du jour même du jugement, s'il a été rendu par un tribunal français. Si le jugement émane d'un tribunal étranger, l'hypothèque ne prendra naissance que du jour où ce jugement aura été déclaré exécutoire en France par un tribunal français.

3° De la convention. Pour constituer une hypothèque il faut avoir la capacité d'aliéner le bien. L'hypothèque ne peut porter en principe que sur un ou plusieurs biens déterminés appartenant actuellement au débiteur. Elle ne peut être constituée que par acte passé devant notaires. Aucune hypothèque ne peut être constituée par acte passé en pays étranger, s'il n'y a avec le gouvernement de ce pays un traité dérogeant à la règle générale.

En règle générale l'hypothèque ne peut produire ses effets que si elle a été mentionnée sur un registre spécial tenu par le conservateur des hypothèques. — Sur les registres de ce fonctionnaire sont inscrites, en vertu de la loi du 23 mars 1855, toutes les mutations de propriété, créations ou extinctions de droits réels, excepté si ces droits proviennent d'une transmission à cause de mort.

La loi veut qu'on puisse connaitre la situation exacte d'une personne par la simple inspection du registre du conservateur. Aussi l'inscription doit désigner clairement l'immeuble hypothéqué, le montant de la créance garantie. En cas de créance indéterminée, le créancier en fera lui-même l'évaluation, laquelle d'ailleurs pourra être contestée en justice par le débiteur.

Toute omission dans une inscription, qui serait de nature à tromper sur le crédit hypothécaire du débiteur rendrait nulle cette inscription.

Dans un but de clarté, toute inscription qui n'a pas produit son effet doit être renouvelée avant l'expiration d'un délai de 10 ans.

Ces diverses règles comportent plusieurs dérogations :

1° Les inscriptions d'hypothèques judiciaires ou légales grèvent tous les immeubles situés dans l'arrondissement où a été faite l'inscription, sans qu'il soit nécessaire de les désigner.

2° Certaines hypothèques légales sont dispensées d'inscription. Ce sont celles de la femme mariée, du mineur et de l'interdit. La dispense cesse un an après la dissolution du mariage ou la cessation de l'incapacité.

En principe les hypothèques prennent rang à compter de leur inscription. Celles qui sont dispensées d'inscription prennent rang à compter du commencement de la tutelle, ou du jour du mariage. A cette dernière règle cependant il y a d'assez nombreuses exceptions destinées à empêcher les époux de frauder les droits des tiers.

Toute hypothèque conforme aux règles précédentes produit non seulement un droit de préférence, mais aussi un droit de suite à l'encontre des tiers qui viendraient à acquérir l'immeuble.

Le tiers détenteur, s'il n'est pas personnellement obligé à la la dette, peut exiger que le créancier fasse d'abord vendre les biens restés entre les mains du débiteur ; on appelle ce droit bénéfice de discussion. — Il peut aussi dans le même cas délaisser l'immeuble entre les mains des créanciers hypothécaires, afin d'éviter les ennuis d'une poursuite en expropriation forcée.

Tout tiers acquéreur, non obligé personnellement à la dette peut purger, c'est-à-dire offrir son prix d'acquisition ou le prix d'estimation de l'immeuble aux créanciers hypothécaires, en les mettant en demeure d'accepter cette somme en renonçant à l'hypothèque, ou bien de poursuivre immédiatement la vente. Mais cette mise aux enchères ne peut être requise qu'en s'engageant à faire porter le prix de l'adjudication à un dixième en plus du prix offert.

A défaut de réquisition de mise aux enchères dans le délai

de 40 jours après la notification, le tiers acquéreur devra payer le prix offert entre les mains des créanciers hypothécaires ; alors toutes les hypothèques ainsi que les privilèges auront disparu sans distinguer entre les droits de ceux qui auront été désintéressés et de ceux qui n'auront rien reçu.

La loi a organisé des formalités spéciales pour la purge des hypothèques dispensées d'inscription, quand, en fait, le tiers acquéreur ne connait pas ces créanciers hypothécaires.

Certains modes d'acquisition mettent fin au droit de suite en matière hypothécaire, il en est ainsi quand il y a eu vente sur saisie immobilière.

L'hypothéque peut s'éteindre de différentes manières :

1° Par le non renouvellement de l'inscription dans le délai de de 10 ans, si à ce moment l'immeuble est sorti des mains du constituant.

2° Par l'extinction de la créance.

3° Par la renonciation. Pour que le conservateur puisse opérer radiation, il faudra lui représenter un acte authentique.

4° Par la nullité prononcée par le tribunal.

5° Par la purge.

6° Par la prescription. Tant que l'immeuble reste entre les mains du débiteur il n'y a pas de prescription spéciale de l'hypothèque. Mais quand l'immeuble est passé entre les mains d'un tiers acquéreur, celui-ci peut invoquer la prescription de 30 ans, ou même la prescription de 10 à 20 ans s'il a acquis en vertu d'un juste titre, et si au moment de l'acquisition il ignorait l'existence de l'hypothèque.

En aucun cas le renouvellement de l'inscription ne peut être considéré comme entraînant interruption de prescription vis-à-vis du tiers détenteur.

Il peut arriver que l'hypothèque sans cesser complètement d'exister soit diminuée. Cela a lieu quand une personne ayant droit à une hypothèque sur tous les biens de son débiteur, la fortune de ce dernier dépasse considérablement le montant probable des créances qui pourront exister.

La loi a déterminé avec soin les conditions de cette réduction de l'hypothèque.

§ **XIX. Sources du Droit.**

En France comme en Belgique la loi est positive. La coutume ne peut plus établir de principes juridiques nouveaux ou abroger des textes de loi. Mais beaucoup de dispositions de nos codes ont pour objet de préciser les conséquences d'actes émanant de la volonté même des particuliers. La loi ici repose sur un accord présumé de volonté, et les contractants peuvent le plus souvent déroger à cette interprétation par une volonté contraire pourvu qu'elle soit certaine. Et il peut arriver qu'il se forme sur une question, dans ces matières dépendant de la volonté des parties, un usage opposé à la loi, usage si général que si le législateur n'abroge pas le texte de loi, celui-ci sera néanmoins considéré en fait comme n'étant pas entré dans la volonté des parties contractantes.

A côté de ces textes interprétatifs, il y en a d'autre auxquels les parties ne peuvent déroger. Pour ces textes aucune coutume contraire, aucune désuétude ne peuvent prévaloir.

Nos lois modernes ont été inspirées par la législation anté-rieure, c'est-à-dire par les coutumes de l'ancienne France, diverses suivant les contrées, par le droit romain qui avait continué à régir certaines matières et certaines provinces, par les ordonnances royales et par le droit canonique, qui offraient un commencement d'unification de la législation ; enfin les Parlements, dans les arrêts de règlement, avait établi en quelque sorte une législation, imitation de l'œuvre du Préteur romain, mais n'ayant d'effet que dans le ressort de chaque Parlement.

Toutes ces dispositions, et en particulier les grandes ordon-nances des règnes de Louis XIV et de Louis XV, ont large-ment inspiré les rédacteurs des codes modernes. Mais en tant que sources actuelles de droit, au moins en ce qui touche les matières traitées au code civil, elles ont en principe été abrogées par la loi du 30 Ventôse an XII. Toutefois même aujourd'hui si un sujet de droit civil réglementé dans notre ancien droit, n'avait été l'objet d'aucune disposition nouvelle s'y rapportant, la solution ancienne aurait conservé sa force obligatoire.

La période révolutionnaire, amena de très nombreuses lois venant modifier les principes admis avant 1789, établit sur les points qui étaient l'objet d'une loi l'unité de législation, et elle mit les textes en rapport avec l'état social nouveau créé par la Révolution.

On décida d'établir une législation uniforme pour tous les citoyens, à quelque contrée de la France qu'ils appartinssent.

C'est alors, sous le Consulat et l'Empire, de 1803 à 1810 que parurent les codes qui résumaient l'ensemble de la législation en dehors des matières politiques et administratives. C'est ainsi que furent discutés et promulgués : le code civil (1803-1804) ; le code de procédure civile (1806) ; le code de Commerce (1807) ; le code pénal (1810). Ces divers codes furent empruntés à la France par plusieurs nations.

La Restauration y ajouta le code Forestier (1825). Depuis il a été promulgué de très nombreuses lois, quelques unes d'une grande importance ; mais on n'a plus rédigé de véritables codes, embrassant toute une matière étendue, à l'exception des codes de justice de l'armée de terre (1857) et de l'armée de mer (1858).

De nos jours on a préparé un code rural, dont quelques titres ont été votés comme lois particulières ; nous n'avons pas encore de code rural proprement dit. Voir la loi du 20 avril 1881 sur les chemins ruraux et d'exploitation, qui doit former le titre I ; celle du 9 juillet 1889 modifiée par celle du 22 juin 1890 qui formera les titres II et III, sur le parcours, la vaine pature, le ban de vendanges, la vente des blés en vert, et la durée du louage des domestiques et ouvriers ruraux ; la loi du 18 juillet 1889 sur le colonat partiaire, titre IV du code rural ; enfin la loi du 4 avril 1889 sur les animaux employés à l'exploitation des propriétés des propriétés rurales, loi destinée à devenir le titre VI du code rural.

Code civil. Il y a eu 3 éditions officielles dont la dernière remonte à 1816 ; ces éditions officielles avaient surtout pour objet certaines changements de terminologie. Depuis, le code civil a été modifié dans son texte par de très nombreuses lois. Les plus importantes sont : la loi du 26 juin 1889 modifiée par celle du 22 juillet 1893 sur la nationalité ; les lois du 22 juillet 1884, du 18 avril 1886 et du 6 février 1893 sur le divorce et la séparation de corps ; la loi du 20 août 1881 modifiant quelques articles du titre des servitudes ; la loi du 8 juin 1893 sur certains actes de l'état civil et sur la forme de certains testaments ; celle du 20 décembre 1890 sur le louage de service, celle du 17 juin 1893 sur le droit des créanciers privilégiés ou hypothécaires en ce qui concerne les intérêts de leurs créances, etc.

En dehors des lois ainsi insérées dans le code, un plus grand nombre en a modifié les principes sans changer le texte. Parmi les plus importantes citons : la loi du 31 mai 1854 qui abolit la mort civile, la loi du 8 mai 1816 qui avait rejeté le divorce ; la loi du 24 juillet 1889 sur la déchéance de la puissance paternelle ; celle du 27 février 1880 sur l'administration du tuteur en ce qui concerne les valeurs mobilières ; les lois du 29 avril 1845, du 11 juillet 1847 du 10 juin 1854, sur les irrigations et le drainage ; la loi du 14 juillet 1819 sur le droit pour les étrangers de recueillir en France des successions ou des libéralités ; les lois du 17 mai 1826 du 30 mai 1838 du 17 janvier, 30 avril et 7 mai 1849 sur les substitutions et les majorats ; la loi du 23 mars 1855 sur la transcription en matière hypothécaire.

Le code de procédure civile n'a jamais subi de remaniement général, mais certains de ses titres ont été l'objet d'une refonte. C'est ainsi que les règles de la saisie immobilière ont été entièrement remaniées par la loi du 2 juin 1841, celles relatives à la saisie des rentes, par la loi du 24 mai 1842 ; celles de l'ordre, par la loi du 21 mai 1858 : Divers articles sur les délais en matière de procédure ont été remplacés par la loi du 3 mai 1862.

En dehors des modifications insérées dans le texte même du code, il convient de signaler la loi du 25 mai 1838 sur les justices de paix, et celle du 30 août 1883 sur la réforme de l'organisation judiciaire.

Le *code de Commerce* inspiré en grande partie par deux ordonnances de Louis XIV de 1673 et de 1681, l'une sur le commerce de terre et l'autre sur la marine, a été l'objet, pour son 3me livre consacré aux faillites, d'une refonte générale par la loi du 28 mai 1838 ; le titre VI du livre I a été remplacé par une loi du 23 mai 1863. Divers autres articles ont été modifiés par de nombreuses lois postérieures.

Parmi les lois importantes qui ont modifié le code de commerce sans y être insérées, signalons : la loi du 24 juillet 1867 modifiée par celle du 1 août 1893, sur les sociétés ; la loi du 18 juillet 1866 rendant libre le courtage des marchandises ; les lois du 28 mai 1858 et du 31 août 1870 sur les magasins généraux ; les lois du 14 juin 1865 et du 19 février 1874 sur les chèques ; celle du 10 juillet 1885 sur l'hypothèque maritime ; enfin la loi du 4 mars 1889, modifiée par celle d'avril 1890, sur les faillites et liquidations judiciaires.

Le *Droit pénal* est régi par deux codes, l'un consacré à l'organisation des juridictions et à la procédure (code d'instruction criminelle), l'autre aux règles de la criminalité, à l'exécution et à la détermination des peines (code pénal).

Chacun de ces codes a été l'objet d'une refonte générale en 1832, en vertu d'une loi du 28 avril. Depuis des lois très importantes ont encore modifié un certain nombre de leurs dispositions. On peut citer notamment la loi du 13 mai 1863 modifiant 65 articles du code pénal, du 29 juin 1867 sur la revision des procès ; celle de 1895 sur le même objet. Les lois des 13 juin et 17 juillet 1856 ont modifié plusieurs dispositions du code d'instruction criminelle ; signalons encore la loi du 14 juillet 1865 sur la liberté provisoire, la loi de 1866 sur la compétence des tribunaux français pour les crimes et délits commis en pays étranger, la loi du 14 août 1885 sur la réhabilitation.

En dehors des réformes ayant trouvé place dans le texte même du code d'instruction criminelle et du code pénal, il convient de mentionner celles opérées par la loi du 21 mai 1872, modifiée le 31 juillet 1875, sur le jury. La presse a été souvent réglementée : la loi actuellement en vigueur est celle du 29 juillet 1881, qui abroge les textes antérieurs ; elle a elle même été modifiée à plusieurs reprises par des lois postérieures.

A l'heure actuelle le pouvoir législatif, en vertu de la constitution de 1875, est exercé par le Sénat et par la Chambre des Députés. Un projet ne passe à l'état de loi, qu'autant que les divers articles ont été adoptés, en termes identiques, par les deux assemblées.

Quand cet accord existe, le Président de la République doit promulguer la loi dans un certain délai. un mois au maximum, à moins qu'avant ce temps, il ait demandé aux chambres une nouvelle délibération , qu'elles ne peuvent refuser. Si les chambres persistent la loi doit être promulguée.

Le chef de l'Etat peut aussi faire des décrets pour l'exécution de la loi. Quand un décret a été ainsi fait, en quelque sorte en vertu d'une délégation du pouvoir législatif, pour assurer l'exécution de la loi, tous doivent s'y soumettre, à moins que le Président de la République ait violé la loi tout en prétendant en réglementer l'application. Dans ce cas les tribunaux ne devront pas observer le décret.

Bibliographie : Trois recueils généraux de doctrine et de jurisprudence :

    1° *La jurisprudence générale*, publiée sous la direction de H. Dalloz, 46 vol. avec un supplément en cours de publication.

    2° *Répertoire alphabétique du droit français*, en cours de publication. Librairie du recueil des lois et arrêts. — Larose.

    3° *Pandectes françaises*, en cours de publication, Marescq.

Droit civil. 1° Aubry et Rau, 8 vol. 1867-1870. Marchal, Bollard.

    2° Demolombe. *Cours de Code Napoléon*, livre I, livre II et les 4 premiers titres du livre III 31 vol. continué par Guillouard, en cours de publication chez Pedone Lauriel.

3º Demante et Colmet de Santerre, 12 vol. 3e édition 1894 Plon et Nourrit.

4" Baudry Lacantinerie, 3 vol. 1893, chez Larose.

5º Baudry Lacantinerie avec la collaboration de plusieurs professeurs des facultes de droit. *Commentaire du Code civil*, environ 20 vol. en cours de publication chez Larose.

Procédure civile. Garsonnet. *Traité théorique et pratique de procédure*, 6 vol. 1890-1895, chez Larose.

Droit commercial. Bravard-Veyveres et Demangeat *Traité de droit commercial*, 7 vol. 1890, chez Marescq.

Lyon Caen et Renault. *Traité de droit commercial*, 8 vol., chez Pichon.

Droit pénal. *Traité de l'instruction criminelle*, par Faustin Hélie, 8 vol.

Traité théorique et pratique du droit pénal français, 5 vol. 1888-1894, chez Larose.

PRINCIPAUTÉ DE MONACO

§ I. Naissance.

Tout ce qui est dit pour le droit belge sous cette rubrique est applicable au droit monégasque, sous les réserves suivantes :

1° Au point de vue de l'effet de la naissance sur la nationalité, une double différence est à signaler entre les deux législations.

a) Si le fait seul de la naissance dans la Principauté ne suffit pas, en principe, à conférer la qualité de sujet monégasque, il produit du moins cette conséquence lorsqu'il se combine avec la circonstance que l'individu né sur le territoire est issu d'un étranger qui lui-même y est né. Toutefois en pareil cas, la nationalité n'est pas attribuée d'une façon irrévocable : celui qui en est investi conserve le droit de la décliner, en réclamant la qualité d'étranger par une déclaration faite devant l'autorité municipale, dans l'année qui suit l'époque de sa majorité, telle qu'elle est fixée par la loi monégasque. (C. civ. art. 8.)

b) Le fait de la naissance à Monaco, confère même définitivement la qualité de sujet monégasque, lorsqu'il s'est produit successivement pour trois générations, soit, pour préciser, lorsqu'il se présente pour un individu dont le père ou la mère et l'un de ses ascendants au second degré sont nés comme lui dans la Principauté (même article).

2° La peine encourue pour défaut de déclaration d'une naissance par les personnes qui sont tenues de la faire connaître à l'officier de l'état civil (C. civ. art. 46 et 47), est un emprisonnement de six jours à six mois, et une amende de 16 à 300 francs ; si la déclaration a été omise à dessein, elle est de six mois d'emprisonnement et de 200 à 600 francs d'amende (C. Pén. art 345) : le tout sauf l'admission des circonstances atténuantes, qui permet, dans les deux cas, de n'infliger qu'une amende de simple police (C. Pén. art. 471).

3° La modification par une personne des noms que lui attribuent les actes de l'état civil n'est punie que lorsqu'elle a lieu dans une intention frauduleuse (C. Pén. art. 324, 114 et s., 403.)

NOTE. Il est bon de déclarer, dans un intérêt d'exactitude, que lorsque la présente notice se réfère, ainsi qu'il vient d'être fait pour les Naissances, à celle qui est relative au droit belge, ces renvois ne visent que les règles énoncées dans cette dernière, mais non les articles de lois cités comme les renfermant. Cette observation est générale ; toutefois elle concerne principalement les textes du Code civil de 1804 encore en vigueur en Belgique. Ainsi qu'on le verra au § XIX, ce Code a été révisé à Monaco au cours des années 1879 à 1885, et, bien qu'il n'y ait été apporté que de rares modifications, cela a suffi pour produire un changement dans le numérotage des articles, dont il est indispensable de tenir compte pour éviter des malentendus ou des erreurs.

§ II. Etrangers.

1. — Conformément à l'ordre suivi pour la Belgique, la condition des étrangers sera examinée successivement au point de vue du droit politique ou administratif, et au point de vue du droit civil.

2. — Pour ce qui concerne le droit politique, les étrangers jouissent dans la principauté de Monaco d'une situation absolument exceptionnelle. En effet, si aucune loi ne leur permet de réclamer une participation quelconque au gouvernement du pays, le Prince, en vertu de sa souveraineté absolue, peut les relever de leur incapacité originelle et leur conférer des charges publiques, sans qu'ils aient à renoncer à leur propre

nationalité ; et ce système est pratiqué très largement depuis bien des années.

Ainsi les étrangers sont admis à exercer les fonctions administratives, y compris celles de gouverneur général ; les fonctions judiciaires ; les fonctions ecclésiastiques officielles. Ils peuvent obtenir des offices ministériels : ceux de notaires, conférés à vie et emportant le droit de présenter un successeur ; ceux de greffiers, d'huissiers, qui sont donnés directement, sans présentation à retribuer. Ils peuvent être *avocats* ou *défenseurs*, professions qui, avec une différence de titre purement honorifique, entrainent l'une et l'autre le droit de représenter les parties en justice et celui de plaider, réunissant ainsi les fonctions d'avoué et celles d'avocat.

Ils peuvent également, et ce en vertu de textes formels, figurer comme témoins dans les actes authentiques, dès qu'ils ont trois mois de résidence dans la Principauté (C. civ. art. 847 ; Ordon. sur le notariat du 4 mars 1886, art. 6.)

Les écoles publiques leur sont ouvertes *gratuitement* comme aux Monégasques ; ils y forment même la grande majorité. L'assistance judiciaire leur est accordée dans les mêmes conditions qu'aux indigènes, et ils partagent avec ces derniers les secours de la bienfaisance publique.

A fortiori, jouissent-ils pour leur personne et pour leurs biens des mêmes garanties que les sujets du Prince. Aucune loi ne le déclare expressément ; mais on n'a jamais hésité à leur appliquer les dispositions qui protègent les nationaux.

3. — Par contre, les étrangers sont astreints comme les Monégasques, à respecter les lois et les décisions régulières de l'autorité compétente (C. civ. art. 3) et à supporter les charges fiscales. A cet égard, il est à noter qu'une ordonnance en date du 8 février 1869 a supprimé dans la Principauté toutes « les contributions foncières, personnelles et mobilières ainsi que l'impôt des patentes. »

4. — Il résulte de l'article 3 du Code civil précité que les lois pénales de la Principauté sont applicables aux étrangers qui s'y rendent coupables de quelque infraction. Ces lois

permettent même de les atteindre, comme les Monégasques du reste, sous certaines conditions, pour des crimes, voir pour de simples délits, commis hors du territoire. Il faut pour cela : 1° qu'il y ait plainte ou requête de la partie lésée ; 2° que les inculpés soient arrêtés dans la Principauté ; 3° qu'il n'y ait pas eu chose jugée et exécution de la sentence en pays étranger (C. Inst. crimin. art. 16 et 17). Toutefois la première condition ne paraît pas exigée quand l'inculpé est trouvé porteur de pièces à conviction du crime ou du délit relevé à sa charge (*ibid*. art. 18), et la troisième subsiste seule, quand il s'agit de « crimes attentatoires à la sureté de l'Etat, de contrefaçon des sceaux et des monnaies de l'Etat, de papiers nationaux ou de billets de banques autorisés » (*ibid*. art. 15).

5. — En définitive, au point de vue du droit public, il n'y a que trois différences à noter entre les étrangers et les sujets monégasques.

1° Les étrangers peuvent être extradés à la demande des autorités du pays où ils ont commis des infractions punissables, soit en vertu des clauses formelles d'un traité d'extradition, soit en vertu d'une autorisation spéciale et exceptionnelle du Prince.

2° Ils peuvent être expulsés par simple arrêté du gouverneur général, quand leur présence trouble ou peut troubler l'ordre public. Leur retour dans le pays en pareil cas leur fait encourir une peine d'emprisonnement et d'amende (ordon. sur la Police générale du 6 juin 1867, art. 12,192 et 195).

3° Ils ne peuvent s'établir ni exercer une industrie quelconque dans la Principauté sans une autorisation du gouverneur général (même ordon., art. 11).

Les monégasques, au contraire, ne peuvent être extradés, ni expulsés, et ils n'ont besoin d'une autorisation administrative que pour certaines industries prévues par l'ordonnance précitée.

6. — Le Code civil monégasque, comme celui de 1804, ne tranche que d'une façon générale la question des droits civils accordés aux étrangers. Mais, à la différence de ce dernier, il consacre le principe de la réciprocité législative, et non celui

de la réciprocité diplomatique. « L'étranger, dit l'article 11, jouira dans la Principauté des mêmes droits civils que ceux qui sont ou seront accordés aux sujets monégasques par les lois de la nation à laquelle cet étranger appartiendra. »

Quant à l'expression « droits civils », il semble résulter des travaux préparatoires de la disposition précitée que le législateur monégasque a entendu l'employer par opposition à celle de « droits naturels », en tenant compte pour la détermination de ces derniers des progrès de la civilisation, c'est-à-dire qu'il a entendu la prendre dans le sens que lui attribue aujourd'hui la jurisprudence française.

Toutefois la disposition de l'article 726 du Code civil de 1804, relative au droit de succéder, qui a été abrogée en France et en Belgique, subsiste dans le Code monégasque (art. 609), avec la différence que la réciprocité exigée est la réciprocité législative, conformément au principe sus-énoncé. Quant à l'article 912 du Code de 1804, qui concernait la faculté de disposer à titre gratuit au profit d'un étranger, il a été supprimé en fait ; mais la règle qu'il formulait n'en doit pas moins être considérée comme maintenue, avec la modification qui vient d'être indiquée : car il n'a été effacé que par le motif expressément déclaré qu'il faisait double emploi avec l'article 11. Les rédacteurs du Code de 1885 ont donc encore considéré, peut-être par mégarde, comme des droits civils *stricto sensu* le droit de succéder et celui de recevoir par donation ou testament.

A plus forte raison faut-il ranger dans cette catégorie le droit à l'hypothèque légale accordée à la femme mariée sur les biens de son mari, et au mineur sur les biens de son tuteur. (C. civ. art. 1959). Cette hypothèque n'appartiendra par suite à la femme et au mineur étrangers, contrairement à la disposition de la loi belge de 1851, qu'autant que leur loi nationale l'accordera aux sujets monégasques.

7. — Le principe de la réciprocité législative établi par l'article 11 du Code civil comporte certaines exceptions résultant de textes formels. C'est ainsi qu'en vertu de l'article 15 du

même code, tout étranger peut traduire un Monégasque devant les tribunaux de la Principauté pour l'exécution des obligations contractées envers lui, même à l'étranger. Le nouveau Code de procédure est plus large (art. 1 à 5) : il reconnait d'une façon générale aux étrangers comme aux nationaux le droit d'ester en justice (V. toutefois § XI *infrà* les restrictions apportées dans certaines matières à la compétence des juges locaux dans les procès entre étrangers). Citons encore dans le même ordre d'idées, l'article 38 du dit Code de procédure, qui admet au bénéfice de l'assistance judiciaire, sans distinction de nationalité, « toute personne qui, ayant des droits à exercer en justice, est dans l'impossibilité de faire l'avance des frais de la procédure, sans entamer les ressources nécessaires pour son entretien et celui de sa famille ».

Enfin l'article 13 du Code civil écarte l'application de l'article 11 pour tous les étrangers domiciliés dans la Principauté avec l'autorisation expresse ou tacite du Prince, en leur accordant la jouissance de tous les droits civils.

Mais il importe de ne pas confondre avec ceux qui ont reçu cette autorisation souveraine, les étrangers qui sont seulement domiciliés dans les conditions prévues à l'article 79 du Code civil. Ce texte, spécial à la législation monégasque, attribue un domicile de droit dans la Principauté à tout « étranger qui depuis cinq ans au moins a été autorisé à y fonder un établissement. » Mais il ne s'agit plus là que d'une autorisation délivrée par le gouverneur général conformément à l'Ordonnance précitée sur la Police générale (art. 11), et celui qui en est nanti ne peut réclamer que les seuls avantages du domicile en général.

8. — Pour ce qui concerne les questions de conflit des lois, l'article 3 du Code civil de la Principauté emprunté textuellement au Code de 1804, les laisse indécises comme elles le sont en France et en Belgique, et il suffira de constater ici que la jurisprudence monégasque suit à cet égard, ainsi du reste que sur la plupart des points controversés, le système qui semble prévaloir dans la jurisprudence française.

§ III. Capacité civile.

En cette matière le Code civil de la Principauté ne fait que reproduire les principes du Code civil de 1804, et tout ce qui est dit pour le droit belge est applicable au droit monégasque.

---

§ IV. Corporations. (Personnes civiles).

1. — Les êtres immatériels ne peuvent avoir d'existence juridique, de personnalité civile, qu'autant qu'ils sont reconnus par la loi.

En dehors des sociétés réglementées par le Code de commerce, sociétés en nom collectif, sociétés en commandite et sociétés anonymes, les principales personnes civiles reconnues à Monaco sont : l'État, la fabrique d'église, l'hospice, le bureau de bienfaisance, et encore la situation des deux dernières n'est-elle pas bien nettement définie.

2. — Quant aux personnes civiles étrangères, aucun texte ne permet d'indiquer d'une façon certaine le régime auquel elles sont soumises.

Quelques-unes sont reconnues implicitement par le fait même qu'elles sont chargées de certains services publics : telles les congrégations religieuses enseignantes.

Pour les autres, les seules dont on puisse exposer la condition avec quelque assurance sont les sociétés commerciales. Dans la pratique, l'administration et les tribunaux monégasques sont d'accord pour leur appliquer le système suivant. Leur existence est reconnue, dès qu'elle est établie conformément à la législation du pays dont elles dépendent. Elles sont alors traitées comme les individus et jouissent des droits civils compatibles avec leur nature, dans les mêmes conditions que les personnes physiques. Ainsi elles sont admises à ester en justice, soit comme défenderesses, soit comme demanderesses. A cet égard, elles peuvent même invoquer un texte formel, l'article 15 § 2 du Code civil, qui déclare « applicable aux sociétés comme aux individus » le droit accordé aux étrangers de citer les sujets monégasques devant les tribunaux de la Principauté pour les obligations contractées envers eux.

Par contre, elles sont soumises, comme les individus, aux lois de police et de sureté, et, conséquemment, à la nécessité de l'autorisation administrative imposée à tout étranger qui veut exercer à Monaco une industrie quelconque (V. *suprà*, § II, n. 3 et 5). Cette prescription permet au gouvernement d'apprécier leur organisation, et de ne les admettre à étendre leurs opérations à la Principauté que moyennant le concours de certaines conditions, et après l'accomplissement de certaines formalités destinées à protéger les intérêts locaux, telles que le dépôt au greffe de leurs statuts à la disposition du public et l'élection d'un domicile à Monaco.

§ V. Mariage.

Tout ce qui a été dit sur cette matière au paragraphe correspondant de l'article consacré au droit belge, est applicable au droit monégasque.

Toutefois les dispositions visées au nº 9 dudit paragraphe, qui ont été abrogées en Belgique par la loi du 20 décembre 1891, subsistent dans le code de la Principauté.

En conséquence le mariage doit être précédé de deux publications à huit jours d'intervalle et ne peut être célébré que le troisième jour depuis et non compris celui de la seconde publication, mais le Prince peut dispenser de cette dernière pour des causes graves. Si le mariage n'a pas eu lieu dans l'année à compter du jour où il eut pu être contracté, de nouvelles publications sont nécessaires pour qu'il y soit régulièrement procédé (art. 52 à 54 et 137). Les publications prescrites doivent être faites à la municipalité du lieu où chacune des parties contractantes a son domicile. Si le domicile actuel n'est établi que par trois mois de résidence, elles doivent être faites, en outre, à la municipalité du dernier domicile. Enfin, si les parties contractantes ou l'une d'elles sont, relativement au mariage, sous la puissance d'autrui, les publications doivent encore être faites à la municipalité du domicile de ceux sous la puissance desquels elles se trouvent (art. 134 à 136). Un mariage ne peut être célébré à Monaco que si l'un des deux époux a son domicile dans la Principauté. Mais, quant au mariage, *trois* mois d'habitation continue suffisent, pour établir le domicile requis, et ce délai peut même être abrégé par décision spéciale du Prince (art. 63). C'est là une double différence à noter avec la disposition correspondante du code de 1804 (art. 74).

Les formes prescrites pour la célébration sont les mêmes qu'en Belgique. Elles sont énoncées aux articles 25 à 45 et 52 à 66 du Code civil.

Notons à ce propos qu'une ordonnance en date du 22 mai 1891, applicable aux mariages entre Monégasques et étrangers, dispense de tous droits de timbre, d'enregistrement et de greffe, les actes ou pièces nécessaires au mariage des indigents.

§ **VI. Divorce. Séparation de Corps.**

1. — La loi monégasque n'admet pas le divorce. Seule la séparation de corps est prévue et réglementée par le Code civil (art. 198 à 206).

2. — « Les époux peuvent demander la séparation de corps dans les cas suivants : 1° le mari, pour cause d'adultère de la femme ; 2° la femme, pour cause d'adultère du mari, s'il a entretenu une concubine dans la maison commune ; 3° l'un et l'autre respectivement, pour cause d'excès, sévices, injures graves ou abandon volontaire ; 4° l'un et l'autre respectivement pour cause de condamnation de l'autre époux à une peine infamante, à la condition toutefois que l'époux demandeur n'ait pas connu la condamnation avant le mariage (art. 198). — La séparation de corps ne peut avoir lieu par le consentement mutuel des époux (art. 199 § 2).

3. — Il résulte de l'article 4 du nouveau code de procédure civile que les juges monégasques ne peuvent connaître des actions relatives à l'état d'un étranger, même domicilié dans la Principauté et par conséquent de l'action en séparation de corps dirigée contre cet étranger, « si ce n'est : 1° lorsque cet étranger ne peut justifier d'une nationalité déterminée ; 2° lorsque leur compétence est reconnue par les lois du pays auquel cet étranger appartient. » Ce dernier paragraphe vise notamment le cas où la loi personnelle de l'étranger admet en pareille matière la compétence du juge du domicile, et celui où l'étranger accepte la juridiction monégasque, s'il appert qu'à raison de cette circonstance le jugement sera reconnu par les tribunaux de son pays.

La loi applicable à l'étranger pour la séparation de corps est, quant au fond, sa loi nationale, à moins qu'elle ne soit contraire à l'ordre public ; et, quant à la procédure, la loi monégasque, qui reproduit purement et simplement à cet égard les dispositions des articles 875 à 879 du Code civil de 1804.

4. — L'action en séparation de corps donne lieu au cours de l'instance à une situation provisoire qui est réglée comme en droit belge (V. Belgique, p. 30).

Dans le cas d'une demande en séparation de corps ou en divorce intentée devant un tribunal étranger, les parties qui résident dans la Principauté peuvent s'adresser aux juges locaux pour obtenir les mesures provisoires et conservatoires nécessitées par les circonstances ; à cet égard, la loi attribue compétence au tribunal de Monaco, quels que soient le domicile et la nationalité des intéressés (C. proc. civ. nouveau, art. 3 § 9). Ainsi il peut accorder à la femme qui doit plaider dans son pays, une pension alimentaire et même une provision *ad litem* ; il peut de même statuer provisoirement sur la résidence de la femme et la garde des enfants.

5. — Les effets de la séparation de corps sont, en général, les mêmes que dans le droit français et belge : les articles 200 à 206 du Code civil reproduisent purement et simplement les articles 298 à 303 du code de 1804 en substituant les mots *séparation de corps* au mot *divorce*.

Toutefois l'époux contre lequel la séparation a été prononcée perd non seulement les avantages que l'autre époux lui avait faits, soit par leur contrat de mariage, soit après (art. 203) ; mais encore les droits éventuels qui lui sont attribués par la loi sur la succession de ce dernier (V. *infrà* § VIII).

§ VII. Testaments.

Tout ce qui est dit pour le droit belge au paragraphe correspondant est applicable au droit monégasque, sous les réserves suivantes :

1°. — Les formes du testament mystique ne sont pas tout-à-fait les mêmes d'après le code de Monaco que d'après le code de 1804. Ainsi lorsque ce testament n'est pas écrit par le testateur, il doit être signé par lui non seulement à la fin, mais à chaque feuillet. (art. 843). Par contre, la présence de quatre témoins est suffisante pour la remise du testament au notaire et pour la signature de l'acte de suscription (*ibid.*). Si le testateur ne sait ou ne peut signer, il n'est pas appelé de témoin supplémentaire, comme l'exige l'article 977 du code de 1804 : on se borne à mentionner sa déclaration dans l'acte de suscription, ainsi que la cause qui l'a empêché de signer (art. 839 et 843 cbn.).

2°. — Les témoins appelés pour être présents aux testaments authentiques ou mystiques doivent être mâles, majeurs et jouir de leurs droits civils. Mais il n'est pas nécessaire qu'ils soient sujets monégasques : un étranger peut remplir cet office pourvu qu'il réside depuis trois mois dans la Principauté (art. 847).

D'autre part, l'article 841 du code monégasque restreint au troisième degré l'incapacité relative d'être témoin édictée par l'article 975 du code de 1804 contre les parents du testateur. Mais outre ces parents les légataires et les clercs des notaires qui prêtent leur ministère pour le testament, il déclare également incapables les domestiques de ces mêmes notaires.

3°. — Les *substitutions*, c'est-à-dire les substitutions désignées ordinairement sous le nom de *fideicommissaires* sont prohibées (art. 764), ainsi que par le code de 1804 (art. 896). Mais, au lieu d'être frappées, comme par ce dernier, d'une nullité absolue, *ergà omnes*, elles sont considérées comme une simple attribution d'usufruit à l'égard du donataire, de l'héritier institué ou du légataire » (*ibid.*).

§ **VIII. Succession ab intestat.**

Tout ce qui est dit sur cette matière pour le droit belge est applicable au droit monégasque sous les réserves suivantes :

1° Contrairement aux dispositions actuelles de la loi belge, un étranger n'est admis à succéder et à recevoir dans la Principauté de Monaco que dans les cas et de la manière dont les Monégasques peuvent succéder et recevoir dans le pays de cet étranger (C. civ. art. 11 et 609 cbn.).

2° Les règles sur la représentation établies par le code de 1804 (art. 739 à 744) sont reproduites par le code monégasque (art. 622 à 627). Toutefois on ne peut, d'après ce dernier, représenter celui à la succession duquel on a renoncé qu'« à la condition d'assurer l'acquittement des charges de la dite succession » (art. 627).

3° Les ascendants, selon les principes du code de 1804, sont écartés par les descendants (art. 628) et viennent au concours avec les frères ou sœurs ou descendants d'eux (art. 631) ; mais, contrairement à l'article 753 du même code, ils excluent tous autres parents, même de la ligne à laquelle ils n'appartiennent pas : en d'autres termes, si le défunt n'a laissé aucun successible rentrant dans l'une ou l'autre des deux classes susdites et qu'il n'existe des ascendants que dans une seule ligne, ces ascendants recueillent la totalité de la succession : les collatéraux de l'autre ligne n'ont droit à aucune part des biens qui la composent (art. 629). — Par conséquent, il n'est pas question dans la loi monégasque, de l'usufruit réservé par la loi française et belge (C. civ. art. 754) aux ascendants d'une ligne sur le tiers des biens affectés à l'autre ligne.

4° En ce qui concerne les successions dites irrégulières de l'enfant naturel et du conjoint, deux différences sont à noter avec le régime institué par le code de 1804.

A. Le droit de l'enfant naturel sur la succession de son père ou de sa mère est réduit par la présence du conjoint du défunt dans les mêmes proportions que par la présence d'un ascendant ou de frères et sœurs, c'est-à-dire qu'il n'est plus, en pareil cas, que de la moitié de la part que l'enfant naturel aurait eue, s'il eut été légitime (art. 639).

B. Le conjoint survivant n'est pas exclu par tous les parents au degré successible et par les enfants naturels. « Si le défunt laisse des enfants légitimes issus de ce conjoint, ce dernier a droit à l'usufruit d'un quart des biens composant la succession. S'il concourt avec des ascendants, des frères et sœurs ou collatéraux plus éloignés, il recueille l'usufruit de la moitié des biens » (art. 650). Toutefois ce droit successoral ne constitue pas une réserve : l'époux survivant peut en être privé par une disposition testamentaire de son conjoint, et il en est déchu *ipso jure* si la séparation de corps a été prononcée contre lui (art. 651).

§ IX. Administration des successions.

Tout ce qui est dit sous cette rubrique pour le droit belge est applicable au droit monégasque.

§ X. Actions.

La législation monégasque sur cette matière est, pour la plus grande partie, semblable à la législation belge. Aussi pouvons-nous y déclarer applicables la plupart des indications fournies pour celle-ci (v. suprà p. 52 et suiv.) sauf à noter les différences qui existent entre elles, en suivant l'ordre de la notice belge numéro par numéro.

1. — De part et d'autre les diverses actions se distinguent

de même dans le langage courant. Mais, contrairement à la loi belge, la loi monégasque ne fait aucune distinction entre les actions civiles et les actions commerciales, ni quant à la procédure (v. infrà n" 5), ni quant à la compétence (v § XI.)

2. — L'action pénale comporte les mêmes observations que pour la Belgique. Toutefois nous croyons devoir faire remarquer que, dans la Principauté, les particuliers ne peuvent en aucun cas citer directement l'auteur d'un acte délictueux devant le Tribunal Supérieur jugeant au grand criminel. C'est seulement devant le tribunal correctionnel et devant le tribunal de simple police qu'il leur est permis de réclamer par cette voie la réparation civile à laquelle ils peuvent avoir droit. Devant le tribunal criminel, ils n'ont que la faculté de se porter *parties civiles*, une fois que cette juridiction a été saisie, à la poursuite du ministère public, par une ordonnance de renvoi ou de mise en accusation.

3. — Les dispositions de la loi belge du 25 Mars 1876 sur les actions possessoires ont été reproduites à peu près textuellement par le nouveau Code de procédure de Monaco (art. 81 à 86.)

4. — Les règles sont encore identiques des deux côtés en ce qui concerne les conditions requises pour qu'un droit soit susceptible de servir de base à une action et pour que le demandeur agisse valablement.

Mais la maxime *Nul ne plaide par procureur* a reçu, dans le droit monégasque, outre les exceptions concernant le Prince et le capitaine de navire, qui existent également dans le droit belge, deux dérogations d'une portée plus générale, édictées par le nouveau Code de procédure civile.

1" Les associations, autres que les sociétés de commerce, c'est-à-dire celles-là mêmes qui ne constituent pas des personnes morales, peuvent être représentées en justice, soit par leur président, soit par tout autre membre désigné par les statuts (art. 141.)

2" De plus, toutes personnes ayant un intérêt commun peuvent-être représentées par un seul mandataire choisi parmi elles, pourvu que le mandat conféré à cet effet soit constaté par acte authentique ou sous seing privé enregistré. Copie de ce titre est donnée dans le premier acte de procédure (art. 142.)

5. — La forme des actions fait, comme en Belgique, l'objet de deux codes : le code de Procédure civile et celui d'Instruction criminelle. Mais nous rappelons qu'il n'existe aucune différence à ce point de vue entre l'action civile et l'action commerciale.

Les traits généraux de la procédure sont en général, les mêmes que dans le droit belge. Quelques différences sont pourtant à signaler à cet égard.

a) L'assignation devant le juge de paix de Monaco se fait, non par exploit d'assignation signifié par huissier, mais par simple billet sur papier libre, expédié par le greffier sous pli recommandé à la poste, lorsque la valeur de la demande n'excède par cinquante francs. (Nouv. C. Proc. art. 58)

b) Le délai de l'assignation est, comme en Belgique, d'un jour franc devant la justice de paix ; mais il n'est que de six jours francs, au lieu de huit, devant le tribunal ordinaire, autrement dit devant le tribunal supérieur, soit en matière civile, soit en matière commerciale (ibid. art. 157), sauf augmentation à raison des distances ou abréviation par le juge dans les cas urgents (art. 60, 62, 158, 160).

Une autre remarque importante doit être faite à ce sujet. C'est qu'il ne suffit pas, d'après le code monégasque, d'observer le délai légal pour l'assignation, ce dont se contente le Code franco-belge ; il faut de plus que le jour et l'heure de la comparution soient expressément indiqués dans l'exploit (art. 157).

c) Les parties peuvent, en principe, non seulement plaider elles-mêmes, comme en Belgique, mais aussi poser elles-mêmes leurs conclusions. Le ministère des défenseurs (avoués-avocats) n'est imposé d'une façon absolue que pour les pourvois en révision devant le Prince. Toutefois, lorsque le Tribunal Supérieur estime une cause assez délicate pour ordonner la communication de conclusions motivées, cette décision rend obligatoire la constitution d'un défenseur (C. Proc. art. 179).

d) Il est à peine besoin d'ajouter qu'à Monaco, comme en

Belgique et en tous autres pays, les juges sont tenus de statuer sur toutes les demandes qui leur sont soumises et ne peuvent prononcer que sur elles.

Les jugements sont toujours rendus en audience publique.

Quant aux débats, ils ont également lieu à l'audience pour toutes les affaires rentrant dans la juridiction contentieuse, à moins que le tribunal n'ait cru devoir ordonner le huis clos, dans les cas où la loi lui en laisse la faculté, cas parmi lesquels figurent notamment les causes entre époux et celles entre ascendants et descendants (C. Proc. art. 191).

Les débats ont lieu en chambre du Conseil, pour les affaires dépendant de la juridiction gracieuse.

e) Toute partie qui succombe est condamnée aux dépens (v. infrà § XIII).

f) Aux observations qui précèdent, lesquelles correspondent à celles de l'article consacré à la Belgique (v. p. 51), nous ajouterons que d'après le nouveau Code de Monaco toutes les actions de la compétence du juge de paix doivent, en principe, être précédées d'un préliminaire de conciliation devant ce magistrat, à peine de nullité (C. Proc. art. 24). Les parties sont tenues de comparaître en personne, à moins d'empêchement justifié. La comparution a lieu hors la présence du public.

Mais, d'après le nouveau Code, cet essai préalable de conciliation n'est plus exigé, comme il l'était en vertu de l'Ordonnance du 11 mai 1867, inspirée par le Code français, pour les actions de la compétence du Tribunal Supérieur. Il ne reste prescrit, en ce qui les concerne, que pour les demandes entre époux et entre ascendants et descendants : il a lieu alors devant le président du tribunal lui-même.

Du reste, les règles ci-dessus subissent un certain nombre d'exceptions, dans lesquelles figurent notamment les demandes formées contre des personnes n'habitant pas la Principauté, les demandes urgentes et les demandes commerciales en justice de paix (art. 25 et 36).

6. — L'effet de l'action pendante en justice est le même à Monaco qu'en Belgique.

7. — L'action prend fin, comme dans le droit belge, par le désistement et la péremption.

Le désistement peut être fait et accepté par une simple déclaration à l'audience de la partie ou de son défenseur muni d'une procuration spéciale.

La péremption a lieu *de plein droit*, contrairement au système du Code franco-belge, par la simple discontinuation des poursuites pendant un an, à moins que le demandeur ne meure dans ce délai, auquel cas il est augmenté de 180 jours (C. Proc. art. 407.)

§ XI. Organisation judiciaire.

1. — Cette matière est réglementée par diverses ordonnances, dont les principales sont en date du 23 avril 1832, du 10 juin 1859, du 11 mai 1867 et du 22 mai 1891.

2. — En vertu des dispositions combinées de ces ordonnances, la justice est rendue actuellement, en matière civile et commerciale, par un tribunal *ordinaire*, appelé Tribunal Supérieur et par deux juges d'exception.

Le tribunal ordinaire est composé de cinq juges, (y compris le président et le vice-président), nommés par le Prince et inamovibles après une année d'exercice. Il a la plénitude de la juridiction et statue toujours en dernier ressort. Il connait, comme tribunal d'appel, des jugements du juge de paix et des sentences arbitrales, dans les cas spécifiés par la loi. Avant la révolution de 1848, il prononçait en outre sur l'appel de jugements du tribunal de Menton. De là cette dénomination de *tribunal supérieur*, qui lui est restée, malgré la cession officielle à la France des communes de Menton et de Roquebrune en 1861.

Près le tribunal est institué un ministère public, dont les fonctions sont exercées par deux magistrats : un avocat général et un substitut, nommés par le Prince comme les juges, mais amovibles.

3. — Au dessous du Tribunal Supérieur est le *juge de paix*, premier juge d'exception. D'après les dispositions du nouveau Code de procédure civile (livre préliminaire, tit. Ier) exécutoires à dater du 15 juin 1894, il connaît, en principe, des actions personnelles et mobilières en dernier ressort jusqu'à la valeur de 100 francs, et, à charge d'appel, jusqu'à 300 francs, sans distinction entre les affaires civiles et les affaires commerciales. Le Code de procédure ne fait de différence entre ces diverses matières à aucun point de vue, ce qui s'explique notamment par le motif qu'il n'existe pas de tribunal consulaire dans la Principauté.

En dehors de la compétence générale, le juge de paix peut statuer dans certains cas jusqu'à mille francs, par exemple sur les contestations entre hôteliers ou logeurs et voyageurs ou locataires en garni pour dépenses d'hôtellerie, etc.., et même à quelque valeur que la demande puisse s'élever, quand il s'agit d'actions en paiement de loyer, n'excédant pas annuellement 500 francs, (art. 9) de contestations relatives aux engagements respectifs des gens de service ou employés et des maîtres ou patrons, etc. Il ne connait pas, en général, de l'exécution de ses jugements (art. 15) ; mais exception est faite pour la saisie-arrêt et la saisie conservatoire (combinaison de la saisie conservatoire et de la saisie foraine du droit franco-belge), lorsque les causes de ces saisies n'excèdent pas 300 francs (art. 13), ainsi que pour la saisie gagerie dans les limites fixées par l'article 9 précité.

Le seconde juge d'exception est, au soumet de l'ordre judiciaire, le *Prince*, qui prononce souverainement, sur le rapport d'un *Conseil de révision*, (composé de trois jurisconsultes au moins, choisis par lui), sur les pourvois formés pour violation de la loi, dans les cas indiqués au § XII. Il ne juge pas en fait, autrement dit il tient pour constants les faits constatés par le jugement attaqué ; mais, à la différence des cours de cassation existant dans les autres pays, lorsqu'il annule une sentence, au lieu de renvoyer l'affaire devant d'autres juges pour être par eux instruite et jugée à nouveau, il statue lui-même sur le fond, ce qui permet de la considérer comme constituant une troisième juridiction. Il est question actuellement de transformer le conseil de révision en une véritable cour de casstion ; mais cette réforme est encore à l'état de projet.

5. — Les trois juridictions sus indiquées se retrouvent en matière pénale. Le juge de paix connait des *contraventions* dites *de simple police*. Le Tribunal Supérieur statue *en matière correctionnelle*, c'est-à-dire sur les faits qualifiés *délits* par la loi et punis par elle, soit d'une peine d'emprisonnement de quinze jours au moins, soit d'une amende excédant quinze francs.

Quant aux faits qualifiés *crimes* et punissables de peines dites afflictives ou infamantes (C. Pén. art. 6 et 7), ils sont portés devant le tribunal criminel, lequel est composé de six juges, dont trois juges titulaires (le juge d'instruction étant excepté), et trois juges supplémentaires, pris à tour de rôle parmi les membres de la Commission communale. Ce tribunal statue en fait et en droit.

Enfin, de même qu'en matière civile et commerciale, le Prince prononce en révision sur les pourvois formés contre les décisions rendues en matière pénale par les tribunaux que nous venons d'indiquer.

§ XII. Appels et autres voies de recours.

1. — Les voies de recours contre les jugements se divisent en deux classes : voies *ordinaires* (opposition, appel) et voies *extraordinaires* (requête civile, tierce opposition, pourvoi en revision).

Cette distinction, établie par la loi elle-même, présente au point de vue pratique, un double intérêt.

D'une part, les jugements susceptibles d'être attaqués par une voie de recours ordinaire n'ont l'autorité de la chose jugée que d'une façon provisoire : cette autorité disparait dès qu'ils sont frappés d'opposition ou d'appel. Pour ceux au contraire, qui ne peuvent plus être attaqués que par une voie de recours extraordinaire, elle persiste, malgré l'exercice de ce recours et ne cesse que lorsqu'ils sont rétractés, annulés ou cassés.

L'exceptio rei judicatae est d'ailleurs subordonnée au concours des conditions indiquées au § XII de Belgique.

D'autre part, l'emploi d'un recours de la première catégorie suspend, en principe, l'exécution du jugement qui en est l'objet, tandis que celui d'un recours de la seconde classe n'y met aucun obstacle. — Toutefois cette règle comporte deux exceptions en sens inverse. En effet, les juges peuvent, en certain cas, ordonner l'exécution provisoire nonobstant opposition ou appel. Ils peuvent aussi, lorsqu'ils sont saisis d'une tierce opposition ou d'une requête civile, prononcer, suivant les circonstances un sursis à l'exécution.

2. — *De l'opposition.*

L'opposition est un recours accordé contre les jugements par défaut. Mais elle n'est admise qu'en faveur du défendeur défaillant.

Lorsque le demandeur ne comparaît pas, le tribunal donne *congé* de la demande et condamne le défaillant aux dépens. Celui-ci ne peut renouveler son action qu'après avoir consigné au greffe le montant de cette condamnation (Code de Procéd. civ. art. 269).

Le défendeur lui-même n'a plus, d'après le nouveau Code, la faculté de former opposition toutes les fois qu'il fait défaut. Il en est privé lorsqu'il a reçu *en personne* la signification de l'exploit d'assignation, sauf l'hypothèse où il aurait été dans l'impossibilité de comparaître par suite d'une circonstance de force majeure (art. 219). — Afin d'éviter toute surprise, la loi exige que l'huissier qui remet l'assignation à la partie directement lui fasse connaitre que, si elle ne comparaît pas, elle ne pourra attaquer le jugement par voie d'opposition, la requière de signer l'original et y fasse mention de la réquisition, ainsi que du refus de signer. le cas échéant (art. 162).

Toutefois on observera que les personnes habitant hors de la Principauté, ne recevant pas l'assignation des mains de l'huissier, conservent par cela même le droit de former opposition dans tous les cas aux jugements rendus par défaut contre eux.

L'opposition peut d'ailleurs être formée soit contre les jugements du juge de paix, soit contre ceux du Tribunal Supérieur ; mais elle n'est pas recevable contre les ordonnances rendues par le Prince en Révision.

Elle doit être formée, à peine de nullité, dans les trois jours de la signification à personne ou à domicile pour les jugements du juge de paix (Nouv. Code, art. 77).

Pour ceux du Tribunal Supérieur, il faut distinguer si la signification a été faite à la personne du défaillant ou non. Dans le premier cas, l'opposition ne peut être valablement notifiée que dans la huitaine de la signification. Au cas contraire, elle est recevable, tant que le défaillant n'aura pas exécuté le jugement ou qu'il n'aura pas eu connaissance de l'exécution. La loi détermine les cas où le défendeur est réputé avoir eu connaissance de l'exécution (*ibid*. art. 221 et 222). Lorsque le jugement par défaut n'a pu recevoir aucune exécution, il est dressé procès-verbal de carence, et l'opposition n'est plus recevable une année après la signification de ce procès-verbal (art. 223).

Le tribunal n'est pas tenu de prononcer le défaut toutes les fois que le défendeur ne comparait pas. Il peut, selon les circonstances, ordonner la réassignation (art. 210). Cette dernière mesure est même obligatoire lorsque, de plusieurs parties, les unes comparaissent, les autres pas. Mais le jugement qui intervient ensuite n'est pas susceptible d'opposition.

Les règles que nous venons d'exposer sont restreintes aux jugements civils. Le nouveau Code de procédure n'a touché en rien aux matières pénales, pour lesquelles le Code d'instruction criminelle consacre des principes semblables à ceux du droit belge (V. Belgique, p. 61 suiv. n° 2). Toutefois l'opposition à un jugement correctionnel portant condamnation à la peine d'emprisonnement n'est admise qu'à la condition que le condamné se constitue prisonnier et qu'il justifie du remboursement des frais avancés pour le jugement de défaut (C. Instr. crim. art. 368).

3. — *De l'appel.* L'appel n'existe, dans l'organisation judiciaire de la Principauté que pour les jugements émanant de la justice de paix (Nouv. Code, art. 110 à 134) et pour les sentences arbitrales (Code de 1818, art. 479).

Le Tribunal Supérieur prononce en dernier ressort sur tous les litiges rentrant dans sa juridiction.

Les jugements du juge de paix sont sujets à l'appel lorsqu'ils dépassent les limites de sa compétence en premier ressort (V. *suprà* § XI, n° 3), et dans quelques autres cas, notamment lorsqu'ils statuent sur la compétence, lorsqu'ils ne sont pas motivés ou lorsqu'ils ont été rendus après péremption de l'instance (Nouv. Code, art. 110 et 111).

Les jugements rendus par défaut ne sont jamais susceptibles d'appel (art. 112).

L'appel des jugements préparatoires, interlocutoires, ou sur incident, ne peut être interjeté que conjointement avec l'appel du jugement définitif.

L'appel ne peut être interjeté ni avant les 3 jours qui suivent la prononciation du jugement, à moins que l'exécution provisoire n'ait été ordonnée, ni après les 30 jours qui suivent la signification à l'égard des personnes domiciliées dans la Principauté. Pour celles qui sont domiciliées au dehors, ce dernier délai est augmenté comme celui de l'assignation (art. 117, 158).

En matière de simple police, l'appel doit être formé dans les dix jours de la signification du jugement (C. Instr. crim., art. 411).

Quant au reste, l'appel est régi par les mêmes règles que dans le droit belge (V. *suprà* p, 63 et suiv.).

4. — *Du recours en révision (cassation).*

D'après la législation actuellement en vigueur, le recours en révision est ouvert contre tout jugement définitif rendu par le tribunal supérieur, dans les mêmes cas où le recours en cassation est ouvert en Belgique (V. *suprà* p. 64, n° 4).

Il est admis également contre les jugements du juge de paix rendus en dernier ressort, mais seulement pour excès de pouvoir.

Quand à la procédure, elle est des plus simples. Le pourvoi est formé, à peine de déchéance, dans les dix jours de la signification du jugement, par une déclaration au greffe qui est notifiée dans un second délai pareil, à la partie adverse, avec une requête signée d'un défenseur et contenant les moyens à l'appui. Le défenseur en révision y répond par une contre requête notifiée dans les quinze jours suivants, après quoi les pièces, déposées au greffe, sont transmises à l'avocat général et, par lui, au Secrétaire du Conseil de révision. Ce Conseil étudie l'affaire, uniquement sur les pièces déposées, en adresse au Prince un rapport avec un projet d'ordonnance. L'ordonnance princière tranche définitivement la contestation, et nous rappelons que, si elle annule ou casse la décision attaquée, elle statue au fond.

Le demandeur qui succombe dans son pourvoi est condamné à une amende proportionnelle à la valeur du litige et variant de 25 à 200 francs, qui doit être déposée à la caisse des dépôts et consignations dès avant la déclaration du pourvoi.

Il nous paraît utile d'ajouter que le projet du Code de procédure civile maintient les bases fondamentales du système actuel ; mais il le complète et le modifie sur divers points, notamment quant aux délais impartis pour la déclaration du pourvoi et les significations subséquentes (Proj. liv. III, tit. III, art. 439 à 459).

5. — *De la révision des procès en matière criminelle.*

Cette révision, spéciale au cas d'erreur judiciaire, et absolument indépendante de celle qui peut intervenir à l'égard des arrêts du tribunal criminel pour violation de la loi, est prévue, comme en Belgique, par le Code d'Instruction criminelle art. 469 à 473 et soumise, *mutandis mutatis*, aux mêmes conditions (v. Belgique p. 65, n° 4). Il suffira d'indiquer que le rôle appartenant en Belgique au ministre de la justice, incombe dans la Principauté, à l'avocat général.

6. — *De la requête civile.*

Ici encore les principes du droit monégasque sont semblables à ceux du droit belge (V. p. 65 et s., n° 6).

Toutefois la requête civile doit être intentée dans le mois de la signification du jugement pour les jugements du Tribunal Supérieur, et dans le mois du jour où l'appel n'est plus recevable pour ceux du juge de paix rendus en premier ressort (C. Proc. de 1818, art. 211).

D'autre part, à la différence de la loi belge, le Code monégasque de 1818 édicte une amende contre la partie qui succombe.

Par contre la consultation de trois avocats exigée par les Codes français et belge pour la recevabilité du recours n'est pas requise à Monaco.

Le projet de révision du Code maintient la requête civile sous le nom de *rétractation* (Liv. III, tit. II, art. 428 à 438). Son innovation la plus importante en la matière consiste dans une addition aux cas d'ouverture de ce recours. Aux termes de l'art. 428, 9°, il pourra être exercé « s'il a été jugé sur la prestation d'un serment reconnu faux ou déclaré tel à la requête du ministère public, ou sur une enquête dont un témoin aura été condamné pour faux témoignage ».

7. — *De la tierce opposition.*

Il nous suffira de renvoyer pour cette matière à ce qui a été dit relativement au droit belge (V. p. 67 n° 7), dont les règles se retrouvent dans le Code de la Principauté.

8. — *De la prise à partie.*

La prise à partie n'existe pas dans la législation actuellement en vigueur. Mais elle est admise par le projet de Code de procédure (1) pour des causes analogues à celles qui sont prévues par la loi belge (V. p. 67, n° 8).

---

(1) Liv. III, tit. IV, art. 460 à 469.

§ **XIII. Frais judiciaires. Intérêts.**

I. *Quels sont les frais judiciaires ?* — 1. On peut, à l'instar de ce qui a été dit pour le droit belge (V. *suprà* p. 68), englober dans les frais judiciaires : les dépens, les dommages-intérêts dans certains cas, et les intérêts à compter de la demande en justice.

Les dépens comprennent, aux termes du nouveau code de procédure : 1° les droits de timbre, d'enregistrement et de greffe ; 2° le coût des actes de la procédure et les émoluments portés au tarif ; 3° le coût de l'expédition du jugement ; 4° la taxe des témoins et des experts ; 5° les frais de voyage et de séjour des parties et les frais des actes produits par les parties, lorsqu'ils ont été faits dans la seule vue du procès (art. 243).

Les tarifs en matière civile, commerciale, criminelle et correctionnelle sont réglés par une ordonnance en date du 2 juillet 1866.

2. Les dommages-intérêts ne peuvent être rangés parmi les frais judiciaires que lorsqu'ils dérivent du procès lui-même, par exemple dans le cas de fol appel, prévu par l'art. 134 du nouveau code, et dans les autres hypothèses où une demande vexatoire et téméraire causerait un réel préjudice au défendeur.

3. Les intérêts au taux légal (V. *infrà* III) de la somme réclamée en justice courent de plein droit par le fait même de la demande.

4. D'après le nouveau code, tout jugement définitif doit, comme en Belgique, contenir la liquidation des dépens et, au besoin, leur répartition. L'état des dépens y est annexé et doit être signifié avec lui (art. 236).

Il en est de même des dommages-intérêts, à moins qu'il soit impossible de les liquider immédiatement, auquel cas le jugement ordonne de les libeller par état, et fixe l'audience où le chiffre sera débattu (art. 239).

II. *Qui doit supporter les frais judiciaires?* — Cette question comporte la même réponse que pour le droit belge (V. Belgique p. 69).

S'il y a plusieurs parties condamnées, l'art. 235 du nouveau code dispose expressément que les dépens se divisent entre elles par tête, ou à raison de leur intérêt dans la contestation. Ils ne sont adjugés avec solidarité que si la condamnation principale est elle-même fondée sur une obligation solidaire.

III. *Régime de l'intérêt.* — Le taux de l'intérêt est strictement limité par la loi monégasque (C. civ. art. 1745).

Le taux *légal* est de 5 % en matière civile, de 6 % en matière commerciale.

Mais les parties peuvent, même en matière civile, convenir du taux de 6 %, à la condition de le stipuler par écrit.

Tout prêt fait avec un intérêt supérieur à 6 % est considéré comme *usuraire*, et le code pénal dispose qu'en pareil cas « le prêteur sera condamné à la restitution des intérêts exigés par lui, soit qu'ils aient été payés d'avance, ou ajoutés à la somme prêtée, ou dus à l'échéance du prêt » (art. 424).

Quant au *délit d'usure*, il ne résulte que de *l'habitude* de prêter à un taux supérieur à 6 %. Il est puni d'un emprisonnement d'un mois à deux ans et d'une amende égale au quart des sommes prêtées (*ibid.* art. 425), sauf, bien entendu, l'application des circonstances atténuantes.

§ XIV. Saisies.

L'organisation des saisies est, en général, la même dans le droit monégasque que dans le droit belge (V. p. 70 et suiv.). Il existe cependant à cet égard entre les deux législations deux différences qu'il importe de signaler.

1. — D'une part, la procédure de la *saisie-arrêt* est beaucoup

plus simple d'après le code de Monaco que d'après celui de 1806. Cette saisie est formée par un seul exploit, signifié tant au tiers entre les mains duquel elle est faite qu'au débiteur saisi et contenant assignation pour un même jour, au tiers en déclaration de ce qu'il doit, et au débiteur en validité de la saisie. A l'audience indiquée, le tiers fait sa déclaration, faute de quoi il est déclaré débiteur pur et simple de la somme pour laquelle la saisie est validée (C. Procéd. de 1818, art. 239 à 245). Le jugement peut intervenir séance tenante, de sorte que tout peut être terminé après l'expiration du délai légal de l'assignation, lequel est en principe, de six jours francs (V. *suprà* § X, nᵒ 5, *b*).

Ces règles sont maintenues dans le projet du nouveau Code, non encore promulgué, ni même discuté sur ce point (art. 487 à 506). Mais, afin d'éviter que l'attribution des sommes saisies-arrêtées ne devienne le prix de la course, par suite du très court laps de temps qui peut s'écouler entre la saisie et le jugement, le dit projet permet à tout créancier de venir en concours sur ces sommes avec le premier saisissant, en faisant à son tour une saisie-arrêt jusqu'au paiement, ou s'il y a lieu à distribution, jusqu'à la clôture de cette distribution (art. 500).

Une intervention dans l'instance engagée sur la saisie produirait le même résultat (Projet, art. 498).

2. — Le nouveau Code de procédure n'admet pas la *saisie foraine* telle qu'elle est consacrée par les Codes français et belge : il la fond, en quelque sorte, avec la *saisie conservatoire* du droit commercial, dont il lui donne le nom (V. Ordonnance provisoire du 26 mai 1894, tit. D. et Projet, deuxième partie, Liv. I, tit. III.).

En somme, cette saisie peut être faite sans sommation préalable, mais avec permission du président du Tribunal Supérieur ou du juge de paix, dans les limites de leur compétence (Nouv. Code, art. 14), par tout créancier habitant la Principauté, même pour une dette non échue, « lorsqu'il y a lieu de craindre la fuite du débiteur ou le détournement de ses effets ». L'autorisation de saisir peut être subordonnée à l'obligation pour le créancier de donner caution ou de justifier d'une solvabilité suffisante, à moins qu'elle ne soit demandée par un créancier privilégié sur les effets à saisir, ou par le porteur d'une lettre de change conformément à l'article 134 du Code de commerce. Elle doit être révoquée, si le débiteur fournit caution pour la valeur des effets saisis ou pour le montant de la dette.

3. — La *Saisie immobilière* est actuellement régie par une Ordonnance du 3 mars 1865, qui se borne à reproduire les textes du Code français sur la matière.

Le projet en inclut les dispositions dans le livre IV de la première partie (V. tit. VIII, art. 572 et suiv.) ; mais il les modifie sur quelques points de détail.

Il apporte aussi quelques changements d'ordre secondaire aux règles de la *saisie-exécution*.

Enfin il contient trois titres nouveaux, sur la *saisie-arrêt des titres nominatifs* (liv. IV, tit. III), sur la *saisie des fonds de commerce et du droit au bail* (liv. IV, tit. VI) et sur la *vente des valeurs mobilières* (liv. IV, tit. VII). Mais la *saisie des rentes* est soumise aux dispositions générales du titre des saisies-arrêts (liv. IV, tit. II, art. 487 et suiv.).

§ **XV. Exécution des jugements.**

1. *Jugements des tribunaux monégasques.*

La législation monégasque consacre en cette matière les mêmes principes que la législation belge. Il n'y a de différence entre elles qu'en ce qui concerne les objets insaisissables, lesquels, dans le droit actuel de la Principauté, se réduisent à ceux énoncés aux articles 592 et 593 du Code français de 1806 (C. monég. art. 253 et 254). C'est dire qu'aucune des restrictions apportées en Belgique au droit de poursuite des créanciers, par des lois spéciales et même par les articles 581 et 582 du Code de procédure civile, n'existe à Monaco.

Toutefois, en matière de saisies-arrêts pratiquées sur les salaires ou appointements des ouvriers ou employés au service des sociétés civiles ou commerciales, des marchands et autres particuliers, la jurisprudence limite ordinairement l'effet de la saisie à une quote-part des sommes dues au débiteur, le plus souvent au 1/5 de ces sommes.

Le projet du Code de procédure contient sur ce point des règles précises (art. 502 et suiv.).

II. *Jugements des tribunaux étrangers.*

1. — Les jugements et actes étrangers ne peuvent être mis à exécution dans la Principauté qu'après avoir été déclarés exécutoires par l'autorité compétente. Sous l'empire du Code de 1818 (art. 232), le pouvoir d'accorder *l'exequatur* était réservé au Prince. Une ordonnance, en date du 26 mai 1894, dont les dispositions seront incorporées dans le nouveau Code, l'a délégué au Tribunal Supérieur. Aux termes de cette ordonnance, le tribunal ne peut réviser la décision étrangère que dans le cas où pareil droit appartiendrait aux juges qui l'ont rendue à l'égard des sentences monégasques. En dehors de cette hypothèse, ils doivent se borner à examiner : 1° si le jugement étranger est régulier en la forme ; 2° s'il émane d'une juridiction compétente d'après la loi étrangère, sans qu'il y ait opposition avec la loi monégasque ; 3° si les parties ont été régulièrement citées et mises à même de se défendre ; 4° si le jugement est passé en force de chose jugée et s'il est exécutoire dans le pays où il est intervenu ; 5° s'il ne contient rien de contraire à l'ordre public.

Les demandes à fin d'exequatur sont introduites et jugées en la forme ordinaire.

Le demandeur est tenu de produire : 1° une expédition authentique du jugement ; 2° l'original de l'exploit de signification ou de tout autre acte qui en tiendrait lieu dans le pays où le jugement a été rendu ; 3° un certificat délivré, soit par le juge étranger, soit par le greffier du tribunal qui a statué, constatant que le jugement n'est ni frappé, ni susceptible d'être frappé d'opposition ou d'appel, et qu'il est exécutoire dans le pays où il est intervenu. Ces pièces doivent être légalisées par l'agent diplomatique ou consulaire de la Principauté, accrédité auprès de l'Etat étranger, ou à son défaut, par les autorités compétentes de cet Etat. Elles doivent, en outre, quand elles ne sont pas rédigées en français ou en italien, être accompagnées d'une traduction en langue française, faite par un traducteur assermenté ou officiel et dûment légalisée.

2. — Les règles ci-dessus sont applicables aux actes étrangers, en tant que leur nature le comporte.

3. — En ce qui concerne les décisions émanées des juridictions étrangères en matière pénale, et les sentences arbitrales rendues à l'étranger, la législation monégasque est absolument conforme à la législation belge, et nous n'avons qu'à nous référer aux explications données pour celle-ci. (V. p. 79, n°s 3 & 4).

§ XVI. Des Preuves.

Il n'existe en cette matière que deux différences entre la législation belge et la législation monégasque. Nous pouvons donc renvoyer pour tout ce qui la concerne à la notice belge (v. p. 79 et suiv.), sous la réserve des deux observations suivantes :

1° La disposition de l'article 1781 du Code Napoléon, subsiste dans le Code civil de la Principauté, où elle forme l'article 1619.

2° La transmission à Monaco des droits réels immobiliers, autres que le droit de propriété, peut être constatée, même à l'égard des tiers, par un acte sous seing privé dûment transcrit. L'acte authentique n'est exigé que pour établir le transfert de la propriété elle-même ; mais, à cet égard, il ne peut être remplacé par aucun autre mode de preuve, pour les immeubles d'une valeur supérieure à 150 frs. (C. civ. art. 1425). Ainsi, sur ce point, la loi monégasque se distingue tout à la fois de la loi belge et de la loi française.

§ XVII. Vices des Contrats.

Le Code civil monégasque reproduit intégralement en cette matière les règles consacrées par le Code franco-belge de 1804 (V. *Belgique*, p. 87 et suiv. ; *France*, même paragr.)

§ XVIII. Privilèges et hypothèques.

1. — Il résulte des articles 1929 et 1930 du Code civil que tous les créanciers ont des droits égaux sur les biens de leur débiteur, à moins qu'il n'existe entre eux des causes légitimes de préférence ; ces causes sont les privilèges et les hypothèques.

A. Des privilèges.

2. — Le privilège est un droit réel que la qualité de la créance donne au créancier, indépendamment de toute convention, (sauf pour celui qui dérive du contrat de gage), et qui est opposable même aux créanciers hypothécaires (art. 1932).

3. — Le Code monégasque, comme le Code français de 1804, distingue trois sortes de privilèges : *a)* des privilèges généraux

sur les meubles, qui, à défaut de mobilier, portent également sur la généralité des immeubles (art. 1938 et 1941) ; *b*) des privilèges spéciaux sur certains meubles ; *c*) des privilèges spéciaux sur certains immeubles.

a) *Privilèges généraux sur les meubles et les immeubles.*

4. — Les créances garanties par ces privilèges sont, d'après l'article 1988.

« 1° Les frais de justice, ainsi que les amendes et autres droits dus au Trésor du Prince en vertu des lois ».

2° Les frais funéraires.

3° Les frais de la dernière maladie, concuremment entre ceux à qui ils sont dus.

4° Les mois de nourrice dus par les parents ou par toute autre personne.

5° Les salaires des gens de service, pour l'année échue et ce qui est dû sur l'année courante.

6° Les fournitures des subsistances faites au débiteur et à sa famille, savoir : pendant les six derniers mois, par les marchands en détail, et pendant la dernière année, par les maîtres de pension et marchands en gros. »

L'article 1938 ajoute, par suite d'une inadvertance manifeste, « les créances résultant d'abus et prévarications commises par les fonctionnaires ou officiers publics dans l'exercice de leurs fonctions, sur les fonds de leur cautionnement et sur les intérêts qui en peuvent être dûs. » La limitation résultant du dernier membre de phrase dément elle-même le caractère de généralité attribué à ce privilège, qui doit être rangé dans la seconde catégorie.

Par contre, l'article 1938 est complété par l'article 520 du Code de commerce, qui met sur la même ligne que le salaire des gens de service, celui des ouvriers employés directement par le failli, pendant le mois qui aura précédé la déclaration de faillite, et celui des commis pour les six mois qui auront précédé ce même fait.

b) *Privilèges spéciaux sur certains meubles.*

5 — L'article 1939 du Code monégasque qui énumère ces

privilèges est textuellement copié sur l'article correspondant (2102) du Code français de 1804.

Toutefois il ajoute aux énonciations de ce dernier texte, « le privilège de second ordre du bailleur de fonds sur le cautionnement fourni, à l'aide de ses deniers, par les comptables ou officiers publics, pourvu que la déclaration de cette créance ait été faite à la caisse des dépôts et consignations », privilège établi et réglementé en France par des lois et décrets spéciaux.

D'autre part, il ne cite pas le privilège attaché par l'article 2102 § 7 du Code français aux créances résultant d'abus et prévarications commis par les officiers publics sur les fonds de leur cautionnement. Mais nous avons expliqué au n° précédent que ce privilège a été inséré par inadvertance dans l'article 1938 et que sa véritable place est ici, parmi les privilèges spéciaux.

Sous le bénéfice de ces observations, nous n'avons qu'à renvoyer pour cette matière à la notice consacrée au droit français.

c) *Privilèges spéciaux sur les immeubles.*

6. — Nous nous bornerons sur ce point encore à un renvoi aux indications données pour le droit français, l'article 1940 du Code monégasque étant la reproduction pure et simple de l'article 2103 du Code de 1804.

7. — Dans quel ordre s'exercent les privilèges ?

Lorsque les privilèges généraux concourent entre eux, l'article 1938 dispose qu'ils s'exercent dans l'ordre où il les énumère et que nous avons suivi ci-dessus (n° 4).

En vertu de l'article 1917 § 2, ces mêmes privilèges passent toujours sur les meubles et à défaut de mobilier, sur les immeubles, avant les privilèges spéciaux sur ces deux sortes de biens.

Pour le classement des privilèges spéciaux sur les meubles, les principes sont les mêmes qu'en droit français. Ainsi les sommes dues pour semences ou pour frais de la récolte de l'année sont payées par préférence au bailleur (art. 1919, 1°). Ainsi encore le privilège du vendeur d'effets mobiliers ne vient qu'après celui du propriétaire de la maison que ces objets garnissent, à moins que ce propriétaire n'ait vu qu'ils n'appartenaient pas au locataire (art. 1919, 4") ; et l'on admet par analogie qu'il est également primé avec la même restriction, par le privilège du créancier gagiste, de l'aubergiste ou du voiturier.

Quant aux privilèges sur les immeubles, la loi n'a pas déterminé leur ordre respectif, par la raison qu'il ne peut s'établir de conflit entre eux. Elle a seulement prévu le cas de plusieurs ventes successives dont le prix serait encore dû et décidé que le premier vendeur doit être préféré au second, le second au troisième et ainsi de suite (art. 1940).

8. — Comment se conservent les privilèges ?

En ce qui concerne les meubles, aucune mesure spéciale n'est nécessaire.

Toutefois les privilèges fondés sur un nantissement exprès ou tacite ne subsistent qu'autant que la chose sur laquelle ils portent demeure en la possession du créancier (art. 1912 en arg. analog.).

Relativement aux immeubles, les privilèges ne se conservent que par une transcription ou une inscription opérée dans un délai préfix sur les registres du conservateur des hypothèques. A défaut de cette formalité, destinée à les porter à la connaissance des tiers, ils ne sont plus opposables à ceux-ci, comme de simples hypothèques, qu'à dater du jour où ils sont régulièrement inscrits (art. 1943 à 1951).

B. Des hypothèques.

9. — Le Code monégasque a textuellement reproduit en cette matière les dispositions du Code de 1804. (v. § XVIII du droit français).

Ainsi il admet trois sortes d'hypothèques : l'hypothèque légale, l'hypothèque judiciaire et l'hypothèque conventionnelle.

10. — *L'hypothèque légale*, est attribuée 1° aux créances des femmes mariées sur les biens de leur mari ; 2° à celles des mineurs et interdits sur les biens de leur tuteur ; 3° à celles du

Prince et des établissements publics sur les biens des receveurs et administrateurs comptables. Toutefois à cette énumération, qui est celle du Code français (art. 2121), l'article 1959 du Code de Monaco ajoute « les créances du Trésor sur les biens du condamné, pour le recouvrement des frais de justice en matière criminelle, correctionnelle ou de police.

L'hypothèque légale porte sur tous les immeubles du débiteur. Elle constitue un *droit civil* au sens de l'article 11 C. civ. (v. *suprà*, § II) ; conséquemment elle ne peut être réclamée par les femmes mariées, les mineurs ou les interdits étrangers qu'autant qu'elle serait attribuée réciproquement aux sujets monégasques par la loi du pays auquel ces étrangers appartiennent.

11. — *L'hypothèque judiciaire*, qui est générale comme la précédente, résulte de tous les jugements, contradictoires ou par défaut, définitifs ou provisoires, emportant condamnation. Elle résulte aussi des jugements de reconnaissance ou de vérification d'écritures apposées à un acte d'obligation sous seing privé. Mais le créancier qui a obtenu un jugement de cette sorte avant l'exigibilité de la dette ne peut prendre inscription, sauf convention contraire, qu'à partir du moment où la dette est devenue exigible (art. 1961 §§ 1 à 3).

Les jugements rendus par des juges étrangers ne confèrent l'hypothèque judiciaire qu'autant qu'ils ont été déclarés exécutoires dans la Principauté de la manière indiquée au § XV *suprà*.

12. — L'hypothèque conventionnelle ne peut être établie que sur les immeubles spécialement déterminés (art. 1967), et pour une somme expressément déclarée (art. 1970).

Elle ne peut être consentie que par ceux qui ont la capacité d'aliéner les immeubles qu'ils y soumettent (art. 1962).

Elle ne peut être constituée que par un acte authentique (art. 1965), dressé par un notaire monégasque, s'il s'agit d'immeubles situés dans la Principauté. Les actes passés à l'étranger sont impuissants à la donner sur ces biens, à moins d'une ordonnance spéciale du Prince (art. 1966).

13. — L'hypothèque, de même que les privilèges spéciaux sur les immeubles, n'est en général efficace à l'égard des tiers acquéreurs et des créanciers, même simplement chirographaires du débiteur commun, que moyennant une inscription sur les registres du conservateur des hypothèques, renouvelable dans les dix ans (art. 1972, 1993). Exception est faite pour l'hypothèque légale des mineurs, des interdits et des femmes mariées, mais seulement en faveur des sujets monégasques : les étrangers admis à la jouissance de cette garantie (v. *suprà*, n° 10) ne pourraient en bénéficier sans une inscription prise en temps utile et dûment renouvelée (1972, § 2).

Il résulte de ce qui précède que le rang des **créances hypothécaires** entre elles est déterminé par la date des inscriptions, sauf pour les hypothèques légales précitées. Quant à celles-là leur point de départ est fixé par la loi elle-même, pour les créances des mineurs et des interdits, au jour de l'acceptation de la tutelle, et pour les créances des femmes mariées, à des époques qui varient suivant leur origine ou leur objet (art. 1973).

Note. De la transcription en général.

Les droits réels de privilège et d'hypothèque ne sont pas les seuls dont l'efficacité à l'égard des tiers soit subordonnée à une formalité destinée à les rendre publics. Toute transmission entre-vifs de propriété immobilière ou de droits réels immobiliers doit être transcrite sur les registres du conservateur des hypothèques, sous peine de ne pouvoir être opposée à ceux qui ont des droits sur l'immeuble et qui les ont conservés en se conformant aux lois.

Il en est de même de la constitution ou translation de certains droits personnels sur les immeubles, notamment des baux de plus de neuf ans et de la cession desdits (art. 1898, 1899, 1901).

Enfin la loi soumet à cette formalité, tout acte de renonciation à un droit réel immobilier constitué ou transmis entre-vifs (même art.) ; et elle exige que tout jugement prononçant, même pour partie, la résolution, nullité ou rescision d'un acte transcrit, soit mentionné en marge de la transcription opérée (art. 1901).

§ **XIX. Sources du droit.**

La principauté de Monaco est enclavée dans le département français des Alpes-Maritimes ; néanmoins elle est absolument indépendante à l'égard de la France, aussi bien qu'à l'égard de toute autre Puissance. Cette double constatation explique, d'une part, qu'elle ait une législation propre ; d'autre part que cette législation se rapproche notablement de la législation française, partant aussi, sur un grand nombre de points, de la législation belge.

« Les lois émanent du Prince » (C. civ. art. 1er), qui est investi de la souveraineté absolue, sans aucune restriction. « Elles sont exécutoires le lendemain de l'enregistrement que le Tribunal Supérieur est tenu d'en faire le jour même de leur réception » (ibid.).

1. — Le Code civil, promulgué en trois parties de 1881 à 1885, n'est autre que le Code français de 1804, avec quelques modifications, qui ont entraîné, il est bon de le rappeler, un changement complet dans le numérotage des articles, à partir de l'article 22.

La plupart des innovations introduites ont été indiquées ci-dessus. Toutefois, en dehors des matières traitées dans cette notice, il convient de signaler l'abolition de la contrainte par corps, qui ne subsiste plus qu'en matière criminelle, correctionnelle et de police en vertu des articles 419 à 435 du Code d'Instruction criminelle, pour l'exécution des arrêts ou jugements portant condamnation à des amendes, restitutions, dommages-intérêts et frais. Le titre XVI du livre III, consacré dans le Code français à cette voie d'exécution, a été attribué, dans le Code monégasque, à la transcription, pour laquelle il reproduit sauf quelques différences de détail, les dispositions de la loi française du 23 mars 1855 (V. *suprà* la note du § XVIII).

2. — Le Code de procédure civile, dont la date remontait au 12 janvier 1818, a été l'objet d'un travail de révision, qui en

modifiera considérablement les dispositions sur nombre de points. Le projet du code futur est aujourd'hui terminé. Mais, sans en attendre l'achèvement, le Prince a déjà sanctionné le livre préliminaire, comprenant la compétence, la conciliation et l'assistance judiciaire, et l'a déclaré exécutoire à partir du 15 juin dernier, ainsi que les livres I et II, consacrés à la procédure en justice de paix et devant le Tribunal Supérieur, entrés en vigueur le 1er janvier de la présente année (1895). De là les citations concomitantes du Nouveau Code et du Code de 1818 que l'on aura pu remarquer dans cette notice.

3. — Les autres codes, le Code de commerce (de 1877), le Code d'Instruction criminelle (de 1874) et le Code pénal (de 1874), sont, pour la plus grande partie, la copie pure et simple des Codes français correspondants.

4. — En dehors des codes précités, nous citerons, parmi les principales sources du droit monégasque : l'ordonnance sur l'ordre judiciaire, en date du 10 juin 1859, modifiée par une ordonnance du 22 mai 1891 ; l'ordonnance du 4 mars 1886, sur le notariat ; la loi du 19 avril 1818, sur l'enregistrement, qui consacre les principes établis en la matière par la loi française du 22 frimaire an VII, mais s'écarte notablement de celle-ci quant à la fixation des droits ; les ordonnances du 2 juillet 1866 et du 10 juin 1877 sur les tarifs ; celle du 6 juin 1867 sur la police générale ; celle du 27 février 1889 sur la protection des œuvres littéraires et artistiques.

Bibliographie : *De la condition juridique des étrangers dans la Principauté de Monaco*, dans le Journal du droit international privé de Clunet 1890, p. 54 et suiv., 236 et suiv., par H. de Rolland.

Nouveau Code de Procédure civile : *Exposé des motifs* par le même, 3 fascicules, Imprimerie de Monaco.

Le Journal du droit international privé *précité* publie chaque année depuis 1893 un *Bulletin de la jurisprudence monégasque*.

V. aussi *Revue pratique de droit international privé* de Vincent, années 1890 1891 et 1892.

MM. Surville et Arthuys (Cours élémentaire de droit international privé, 2e édit., 1895, chez Arthur Rousseau, Paris) et M. Weiss (traité théor. prat. de droit intern. privé, Larose édit., Paris) donnent d'assez nombreuses indications sur le droit monégasque.

M

Nous nous permettons d'attirer votre attention sur le **Dictionnaire pratique de Droit Comparé** dont nous commençons
aujourd'hui la publication.

Ce travail comble une lacune réelle dans la littérature juridique
et répond à des besoins de jour en jour plus impérieux.

Le développement intense des moyens de communication internationaux, et l'habitude des déplacements qui s'ensuivit, ont compliqué les relations juridiques de notre époque, et fait surgir devant les
tribunaux des localités les plus retirées, de fréquentes questions de
Droit International Privé et de Droit Comparé.

Les sources juridiques sont rares pour s'éclairer en ces occurrences, et manquent de l'autorité nécessaire pour la conscience du
magistrat. Car si l'on recourt au texte de la loi étrangère — combien
difficile à fixer avec assurance — il reste toujours douteux, si l'interprétation qu'on en veut faire est conforme à la réalité ; et si l'on se
réfère aux traités peu nombreux que des jurisconsultes distingués ont
composé sur l'un ou l'autre droit étranger, il reste un autre doute sur
la pratique et la jurisprudence réellement adoptées.

C'est dans cet esprit que les auteurs de notre **Dictionnaire
pratique de Droit Comparé** ont cherché à grouper un
certain nombre de consultations rédigées d'après les textes, la doctrine
et la jurisprudence combinées. Sachant combien il est difficile de bien
rendre le sens et l'esprit d'institutions juridiques au milieu desquelles
l'écrivain ne vit pas, ils ont voulu faire appel à un jurisconsulte
national pour chacune des législations qui seront retracées. Quelque
grands que soient les obstacles à la réalisation de cette méthode, les
auteurs sont décidés à ne s'en écarter dans aucun cas.

Le comité de rédaction, sous la direction de *M. Hector Lambrechts*,
avocat, docteur en droit (Belgique), se compose de MM. *Arsène
Laurent*, docteur en droit, professeur à la Faculté catholique de Paris
(France) ; *Eduardo Cabella*, avocat à Gênes (Italie) ; D*r* *Arthur*

Freund, avocat près la Cour à Vienne (Autriche) ; *Auguste Liger*, avocat à Luxembourg (Grand Duché) ; *John Mac Mahon*, avocat à Londres ; Chevalier *O. Q. van Swinderen*, juge au tribunal de 1re Instance à Groeningue (Pays Bas) ; *E. Richter*, Justizrath Coblenz, (Pr. Rhénane) ; *H. Koch*, Regierungs Assessor à Burgdorf (Hanovre) ; *E. R. Salem*, avocat à Salonique (Turquie) ; *Mario Piuheiro Chagao*, avocat à Lisbonne (Portugal) ; *Hector de Rolland*, conseiller d'État et juge au tribunal supérieur de Monaco (Principauté) ; *Dimitri Alexandresco*, professeur à la Faculté de droit de Jassy (Roumanie) ; *Etienne de Sobilewski*, avocat à Varsovie (Pologne Russe) ; *A. Hindenburg*, avocat près la Cour, à Copenhague (Danemark) ; *S. Daneff*, docteur en droit, à Sofia (Bulgarie) ; *V. Velicovics*, Secrétaire Général au Ministère des Finances, à Belgrade (Serbie) ; *Georges Callispérès*, professeur à l'université, à Athènes.

Le plan du **Dictionnaire pratique de Droit Comparé** est conçu de façon à faciliter également les études scientifiques de Droit Comparé, et les recherches des praticiens sur quelque point spécial d'une législation déterminée.

Chaque pays formera un chapitre à part sous la signature de son auteur ; autant que possible le brochage des livraisons sera fait de façon à isoler chaque chapitre, afin de permettre aux lecteurs d'opérer le groupement des pays d'après leurs convenances personnelles.

Chacun de ces chapitres est subdivisé en XIX sections, dont voici les titres :

I. Naissances (nationalité — état civil).

II. Régime des étrangers.

III. Capacité civile (Mineurs — absents — interdits — femmes mariées — mort civile).

IV. Corporations (personnes civiles).

V. Mariage.

VI. Divorce.

VII. Testament.

VIII. Succession *ab intestat*.

IX. Administration des successions.

X. Actions.

XI. Organisation judiciaire et compétence.

XII. Frais judiciaires et intérêts.

XIII. Appels et voies pour attaquer les jugements.

L'ordre étant invariablement le même à travers tout l'ouvrage, on conçoit qu'il sera aisé de se faire sur les questions de son choix, un tableau d'ensemble de l'état du droit de toutes les nations.

Ainsi notre Dictionnaire sera également utile aux Membres des Facultés de droit et aux Magistrats, aux Jurisconsultes et aux Avocats.

Il ne fait double emploi avec aucune des publications récentes, formant un complément nécessaire à la collection française des codes étrangers ; il ne comprendra que des articles originaux et inédits.

La publication se fera en livraisons brochées de 112 pages, texte spécimen ci-contre, au prix de frs 3,50 l'une ; une grande concision étant la caractéristique de tous les travaux préparés, nous ne prévoyons pas qu'on atteindra le nombre de 20 livraisons.

Le **Dictionnaire pratique de Droit Comparé** que nous présentons en ce moment concerne uniquement les législations européennes. Mais nous croyons savoir qu'un travail identique est en préparation pour les législations américaines et coloniales, sur le plan du travail actuel, et dans le but d'en augmenter la valeur scientifique.

Les Editeurs :
CHEVALIER-MARESCQ à Paris.
Vᵉ FERD LARCIER à Bruxelles.
BELINFANTE ff. à La Haye.

PAYS-BAS

I. Naissance.

Afin de bien saisir les dispositions légales concernant la naissance et d'en pouvoir traiter dans un ordre régulier, il est nécessaire de commencer par celles qui portent un caractère international.

La loi du 12 Décembre 1892 (Bulletin des lois, N° 268) réglant l'état du Néerlandais et du domicilié, entrée en vigueur le 1er Juillet 1893, est de la teneur suivante :

ARTICLE 1.

Sont Néerlandais par naissance :

a) L'enfant légitime, légitimé ou naturel reconnu par le père, dont le père possède au moment de la naissance l'état de Néerlandais ;

b) L'enfant légitime d'un Néerlandais, décédé dans les trois cents jours avant la naissance de l'enfant ;

c) L'enfant naturel reconnu seulement par la mère, si cette mère possède au moment de la naissance l'état de Néerlandais ;

d) L'enfant naturel reconnu ni par le père, ni par la mère, né dans le Royaume.

ARTICLE 2.

Sont aussi Néerlandais :

a) L'enfant, dont le père ou la mère selon les distinctions établies dans l'art. 1, étant domicilié dans le Royaume, serait né lui-même d'une mère habitant le Royaume, à moins qu'il ne soit démontré que l'enfant appartient comme étranger à un autre pays ;

JHR O. Q. VAN SWINDEREN
Juge, Groningen.

ROUMANIE

II. Du régime des Étrangers.

I. — Les principes qui forment la base du régime applicable aux étrangers, en Roumanie, ont été, en dernier lieu, arrêtés et inscrits dans la Constitution du pays, lors de sa dernière révision en 1879. A partir de cette époque, les dispositions concernant les étrangers qui se trouvent dans le code civil (1866) ne sont applicables qu'autant qu'elles ne contreviennent pas à la lettre et à l'esprit de la Constitution.

II. — Pour mieux saisir la portée de ces dernières réformes, il est indispensable, sans entrer dans les détails d'une législation qui n'a plus d'existence, d'en rappeler au moins les traits généraux.

Jadis les étrangers n'étaient pas tous soumis au même régime. Les anciennes lois établissaient parmi eux des différences suivant la religion. Les étrangers professant le culte orthodoxe d'Orient, qui est aussi le culte dominant du pays, avaient la jouissance et l'exercice de tous les droits civils, sans restriction aucune ; tandis que les étrangers appartenant aux autres cultes chrétiens, et à plus forte raison ceux qui ne professaient pas la religion chrétienne, n'exerçaient les droits civils que dans certaines limites ; ils étaient notamment incapables d'acquérir par achat des immeubles ruraux, ainsi que d'obtenir jamais la naturalisation.

En dehors des étrangers proprement dits, la législation du pays a fait de tous temps une classe à part, des individus assez nombreux en Roumanie, qui étrangers d'origine et de religion, ne relèvent pourtant d'aucune puissance étrangère. Ceux-ci, suivant qu'ils professaient ou non un culte chrétien, avaient l'exercice des droits civils avec plus ou moins de restrictions.

DEMETRIE ALEXANDRESCO
Prof. Faculté de Jassy.

ITALIE

X. Actions.

Les actions se distinguent en *pénales* et *civiles*.

1" L'action *pénale* est essentiellement publique.

Elle n'appartient qu'aux fonctionnaires auxquels elle est confiée par la loi ; c'est-à-dire, aux officiers du Ministère Public auprès des Cours d'Appel et d'Assise, des Tribunaux et des Juges de paix. (*Pretori*).

Elle est exercée d'office, excepté les cas où la loi ne permet qu'elle soit poursuivie que moyennant *l'autorisation* ou la *plainte* de la personne offensée. (Code de Procédure Criminelle. Art. 2)

Ces cas sont les suivants : — Offense, par paroles ou gestes, contre la personne du Roi, ou contre les membres de la Famille royale : — offense envers un Corps judiciaire, politique ou administratif : — offense envers les Chefs des Etats étrangers ou au drapeau des mêmes Etats : — violation de domicile commise par un particulier : — exercice arbitraire de ses propres raisons : — Attentats aux mœurs, lorsqu'ils ne sont pas commis en lieu public. — Adultère. — Enlèvement d'une femme. — Diffamation. — Injures. — Abus de confiance (appropriatione indebite), etc.

Tous ceux qui ont souffert du dommage causé par un crime peuvent exercer l'action civile en réparation de ce dommage contre *les auteurs immédiats, les agents principaux* et *les complices* du crime. — Contre les personnes civilement responsables — et contre leurs héritiers (Art. 1 et 3 Cod. Proc. Crim.) Cette action peut être poursuivie en même temps et devant les mêmes juges que l'action pénale. — Elle peut aussi être exercée

EDUARDO CABELLA
Avocat à Gênes.

ANGLETERRE

XVI. Des preuves.

Suivant la division adoptée par Sir James Stephen, nous ramenons ce qui concerne les preuves aux trois questions suivantes :

1. Quels faits peuvent êtres prouvés et de quels faits la preuve est interdite ?

2. Quels modes de preuves sont admissibles pour établir ces faits dont la preuve est reçue ?

3. Qui est tenu à faire la preuve et de quelle manière ?

§ I.

On peut prouver toute question de fait soulevée dans une procédure quelconque, ainsi que tout fait relevant dans la cause.

Mais dans les accusations de *Conspiracy* (conjuration) tout acte ou toute parole émanée de l'un des conjurés tendant à l'accomplissement du but poursuivi en commun par eux, forme preuve valable contre les autres conjurés.

Toutes les fois que le debat roule sur un fait, seront recevables les preuves tendant à établir le motif de l'acte ou la conduite tenue en conséquence de cet acte.

Lorsque la preuve d'un fait sera recevable ou recevra également la preuve de déclarations soit adressées à l'auteur de cet acte, soit émanées de lui, si ces déclarations sont nécessaires à l'interprétation de l'acte en question. — S'il s'agit de la conduite d'une personne, on pourra apporter la preuve de déclarations faites par elle ou en sa présence, si ces déclarations ont eu vraisemblablement de l'influence sur cette conduite.

On peut aussi prouver des faits nécessaires pour expliquer

J. Mc Mahon
Avocat à Londres.

DICTIONNAIRE PRATIQUE

DE

DROIT COMPARÉ

PREMIÈRE PARTIE

LÉGISLATIONS EUROPÉENNES

PAR

Hector Lambrechts,

DOCTEUR EN DROIT, ATTACHÉ AU MINISTÈRE DE L'INDUSTRIE ET DU TRAVAIL DE BELGIQUE

avec le concours de MM.

Dimitri Alexandresco, Ancien Secrétaire Général au Ministère de la Justice, professeur à la Faculté de droit de Jassy (Roumanie).
Arsène Laurent, docteur en droit, professeur à la Faculté catholique de Paris (France)

Chevalier **O. Q. van Swinderen**, docteur en droit, juge au tribunal de 1ʳᵉ Instance à Groningue (Pays-Bas).
Hector de Rolland, docteur en droit, avocat général près le Tribunal Supérieur de Monaco (Principauté).

(Voir suite au verso.)

PARIS

CHEVALIER-MARESCQ & Cⁱᵉ, ÉDITEURS

RUE SOUFFLOT, 20

BRUXELLES   LA HAYE

Vᵉ Ferd. LARCIER, Éditeur   BELINFANTE FRÈRES, Éditeurs

RUE DES MINIMES   WAGENSTRAAT

BERLIN

PUTTKAMMER & MUHLBRECHT

64, UNTER DEN LINDEN

Edoardo Cabella, avocat à Gênes (Italie).

Dr **Arthur Freund,** avocat près la Cour d'appel à Vienne (Autriche).

Auguste Liger, avocat à Luxembourg (Grand Duché).

John Mac Mahon, avocat à Londres.

E. Richter, Justizrath Coblenz, (Pr. Rhénane).

Dr **H. Koch,** Regierungs Assessor à Posen (Prusse).

E. R. Salem, avocat à Salonique (Turquie).

Mario Pinheiro Chagao, avocat à Lisbonne (Portugal).

Etienne de Sobilewski, avocat à Varsovie (Pologne Russe).

A. Hindenburg, avocat près la Cour Suprême à Copenhague (Danemark).

S. Daneff, docteur en droit, à Sofia (Bulgarie).

V. Velicovics, Secrétaire Général au Ministère des Finances à Belgrade (Serbie).

Georges Callispérés, professeur à l'université, à Athènes (Grèce).

Louvain. — Typ. J.-B. Istas.

DICTIONNAIRE PRATIQUE

DE

DROIT COMPARÉ

PREMIÈRE PARTIE

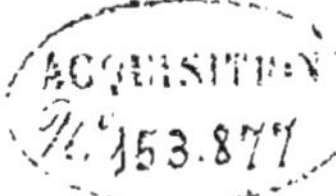

LÉGISLATIONS EUROPÉENNES

PAR

Hector Lambrechts,

DOCTEUR EN DROIT, ATTACHÉ AU MINISTÈRE DE L'INDUSTRIE ET DU TRAVAIL DE BELGIQUE

avec le concours de MM.

Dimitri Alexandresco, Ancien Secrétaire Général au Ministère de la Justice, professeur à la Faculté de droit de Jassy (Roumanie).

Arsène Laurent, docteur en droit, professeur à la Faculté catholique de Paris (France).

Chevalier **O. Q. van Swinderen,** docteur en droit, juge au tribunal de 1re Instance à Groningue (Pays-Bas).

Hector de Rolland, docteur en droit, avocat général près le Tribunal Supérieur de Monaco (Principauté).

(Voir suite au verso.)

PARIS

CHEVALIER-MARESCQ & Cie, ÉDITEURS

RUE SOUFFLOT, 20

BRUXELLES

Ve Ferd. LARCIER, Éditeur

RUE DES MINIMES

LA HAYE

BELINFANTE FRÈRES, Éditeurs

WAGENSTRAAT

BERLIN

PUTTKAMMER & MUHLBRECHT

64, UNTER DEN LINDEN

Edoardo Cabella, avocat à Gênes (Italie).

Dr **Arthur Freund,** avocat près la Cour d'appel à Vienne (Autriche).

Auguste Liger, avocat à Luxembourg (Grand Duché).

John Mac Mahon, avocat à Londres.

E. Richter, Justizrath Coblenz, (Pr. Rhénane).

Dr **H. Koch,** Regierungs Assessor à Posen (Prusse).

E. R. Salem, avocat à Salonique (Turquie).

Mario Pinheiro Chagao, avocat à Lisbonne (Portugal).

Etienne de Sobilewski, avocat à Varsovie (Pologne Russe).

A. Hindenburg, avocat près la Cour Suprême à Copenhague (Danemark).

S. Daneff, docteur en droit, à Sofia (Bulgarie).

V. Velicovics, Secrétaire Général au Ministère des Finances à Belgrade (Serbie).

Georges Callispérès, professeur à l'université, à Athènes (Grèce).

Louvain. — Typ. J.-B. Istas.

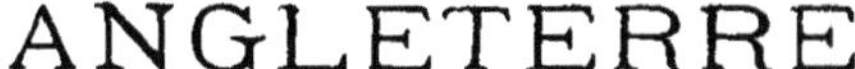

ANGLETERRE

I. Naissances.

L'enfant né en légitime mariage est légitime (Hyde v. Hyde
L. R. 1 P. et D. 130). Le mari de la mère en est le père.
Cette présomption légale s'étend à tous les enfants nés pendant
le mariage, à moins que le prononcé d'un divorce ou l'évidence
des faits ne prouve qu'il n'y a pas eu de relations sexuelles,
(Hawes v. Draeger 23ch. D. 173) et à tous ceux qui sont nés dans
un temps suffisamment rapproché de la dissolution du mariage.
La loi ne fixe pas cette durée, et il appartient dans chaque cas
au jury d'en décider, après avoir entendu le rapport d'experts.

L'enfant dont le père est domicilié en Angleterre, et qui est
né avant le mariage de ses père et mère ne peut être légitimé
que par une loi (*Act of Parliament*).

L'enfant dont le père a son domicile en Ecosse peut être
légitimé par le mariage subséquent de ses parents. Il est à
remarquer toutefois qu'il ne sera jamais héritier (*heir*) pour les
biens immobiliers situés en Angleterre, où il faut réunir la
double condition de légitimité et de naissance en mariage
légitime, mais il pourra succéder aux biens meubles.

L'enfant de parents étrangers qui résident en Angleterre,
pourra de même être légitimé par le mariage subséquent de
ses père et mère, si la loi du pays où le père a son domicile,
admet pareille légitimation ; en cas de décès desdits parents ab
intestat, il succédera aux biens mobiliers.

En règle générale la capacité de légitimer par mariage subséquent dépend de la loi du domicile du père, le domicile de la
mère étant toujours inopérant. Ainsi si le père a son domicile
légal en Belgique, la mère en Angleterre, ce ne sera pas cette
dernière loi qui fixera le droit de légitimer.

Il est donc important de fixer dès maintenant les règles du domicile.

Du Domicile.

Le domicile en droit anglais est l'endroit du pays où une personne est censée avoir, en vertu de la loi, sa demeure permanente.

I. Le domicile de l'enfant légitime ou légitimé est celui de son père pendant la vie de celui-ci (Forbes v. Forbes 23 L. J. Ch. 724. — Sharpe v. Crispin L. R. 1. P. et D. 611). Ainsi si le domicile légal du père est en Belgique, l'enfant même né en Angleterre, aura son domicile en Belgique.

II. Le domicile de l'enfant naturel, comme celui de l'enfant légitime dont le père est mort, est celui de sa mère, tant qu'elle vit (Potinger v. Wightman 3 Mer).

III. Le domicile de l'enfant légitime dont les père et mère sont morts, de l'enfant naturel dont la mère est présumée ne plus exister, est celui de son tuteur (*guardian*).

IV. Lorsqu'il n'y a plus aucune des personnes ci-dessus désignées dont l'existence ferait modifier le domicile de l'enfant, celui-ci gardera le dernier domicile qu'il avait acquis.

V. Le domicile d'un enfant n'est pas modifié par le mariage subséquent de sa mère, bien que cette circonstance fasse perdre à la femme son domicile pour lui donner celui de son mari.

VI. En Angleterre la permanence d'une demeure n'est qu'une présomption tendant à prouver l'intention d'un homme d'acquérir en cet endroit un nouveau domicile ; même le fait de résider depuis 10 ans en Angleterre ne serait qu'une présomption, grave il est vrai, de son intention d'y fixer son domicile (Cockrell v. Cockrell 25 L. J. Ch. 730).

VII. Les enfants trouvés (enfants dont les parents sont inconnus) auront leur domicile à l'endroit où ils sont trouvés.

Des enfants naturels.

La mère d'un enfant naturel, ou si elle se marie, le mari de cette mère, doit entretenir l'enfant jusqu'à l'âge de 16 ans si c'est un garçon, jusqu'à son mariage si c'est une fille. Si elle est dans l'impossibilité de pourvoir à cet entretien, la mère pourra soit avant la naissance, soit en déans les 12 mois qui suivent, déclarer nominativement au *justice of peace* quel est celui qu'elle prétend en être le père.

Les parties seront alors citées à comparaître devant les *petty sessions*, et les juges pourront, si les déclarations de la femme leur paraissent conformes à la vérité, condamner l'homme à payer une pension alimentaire hebdomadaire pour l'entretien et l'éducation de l'enfant. (Bastardy Laws Amendement Act 35 et 36 Vic. c. 65. — Id. 36 et 37 Vic. c. 9).

L'enfant naturel est *nullius filius* et en conséquence ne peut acquérir des biens *jure sanguinis.*

Déclaration des naissances.

Chaque paroisse est divisée en *registrations districts* ayant chacune un *registrar* (fonctionnaire territorialement compétent pour acter les naissances).

Toute naissance devra être déclarée au *Registrar* local en déans les 42 jours. Cette obligation est imposée conjointement au père et à la mère, et à leur défaut dans l'ordre suivant : 1°) au (principal) occupant de la maison où l'enfant est né, s'il en a eu connaissance ; 2° à toutes les personnes qui ont assisté à l'accouchement ; 3° à la personne qui a la garde de l'enfant.

Après l'expiration de 3 mois, la naissance ne peut plus être déclarée que devant le *Registrar* assisté d'un *Superintendant Registrar*, et moyennant l'affirmation solennelle de l'existence des circonstances légales qui rendent pareille déclaration acceptable.

Après l'expiration de 12 mois, la naissance ne peut plus être déclarée qu'en vertu d'une autorisation écrite du *Registrar General*, dont il sera fait mention dans l'acte.

Les droits dont la déclaration est passible varient de 1 sh. à 5 sh., selon le temps qui s'est écoulé entre la naissance et la déclaration.

L'acte de naissance mentionnera : la date de la naissance, les noms et sexe de l'enfant, les noms et prénoms du père, les noms et prénoms (de jeune fille) de la mère, la profession ou qualité du père ; il portera encore la signature du déclarant, sa résidence, la date de la déclaration, la signature du Registrar ; les prénoms donnés au Baptême peuvent être ajoutés postérieurement à la déclaration de naissance (6 et 7 Will. IV c. 86).

Les actes de naissance rédigés par les capitaines au cours des voyages en mer mentionneront la date de la naissance, les noms et sexe de l'enfant ; les noms, prénoms, qualité ou profession, nationalité et dernière résidence du père, les noms (prénoms) de naissance de la mère (37 et 38 Vic. c. 88).

II. Étrangers.

Les enfants nés d'un père étranger sur sol anglais sont, en principe, sujets anglais et en ont tous les droits.

Le principe des statuts est ainsi résumé par Lord Westbury (Udny vs. Udny 1 Sc. a. 457) : « Les lois anglaises, comme « celles de la plupart des pays civilisés, donnent à tout homme « en naissant un double état, distinct en droit. En vertu de « l'un il devient sujet d'un pays déterminé, et comme consé- « quence, il est tenu envers lui par le lien de la soumission « naturelle (tel est le cas pour le fils d'un étranger qui nait en « Angleterre) ; en vertu de l'autre il devient citoyen d'un « endroit déterminé. Ces deux états peuvent être très diffé- « remment régis, car, en vertu de ce second état, il est gou- « verné par les lois de son domicile, lesquelles détermineront « la majorité et la minorité, le mariage et le divorce, le droit « successoral testamentaire et ab intestat. »

Ce principe s'écarte de la doctrine courante du continent, tendant à rattacher le statut personnel à la seule nationalité, et à effacer ainsi la distinction entre le domicile et la nationalité quant à ses effets sur le statut personnel.

Le statut ou ensemble des droits des étrangers, est régi par le *Naturalisation Act. 1870* (33 et 34 Vic. c. 14).

En vertu de l'art. 1 de cette loi, l'étranger est entièrement assimilé au sujet britannique pour tous les droits de propriété et de possession de tous biens meubles et immeubles, avec pleine capacité pour les acquérir et les aliéner. Les droits de n'importe quelle nature dérivés d'un étranger constituent un titre parfaitement régulier.

A ce principe général il faut faire les restrictions suivantes :
1° L'étranger ne peut se réclamer d'aucune franchise municipale, parlementaire ou autre.

2° L'étranger ne jouira pas davantage des droits ou privilèges de pur droit civil britannique, en dehors des droits afférents à la propriété qui sont concédés ci-dessus.

3° L'effet de la présente loi n'est pas rétroactif, et les droits acquis resteront.

L'art. 2 dit que l'étranger ne peut être propriétaire d'un vaisseau anglais.

Art. 3. L'étranger qui a été naturalisé anglais peut recouvrer sa condition primitive, si cela est conforme aux traités avenus entre la Couronne et le pays dont il est originaire.

Dans ce cas, il fera une déclaration d'option pour l'extranéité devant un *Justice of the Peace*, s'il se trouve en Angleterre ; devant un *Justice of the Peace* ou un juge, s'il se trouve dans quelque autre possession britannique ; devant un consul anglais, s'il se trouve à l'étranger.

4. Toute personne qui a acquis par sa naissance, la qualité de sujet britannique, mais qui en même temps et selon les lois étrangères se trouve être sujet d'un autre pays, pourra à l'époque de sa majorité faire une option d'extranéité dans les mêmes formes que dessus.

5. L'étranger sera soumis à la juridiction du jury comme le sujet né britannique.

6. Le sujet britannique perdra sa nationalité par le fait de sa naturalisation en pays étranger.

7. La naturalisation anglaise pourra être accordée à l'étranger qui a résidé pendant 5 ans dans le Royaume Uni, ou qui a été au service de l'Etat pendant cette même période ; pourvu qu'il

ait l'intention, après sa naturalisation, de résider en Angleterre ou d'y servir l'Etat.

Il n'y a aucun recours contre la décision du *Secretary of State* refusant ou accordant un certificat de naturalisation.

8. L'étranger naturalisé jouit de tous les droits civils et politiques accordés au sujet britannique, et est soumis aux mêmes obligations. Mais s'il retourne dans son ancienne patrie, il serait considéré comme un sujet de ce pays, à moins qu'il n'en ait formellement perdu la nationalité en vertu des lois de ce pays ou des traités avec la Grande Bretagne.

9. Un sujet né britannique qui aurait perdu la nationalité anglaise, peut la recouvrer de la manière et aux conditions fixées au § 7 et 8.

10. La femme en se mariant suit la nationalité de son mari.

La veuve, anglaise par la naissance, qui à la suite de son mariage avait perdu sa nationalité, peut la recouvrer dans les formes prescrites à l'art 7.

11. La naturalisation étrangère conférée au père sujet britannique ou à la mère veuve née anglaise, rend étrangers leurs enfants mineurs, qui passent avec eux leur enfance dans leur nouvelle patrie, et que les lois de ce pays considèrent comme ayant bénéficié en même temps de la naturalisation.

12. Lorsque le père ou la mère veuve recouvrent la qualité de sujet anglais en vertu de l'art. 9, tous leurs enfants qui dans leur minorité ont résidé en Angleterre, sont considérés comme sujets britanniques.

13. Lorsque le père ou la mère veuve obtiennent la naturalisation en Angleterre, tous leurs enfants qui pendant leur minorité sont devenus résidents avec leur père ou mère dans le Royaume Uni, bénéficieront de la même naturalisation.

En vertu de la loi 33 et 34 Vic. c. 77 sect. 8, les étrangers domiciliés en Angleterre ou dans le pays de Galles depuis dix ans, peuvent faire partie du Jury, dans les mêmes conditions que les sujets nés britanniques.

III. Capacité civile.

Par capacité civile nous comprenons le pouvoir de faire usage de tous les droits attribués à l'individu par la loi civile. Le droit civil considère l'homme comme un citoyen tenu à l'égard de ses proches, par des devoirs généraux, consignés en Angleterre dans la *Common law* (Coutume) représentée par une tradition universelle et le long usage, et également dans certaines lois. La force légale de la Coutume est déterminée par les juges, qui sont les dépositaires de la loi.

Certaines personnes sont exclues de l'exercice complet de leurs droits et nous passerons en revue les principales.

1. Le défaut de l'âge légal est une incapacité en ce qui concerne le mariage. Nous avons traité de ce point ailleurs.

2. Les mineurs (*infants*) de 21 ans ne peuvent :

a) faire aucune aliénation de biens, ni aucun achat qui les constitue débiteurs personnellement ;

b) siéger comme jurés ;

c) siéger comme membres du Parlement ;

d) faire leur testament. Exception étant faite en ce point en faveur des soldats et des marins en service actif.

Mais tandis qu'il est complètement incapable quand il agit pour lui-même, le mineur ne l'est pas quand il agit pour un autre, et il pourra ainsi faire un contrat valable obligeant son mandant (Prestarck v. Mashall 7 Burg. 565). On applique ici la maxime *qui facit per alium facit per se* ; cela s'applique non seulement au mineur, mais à tous les autres incapables, aux femmes mariées, aux étrangers, à ceux qui sont morts civilement.

A cette incapacité il y a certains tempéraments ; l'homme âgé de 20 ans et la fille agée de 17 ans pourront faire, avec la sanction du tribunal, des conventions en vue d'un mariage projeté (18 et 19 Vic. c. 43).

Un mineur peut faire un contrat valide pour se procurer les

choses indispensables à l'existence *(necessaries)* selon sa condition et sa fortune. Il serait également constitué débiteur pour des fournitures semblables faites à sa femme ou à ses enfants légitimes.

Mais le mineur ne devrait pas payer des lettres de change même si l'acception portait la mention que la dette est due pour fournitures indispensables *(necessaries)*.

Si le mineur doit assigner, il le fera par son *prochain ami* (1) ; s'il est cité en justice, il défendra par un tuteur spécial *(guàrdian ad litem)*.

Et de même les tribunaux prononceront la validité d'un contrat passé par un mineur, si ce contrat lui est avantageux.

En vertu de la loi 37 et 38 Vic. c. 62, « aucune action ne pourra être intentée basée sur la promesse faite par un majeur de payer certaine dette contractée par lui durant sa minorité, ni basée sur la ratification par un majeur de certain contrat ou promesse faite par lui en minorité, sans qu'il y ait lieu d'examiner s'il y a ou non des motifs pour pareille promesse ou ratification après la majorité. » Par conséquent un mineur ne pourra être déclaré en faillite, quand même il serait établi commerçant.

Mais tout mineur peut être responsable des obligations nées de ses délits ou quasi délits, indépendemment de toute convention.

3. Depuis la loi désignée ordinairement sous le nom de *Married Women's Property Act* (1882), toute incapacité de la femme mariée a été écartée et elle peut contracter comme si elle était célibataire.

4. La mort civile a lieu lorsqu'un homme est *outlawed* (mis hors la loi) dans les sentences pour trahison ou félonie : l'effet de ces condamnations est de lui faire perdre tous ses droits civils et leur exercice, et de le faire considérer comme mort aux yeux de la loi.

Bien qu'en pratique la mise hors la loi soit tombée en désué-

---

(1) Terme dont se sert l'ancien droit anglais.

tude, néanmoins elle n'a pas été abolie formellement dans les matières criminelles, et en conséquence, aux yeux de la loi, les biens de pareil condamné seraient encore confisqués par la Couronne.

La mise hors la loi par l'effet de procès civils a été abolie par la loi 42 et 43 Vic. c. 59 sect. 3.

En vertu de la loi 33 et 34 Vic. c. 23 la poursuite pour trahison ou félonie suivie d'une condamnation à mort, de servitude pénale, ou d'un emprisonnement avec travail forcé excédant la durée de 12 mois, constituera une incapacité définitive pour tout emploi public, ou dans l'armée, la marine ou l'administration civile, pour tout emploi dans une Université ; elle constituera encore une cause de déchéance de toute pension à laquelle l'accusé aurait pu avoir droit.

Pareil condamné est de même déchu du droit de vote et d'éligibilité au Parlement.

Il ne serait relevé de ces incapacités que si en déans les 2 mois de la condamnation, il obtenait un Acte de Grâce complet.

Pendant sa détention, tout *convict* est incapable de contracter ou d'ester en justice ; il lui sera nommé au besoin un administrateur, investi de tous ses droits et actions, dans les limites prévues par la loi précitée.

Diverses autres incapacités spéciales sont créées par la loi 46 et 47 Vic. c. 51.

5. La transmission de biens faite par une personne atteinte de maladie mentale (*lunatic*) est nulle, à moins qu'elle n'ait été faite pendant un intervalle lucide.

Aucun contrat valable ne peut être fait par une personne qui n'est pas en possession de sa pleine raison tant qu'elle est dans cet état (ce qui comprend l'ivresse).

Le mariage d'une personne atteinte de maladie mentale est nul, s'il n'a été célébré pendant un intervalle lucide.

IV. Personnes civiles.

La personne civile *(corporation)* est une fiction, qui ne pose d'actes juridiques qu'au moyen d'un mandataire *(agent)*.

Les personnes civiles tirent leur existence 1° d'une charte concédée par la Couronne ; 2° d'une loi.

On peut distinguer les personnes civiles en *corporations* religieuses, charitables, municipales, commerciales.

La capacité des corporations religieuses *(ecclesiastical)* est déterminée par les lois suivantes : 5 et 6 Vic. c. 108 — 14 et 15 Vic. c. 404 — 21 et 22 Vic. c. 57 — 28 et 29 Vic. c. 57.

La capacité des corporations charitables est fixée par les *Charitable Trusts Acts* des années 1853 et 1855.

Tout ce qui concerne les corporations municipales est contenu dans les lois 45 et 46 Vic. c. 50 — 46 et 47 Vic. c. 18 — 38 et 39 Vic. c. 55.

Quant à la capacité des corporations commerciales, il faut dans chaque cas se rapporter à la charte ou à la loi qui les crée.

*
* *

Des formes des engagements d'après la Common Law.

La convention pour être valable doit être relatée dans un écrit revêtu du sceau de la corporation, sauf pour les affaires de minime importance, pour les affaires journalières ou en cas de nécessité pressante.

L'exception la plus importante à cette règle est celle admise en faveur des corporations commerciales. Ces corporations feront une convention valable sans l'écrit revêtu du sceau corporatif, pour tout objet qui se rattache directement au but de leur institution. (Voir l'espèce *South of Ireland colliery Co v. Waddle, L. R. 3 C. P. 463).*

Si une corporation a passé une convention bilatérale non revêtue du sceau corporatif, cette convention liera néanmoins la corporation si le co-contractant a commencé à l'exécuter pour ce qui le concerne. Si des marchandises ont été fournies à une corporation et acceptées par elle, la convention faite, même non revêtue du sceau corporatif, liera la corporation, pourvu que les fournitures fussent nécessaires dans l'ordre des opérations pour lesquelles la corporation est créée (Nicholson v. Bradfield Union, L. R. I A. B. 620).

Une corporation commerciale étrangère qui fait des affaires en Angleterre, sera valablement assignée à son siège anglais. (Newly v. Van Oppen, L. R. 7. Q. B. 293. — Haggin v. Comptoir d'Escompte 37 W. R. 703). Elle sera valablement assignée en Angleterre sous sa firme corporative. (National Bank of St Charles v. de Bernadis R. et M. 190).

*
* *

Des formes des engagements d'après la loi écrite (Statute).

L'exception admise en faveur des corporations commerciales ne s'applique pas lorsque la loi générale, ou une loi particulière à la corporation, lui imposent la rédaction d'écrits sous le sceau corporatif pour la validité des contrats.

La loi *Public Health Act* 1875, en ce qui concerne les corporations municipales, établit que tout contrat d'une valeur excédant £ 50 sera fait par écrit sous le sceau corporatif. Ces formes ne sont pas requises lorsque la valeur est moindre que £ 50 et que le contrat est d'utilité incontestable ou fréquent. (Young v. Mayor of Leamington, 8 A. C. 517. — Hunt v. Wimbleton Local Board, 4 C. P. D.)

V. Mariage.

1. *Des conditions requises dans les parties contractantes.* — Un mariage est valide lorsque les deux parties contractantes, l'homme et la femme, non parents au degré prohibé, sains

d'esprit, non mariés ni impuissants, ayant l'âge requis, accomplissent personnellement et de leur libre volonté, les formalités requises pour la célébration du mariage.

La violence physique exercée sur l'une des parties sera une cause d'annulation du mariage.

La violence morale (*menaces*) doit être telle qu'elle a raisonnablement pu influencer l'esprit du contractant (Scott. vs. Selright 12 P. et D. 21).

L'érreur sur la situation pécuniaire ou les qualités (*virtue*) ne sera pas une cause d'annulation, même si elle était occasionnée par la dissimulation de l'autre partie. Si le mari découvre après le mariage que sa femme est enceinte, il n'aura pas d'action en divorce si les rapports remontent à une date antérieure au mariage.

Mais l'erreur sur l'identité même de l'individu rendra le mariage nul, car il n'y a pas eu de consentement.

L'aliénation mentale existante au moment du mariage rend nulle la célébration (51 Geo. III c. 37).

L'âge requis pour le mariage est 14 ans pour les garçons, 12 ans pour les filles.

Les mineurs de 21 ans ont besoin du consentement de leur père et s'il est mort, de leur mère ou de leur tuteur. Si le mariage se fait dans la forme dite mariage par bans, le consentement est présumé si le père ou le tuteur ne font pas publiquement défense de procéder aux publications des bans (Diddear vs. Francis. 3 Phillim. 580).

Mais cette présomption n'a pas lieu pour les mineurs qui sont en tutelle de Chancellerie (*Chancery Wards*).

Le mariage qui serait contracté malgré pareille opposition publique serait radicalement nul.

Si le mariage se fait dans la forme dite mariage par licence (voir plus bas) si, par ex. la licence est surprise par une fausse affirmation soit de la majorité, soit de l'existence du consentement, il sera néanmoins valable sans ce consentement.

Les enfants naturels n'ont besoin d'aucun consentement pour contracter mariage.

Les principes qui dominent la matière des empêchements pour cause de parenté sont les suivants :

a. La prohibition en ligne directe s'étend à l'infini, entre ascendants et descendants quelqu'éloignés qu'ils soient.

b. Il n'y a pas lieu de distinguer entre enfants utérins, consanguins (*half blood*) ou enfants des mêmes père et mère (*whole blood*), lorsqu'il est question d'empêchement au mariage.

c. La consanguinité et l'affinité résultent autant du concubinage que du mariage.

d. Les affins de la femme ne sont pas en relation d'affinité avec ceux du mari.

e. En ligne collatérale, la consanguinité fait obstacle au mariage jusqu'au troisième degré inclusivement, selon le mode de computation du droit civil Romain. Ainsi les cousins germains (*first cousins*), étant au 4me degré, pourront contracter mariage.

D'après ces principes, on a dressé la table suivante qui rend des services pour la pratique :

Un homme ne pourra épouser :

1° sa grand'mère ;

2° la veuve de son grand père ;

3° la grand'mère de sa femme ;

4° la sœur de son père ;

5° la sœur de sa mère ;

6° la veuve du frère de son père ;

7° la veuve du frère de sa mère ;

8° la sœur du père de sa femme ;

9° la sœur de la mère de sa femme ;

10° sa mère ;

11° la seconde femme de son père (*stepmother*) ;

12° la mère de sa femme ;

13° sa fille ;

14° la fille de sa femme ;

15° la femme de son fils ;

16° sa sœur ;

17° la sœur de sa femme (même en cas de prédécès) ;

18° la veuve de son frère (*sister in law*) ;

19° la fille de son fils ;

20° la fille de sa fille ;

21° la fille adoptive de son fils ;

22° la fille adoptive de sa fille ;

23° la fille de son fils adoptif ;

24° la fille de sa fille adoptive ;

25° sa nièce ;

26° la veuve de son neveu ;

27° la fille du frère de sa femme ;

28° la fille de la sœur de sa femme.

(Même chose pour une femme, en modifiant les appellations de la parenté).

2. *Des conditions requises pour la célébration des mariages par l'Eglise d'Angleterre.*

A ce point de vue on distingue les mariages par bans, les mariages par licence, les mariages par licence spéciale.

I. Le mariage par bans est la règle ordinaire. Le mariage projeté sera annoncé publiquement dans l'église de la paroisse où chacune des parties contractantes demeure et en outre dans une église ou chapelle dans laquelle les bans de mariage peuvent légalement être publiés. (4 Geo IV c. 76 sect. 2). Les publications auront lieu aux trois dimanches qui précèdent immédiatement le mariage.

L'absence de publications ne vicierait pas le mariage, à moins qu'elle n'ait été frauduleusement concertée (Greaves vs Greaves L. R. 2. P. et M. 433).

S'il y a erreur dans les noms publiés, et que cette erreur est connue par les deux parties contractantes (ce point est essentiel), le mariage sera nul. (R. vs Wroxdon, 4 B et Ad. 640. Gompertz vs Kensit L. R. 13 Eq.) Il est à noter que si l'une des parties avait depuis longtemps modifié son prénom de façon à ne signer et n'être connu que sous un autre prénom, il ne pourrait plus faire publier ses bans sous le prénom inscrit à l'acte de naissance ; s'il le fait dans une intention frauduleuse et de concert avec l'autre partie, le mariage sera nul.

(Footh vs Barrow 1 Spinks 371). Si la connaissance de cette fraude ne peut être établie que dans le chef de l'un des époux, le mariage sera valable.

II. Le mariage par licence est celui qui a lieu sur le vu d'une licence particulière accordée par l'archevêque ou l'évêque à la demande de l'une des parties, qui se présentera en personne à ces fins. Pareille licence ne sera accordée que si au moins une des parties contractantes réside depuis plus de 15 jours dans la paroisse où le mariage sera célébré.

Le mariage ne sera pas annulable, quand même la licence aurait été sollicitée sous un faux nom ; et les indications volontairement fausses concertées par les deux parties contractantes, tandis qu'elles suffiraient pour faire annuler le mariage par bans, ne seront pas une cause d'annulation dans le cas de mariage par licence (Bevan vs Mc. Mahon 30 L. J. P. et M.)

III. Les mariages par licence extraordinaire ont lieu de droit pour certaines classes privilégiées comme les Pairs, leurs descendants, et pour certains personnages.

Les autres personnes ne peuvent l'obtenir que si elles ont des motifs graves. La licence extraordinaire émane également de l'évêque et coûte environ £ 30.

L'effet d'une licence extraordinaire est de permettre la célébration du mariage à toute heure du jour ou de la nuit, et dans tout endroit.

IV. Enfin le mariage peut encore avoir lieu dans le cérémonial de l'Eglise, sans que la loi civile intervienne autrement que par une autorisation préalable du *Registrar*. Nous en traiterons plus spécialement à propos des mariages hors de l'Eglise officielle (6 et 7 Will. IV. c. 85. — 7 Will. IV. — 1 Vic. c. 22. sect. 36).

Le mariage sera célébré publiquement entre 8 heures du matin et 3 heures du soir, en présence de 2 témoins, par un *clergyman in orders*. Toutefois si la personne qui célèbre le mariage n'était pas dans les ordres, pourvu qu'elle fut ostensiblement tenue pour telle et que les contractants ignorent l'imposture au moment de la célébration, le mariage sera valable.

A. 2

En outre le mariage, s'il est par bans, sera célébré dans l'une des églises où les bans ont été publiés ; s'il est par licence, dans l'endroit déterminé par la licence ; s'il est par licence extraordinaire, dans toute place quelconque.

Le mariage doit être inscrit par le clergyman dans les registres par lui tenus à ces fins ; cependant le défaut d'inscription n'invalide pas le mariage. (R. vs Allison P. et R. 109).

3. *De la célébration des mariages hors l'Eglise officielle.*

Tous les mariages célébrés hors l'église officielle sont compris sous le nom de *Nonconformist marriages.*

Les futurs époux doivent donner avis du mariage qu'ils se proposent de contracter au *Registrar* de leur district ; 21 jours après, s'il n'y a pas eu d'opposition, les époux recevront un certificat et pourront se retirer dans l'oratoire de leur confession pour la célébration du mariage. Toutefois cet oratoire devra être inscrit parmi les endroits où il est officiellement permis de célébrer le mariage, et en dehors des témoins requis pour la solennité religieuse, il faudra encore l'assistance personnelle du Registrar.

Les époux pourront aussi se présenter dans les bureaux du Registrar, et là contracter civilement mariage par le seul prononcé de certaines paroles.

Si le mariage n'a pas lieu en vertu d'une licence, celui d'entre les futurs qui donne l'avis au Registrar doit avoir une résidence d'au moins 7 jours dans le district territorial de ce Registrar. Si les futurs résident dans des districts séparés, l'avis devra être donné dans chaque district. (6 et 7 Will. IV c. 85. sect. 4.)

L'opposition au mariage d'un mineur aura lieu par la mention « défendu » écrite de la main de celui qui a le droit d'opposition en vertu de la loi (par exemple le père), sur le Registre des avis de mariage.

Le mariage célébré sans préavis régulier au Superintendant Registrar sera nul. (6 et 7 Will. IV c. 85. sect. 42).

C'est le Superintendant Registrar qui délivrera le certificat de non opposition après 21 jours.

Dans le cas où un mariage non-conformiste a lieu en vertu

d'une licence, une résidence de 15 jours dans le district du Registrar sera nécessaire, mais un jour franc après l'avis qui lui est communiqué, le certificat autorisant la célébration peut être délivré.

4. *Mariages célébrés à l'étranger.*

Un mariage valide selon les lois du pays où il est célébré, est valide en Angleterre, pourvu qu'il ne contrevienne pas à une prohibition expresse de la loi anglaise (p. ex. mariages avec la sœur ou le frère du conjoint décédé).

Une loi spéciale (*Foreign Marriages Act*) 1892 règlemente les mariages célébrés à l'étranger.

Si le mariage a lieu entre un sujet britannique et un sujet du pays où la célébration a lieu, le *marriage officer* anglais (consul, etc.) peut refuser de procéder à la célébration, si ce mariage, bien que valable selon les lois du pays où il se passe, viole la loi du domicile anglais de l'une des parties. (Exemple mariage avec la sœur ou le frère du conjoint décédé).

Si les deux parties contractantes sont sujets britanniques ou que celui qui est étranger n'est pas le sujet du pays où se célèbre le mariage, le *marriage officer* anglais peut procéder à la célébration du mariage, en observant la loi du pays du mari quant aux conditions de validité et de capacité, et l'*Act* susdit pour les formes.

Notamment les futurs époux devront avoir une résidence de 5 jours au moins dans le district de l'officier anglais compétent, avant l'avis qu'ils lui donneront du mariage projeté ; après le délai de 15 jours, si aucune opposition n'a été dénoncée, il peut être passé outre à la célébration.

Le même *Act* donne au *Secretary of State* le pouvoir de déléguer la qualité de *Marriage officer* aux ambassadeurs, consuls, gouverneurs etc., britanniques dans un district déterminé.

VI. Divorce.

A. *Séparation de corps.*

Le mari et la femme peuvent intenter une action en séparation de corps pour les motifs suivants : 1° adultère ; 2° sévices (*cruelly*) ; 3° abandon injurieux pendant 2 ans.

Les tribunaux apprécieront s'il y a lieu de condammer le mari à servir une pension alimentaire à sa femme.

La séparation de corps peut encore résulter du consentement mutuel des époux, sans instance judiciaire. Les conventions qui en règlent les conditions sont reconnues comme obligatoires par les tribunaux aussi longtemps que les époux vivent séparés.

La réconciliation les fait cesser.

B. *Divorce.*

Le mari peut intenter une action en divorce pour faits d'adultère de sa femme postérieurs à la célébration du mariage.

La femme ne peut obtenir le divorce pour cause d'adultère du mari, que si outre les faits d'adultère elle établit certains griefs de sévices ou cruauté, crimes contre nature, viol, abandon injurieux pendant 2 années au moins, ou si l'adultère a eu lieu avec abandon injurieux.

S'il est établi que le demandeur a été de connivence ou a pardonné l'adultère, le divorce ne sera pas admis.

Le divorce sera également refusé : a) si le demandeur a commis un adultère pendant le mariage.

b) Lorsqu'un temps trop long s'est écoulé entre les faits et l'introduction de l'instance.

c) Lorsqu'il est établi que le demandeur s'est rendu coupable de sévices ou d'abandon avant les faits d'adultère qu'il invoque à l'appui de sa demande, ou si c'est son manque volontaire d'attention (*Wilful reglect*) qui a amené l'adultère.

En dehors du divorce, les tribunaux pourront prononcer l'annulation du mariage si les époux sont parents au degré prohibé, si l'un d'eux était impuissant ou aliéné au moment de la célébration du mariage ou si la célébration s'est faite sous l'empire d'une contrainte physique ou morale.

III. Une loi récente en vigueur depuis le 1 janvier 1896 organise une procédure plus rapide pour certaines situations spéciales qu'elle détermine. Cette loi ne s'applique ni à l'Ecosse, ni à l'Irlande. (*Summary Jurisdiction Married Women Act* 1895).

Peuvent bénéficier de la loi : 1° toute femme mariée dont le mari a été condamné pour sévices (*assault*) envers elle, à une peine dépassant £ 5 ou 2 mois d'emprisonnement ;

2° toute femme abandonnée par son mari ;

3° toute femme qui a quitté son mari à la suite d'excès réitérés (*persistent cruelty*), ou de refus délibéré de pourvoir à son entretien et à celui de ses enfants mineurs.

Le tribunal pourra exempter la femme de l'obligation de cohabiter avec son mari, tout en lui confiant la garde des enfants âgés de moins de 16 ans ; il condamnera le mari à lui payer une pension alimentaire hebdomadaire, dont le montant, à arbitrer d'après les faits de la cause, ne pourra dépasser £ 2 par semaine.

L'adultère de la femme lui enlève la faculté de recourir aux dispositions de la dite loi, à moins que l'adultère n'ait été commis avec la connivence du mari, ou qu'il n'en soit la cause première.

Le tribunal compétent est la *Court of Summary jurisdiction* dans le ressort territorial de laquelle est avenue la condamnation du mari, ou se sont passés les faits qui donnent lieu à l'application de la loi. L'appel est déféré à la *Probate, divorce and admiralty division* de la *High Court*. (voir plus loin, § XI).

VII. Testaments.

En cette matière également les lois du domicile exposées plus haut (V. Naissances) ont une grande importance.

Le testament en tant qu'il dispose de biens immobiliers est généralement soumis à la loi de l'endroit où cet immeuble se trouve : *lege loci rei sitæ*. Les baux à long terme sont à ce point de vue considérés comme droits immobiliers (*realty*).

Le testament disposant de biens meubles (*personalty*) est régi par la loi du domicile du testateur, pour la dévolution des biens ; quant à la compétence des tribunaux pour l'administration de la succession que ce testament concerne, et notamment pour l'homologation (*Probate*) et l'octroi de lettres d'administration, elle se réglera par la loi de l'endroit *lege loci rei sitæ* : Cependant les tribunaux anglais agissant *in personam* délivrent fréquemment des ordonnances d'administration pour la succession entière, sans en limiter l'effet à l'étendue locale de leur juridiction.

Comme application des règles que nous venons d'exposer, si un sujet britannique ou un étranger meurt ab intestat, ses biens meubles situés en Angleterre seront dévolus d'après la loi successorale anglaise ; s'il laisse un testament, sa capacité de disposer par testament ainsi que l'interprétation des termes dont il s'est servi, seront jugés selon la loi anglaise, en quelqu'endroit que le testament ait été fait. En outre il faut observer que d'après le droit anglais, d'accord en cela avec les dispositions juridiques de la plupart des nations, les biens meubles possédés par le défunt mais se trouvant hors d'Angleterre, suivront la loi de son domicile.

Réciproquement la succession mobilière de toute personne, habitant ou non l'Angleterre, qui au moment de sa mort aurait son domicile à l'étranger, sera réglée suivant la loi de ce domicile en cas de décès ab intestat.

C'est la même loi qui servira éventuellement à déterminer la validité de son testament.

En vertu des mêmes principes, les tribunaux anglais accorderont l'homologation à des testaments invalides au regard de la loi anglaise, mais valables selon la loi du domicile de l'étranger (Stanley vs. Bernes 3 Hogg — More v. Barell 4. Hogg).

Depuis la loi 24 et 25 Vic. c. 114, applicable à tous les décès postérieurs au 6 août 1861, le testament d'un sujet britannique fait hors du Royaume Uni, sera valable en ce qui concerne les biens meubles, s'il est conforme à l'une des lois suivantes : 1°) à la loi de l'endroit où il est fait ; 2° ou à la loi du domicile éln au moment de sa confection : 3° ou à la loi qui régissait la partie des possessions de S. M. Britannique où le testateur avait son domicile d'origine.

En vertu de la 2ᵐᵉ sect. de la loi précitée, le sujet britannique quelque soit son domicile, pourra dans le Royaume Uni faire son testament dans les formes légales de l'endroit où il le fait ; aucune modification subséquente de son domicile n'altèrerait la valeur de pareil testament. (Sec. 3, ibid.)

Des formes du testament.

En droit anglais, le testament se définit comme suit : Une disposition de biens faite par une personne pour recevoir son effet à sa mort, et essentiellement révocable jusqu'à ce moment (Jarmin, *On Wills*).

Aucun terme sacramentel n'est requis pourvu que l'intention de disposer soit suffisamment claire. (White vs. Pallock A. C. 409).

Au sujet de la forme des testaments la loi 1 Vic. c. 26 sect. 9 porte ce qui suit : Le testament sera rédigé par écrit (lequel mot comprend aussi l'imprimerie), signé à la fin par le testateur ou par une autre personne autorisée par lui et qui le signe en sa présence. Cette signature sera attestée par le testateur en présence de deux témoins au moins, présents simultanément, et ces témoins apposeront ensuite leur signature en présence du testateur,

Aucune modification ou rature faite ultérieurement ne sera

valable à moins d'être approuvée par la signature du testateur et des témoins, soit en marge, soit à quelque autre endroit en regard de cette modification ou rature.

Une série de lois pour les soldats et les marins en activité de service (26 Geo. III c. 63 ; 32 Geo. III c. 34 ; 11 Geo. IV c. 20. 2 et 3 Will. IV, c. 40) déclarent acceptable à l'homologation tout écrit ou pièce quelconque, pourvu que l'intention de le considérer comme testament soit manifeste chez son auteur.

De la capacité requise.

1. Nul ne pourra faire son testament s'il n'est âgé de 21 ans. (1 Vic. c. 26. Sect. 7).

2. Les aliénés ne pourront faire leur testament que pendant les intervalles lucides.

En vertu du Wills Act, le testateur peut disposer par acte de dernière volonté de tous les biens meubles qui lui appartiennent de droit ou en équité, et dont au moment de son décès serait saisi l'exécuteur testamentaire ou le curateur ; ainsi que de tous les accessoires, revenus ou intérêts desdits biens, même s'ils n'étaient survenus que depuis la confection du testament.

Le testament d'une femme mariée est assujetti à toutes les conventions qui auraient été faites avant ou après le mariage, pour régler ses droits, et pareil testament fait pendant le mariage, devra être refait à l'égard des biens qu'elle aurait acquis depuis qu'elle n'est plus en puissance de mari.

3. Les femmes mariées avant 1883 ne peuvent disposer par testament de biens acquis avant cette date ; mais elles pourront disposer de tous les biens acquis depuis cette date. Toute femme mariée depuis le 1 janvier 1883 peut, pendant le mariage, faire un testament disposant de ses propres comme le pourrait une femme non en puissance de mari. (*Married Women's property Act. 1882*).

Toutefois il a été décidé que le testament d'une femme, fait pendant le mariage, et qui n'avait pas été fait de nouveau après qu'elle avait cessé d'être en puissance de mari, était nul en ce qui concernait les biens acquis par cette femme après la mort de son mari. (Stafford v. Stafford 28 cl. div.).

4. Les détenus (*convicts*) ne pourront disposer de leurs biens que par testament (33 et 34 Vic. c. 23).

5. Les legs testamentaires adressés dans un but charitable à une personne civile, sont nuls sauf dans quelques cas spécialement déterminés dans la loi 51 et 52 Vic. c. 42 sect. 4.

6. Les témoins ou le conjoint de l'un d'eux ne peuvent recueillir aucun legs par le testament qu'ils attestent. Toutefois pareil legs serait simplement caduc sans entraîner la nullité du testament lui-même.

Les personnes civiles (*corporations*) en vertu de la loi 51 et 52 Vict. c. 42 ne peuvent recevoir de legs testamentaires sans l'autorisation de la Couronne.

Les étrangers peuvent acquérir, posséder des biens meubles ou immeubles et en disposer absolument comme s'ils étaient sujets britanniques. (33 Vic. c. 14 sec. 2).

Les enfants naturels, les enfants simplement conçus, les femmes mariées et les aliénés peuvent recevoir des legs.

Toute personne saine d'esprit, âgée de 21 ans, peut disposer par testament de tous les biens et droits meubles et immeubles qui, auraient été dévolus ab intestat à son héritier légal ou à celui qui continuait sa personne (*personal representative*) (Jarmin, *On Wills*).

Mais l'expression de la volonté du testateur ne doit pas être le résultat d'une fraude ou d'une influence illégale, en d'autres mots, le testateur peut être conseillé, il ne peut être poussé, et son testament doit être le produit de son propre désir, non la reproduction des désirs d'un autre. (Hall v. Hall L. R. I P. et D. — Wingrove v. Wingrove L. R. II. P. et D.).

En vertu de la loi 39 et 40 Geo II c. 98 plus connue sous le nom de *Thelluson Act*, le testateur peut disposer que les revenus de ses biens meubles et immeubles seront accumulés, mais seulement pendant l'une des deux périodes suivantes, à son choix : 1" pour une durée de 21 ans à dater de sa mort ; 2° pendant la minorité d'une ou de plusieurs personnes vivantes ou conçues à l'époque de sa mort.

VIII. Successions ab intestat.

1. La matière est régie par l'*Intestates Estates Act* (1890). En vertu de l'art. 1 de cette loi, tous les biens meubles et immeubles, quand la valeur totale de la succession ne dépasse pas £ 500, sont dévolus ab intestat à la veuve, si le défunt ne laisse pas d'enfants.

En vertu de l'art. 2, quand la valeur totale de la succession dépasse £ 500, la veuve aura la pleine propriété de £ 500, et une créance de £ 500 à titre de capital constitué en rente viagère, au taux de 4 % l'an, sur tous les autres biens meubles et immeubles. Les arrérages sont dus à dater du jour du décès.

La dette des arrérages sera supportée entre les successeurs aux biens meubles et les successeurs aux immeubles, dans la proportion où la valeur respective des meubles et des immeubles entre dans la composition de la fortune totale.

Les droits de la veuve dont il vient d'être question ne se confondront pas avec les autres droits qu'elle pourra faire valoir contre la succession, ni avec sa part héréditaire éventuelle.

2. Les biens meubles sont partagés comme suit, en cas d'absence de disposition testamentaire : 1/3 à la veuve, 2/3 aux enfants, ou descendants en ligne directe, avec le bénéfice de la représentation. Les descendants qui viennent par représentation partagent *per stirpes*, c'est-à-dire qu'ils prennent ensemble la part qu'aurait prise leur auteur, s'il eût survécu.

La représentation n'est admise en ligne collatérale qu'en faveur d'enfants de frères ou sœurs.

A défaut de veuve survivante, la totalité de la fortune mobilière va aux descendants.

3. A défaut de descendants en ligne directe, la succession mobilière est partagée par 1/2 entre la veuve, et les parents les plus proches (*next of kin*), lesquels partageront entre eux par tête, s'il sont de même degré.

A défaut de veuve survivante, la totalité de la fortune mobilière va aux parents les plus proches.

4. Si la femme meurt ab intestat, son mari héritera de tous les biens meubles, y compris les baux emphytéotiques (*Leaseholds*).

5. Les droits immobiliers se transmettent en ligne directe à l'infini à la descendance du dernier acheteur.

On qualifie de ce nom la dernière personne ayant droit audit immeuble sans qu'il puisse être prouvé que c'était par son père qu'il tenait ce droit.

Il y a privilège de masculinité.

L'aîné hérite seul ; si plusieurs femmes viennent à degré égal, elles partagent par tête.

A défaut de descendant direct du dernier acheteur, la succession va à l'ascendant le plus proche en ligne directe.

Les règles ci-dessus énoncées ne sont appliquées que pour les immeubles sur lesquels le défunt possédait un droit de *fee simple* (propriété pleine et entière), qui n'avaient pas été assignés pour le payement d'une dette, et qui n'étaient pas grevés de substitution.

IX. Administration des successions.

La dévolution des biens meubles se fait sur celui qui représente légalement la personne du défunt, c'est-à-dire sur l'exécuteur testamentaire ; à défaut de testateur, sur le curateur (*administrator*).

Jusqu'à ce que les « lettres d'administration » aient été accordées, c'est le juge de la *Court of Probate* qui est investi des effets et des biens meubles du défunt.

Pour obtenir l'administration d'une succession, l'exécuteur testamentaire devra seulement prêter serment ; mais le curateur devra donner une garantie et une ou plusieurs cautions, si la *Court* l'exige.

Le représentant légal du défunt n'est point investi des choses données *mortis causa*, qui deviennent la propriété absolue du bénéficiaire. Pareil don doit réunir 3 conditions : 1° être fait pour cause de mort ; 2° être fait sous la condition que le donateur meure de sa maladie actuelle ; 3° il doit y avoir délivrance matérielle de l'objet.

Les pouvoirs de l'exécuteur testamentaire dérivent du testament lui-même ; ces pouvoirs sont authentiqués par la *Probate of the Court* (délivrance sous le sceau de la *Court* d'une copie du testament dont l'existence a été prouvée).

Lorsqu'il n'y a pas d'exécuteur testamentaire, soit parce que le testament n'en désigne pas, soit parce que la désignation n'a pas été suivie d'effet (par ex. si la personne désignée est morte ou refuse) ledit tribunal nommera un curateur.

Et en ce cas s'il y a un légataire universel, il sera nommé à cette qualité de préférence au plus proche parent (*next of kin*) (1) et sera chargé de l'administration, en vertu de ce principe que les pouvoirs d'administrer suivent le droit de propriété.

Lorsqu'il y a plusieurs exécuteurs testamentaires l'acte de l'un d'eux lie tous les autres ; mais chacun d'eux n'est responsable que des sommes qu'il a personnellement touchées, des cautions qu'il a agréées, etc. (*Lord St Leonards Act.*)

L'exécuteur testamentaire unique dès le principe ou le survivant de plusieurs, peut transmettre ses pouvoirs à son propre exécuteur testamentaire, car ses pouvoirs reposaient sur la confiance spéciale que lui a témoignée le défunt. Mais le curateur nommé par le tribunal ne peut point transmettre pareillement ses pouvoirs. De même, en cas de décès *ab intestat* de l'exécuteur testamentaire, ses pouvoirs ne seront pas transmis, et le tribunal nommera un curateur « *de bonis non* » pour administrer les biens qui n'auraient pas été liquidés.

L'exécuteur testamentaire qui a fait confirmer le testament ne peut pas renoncer à sa charge.

(1) Nous devons garder à ces termes leur traduction littérale, afin de les distinguer du terme *Heir* (héritier) qui est employé pour désigner celui qui succède aux immeubles. Ces mots peuvent désigner une même personne, mais cette terminologie est spécifique en droit. (Note du traducteur.)

Toutes les actions actives ou passives du défunt passent à l'exécuteur ou au curateur.

Après avoir payé les frais des funérailles et fait confirmer le testament, l'exécuteur doit payer les dettes du défunt; s'il était créancier, il peut se payer lui-même de préférence à tous autres créanciers de degré semblable. Ensuite il acquittera les legs.

Les dettes seront payées dans l'ordre suivant : 1° frais des funérailles et d'homologation du testament ; 2° créances de la Couronne ; 3° certaines créances privilégiées par les lois 17 Geo. 2. c. 38 et 38, 39 Vic. c. 60 s. 7 ; 4° les créances établies en justice ou appuyées d'une reconnaissance ; 5° toutes autres dettes.

C'est seulement lorsqu'il est en concours avec des créanciers de rang égal que l'exécuteur testamentaire peut se préférer.

Les legs peuvent aussi contenir des causes de préférence selon qu'ils sont généraux, spécifiques, ou démonstratifs.

Le legs est qualifié *general*, lorsqu'il a pour objet une chose non déterminée dans son identité (p. ex. je lègue un cheval noir).

Le legs est qualifié *specific* lorsqu'il a pour objet un bien appartenant au testateur et en sa possession, lequel bien forme une partie distincte d'un tout, ou la totalité de ce qui reste toutes charges étant acquittées.

Le legs est qualifié *demonstrative* lorsqu'il est, quant au fond *general*, en ce qu'il ne porte pas sur une identité, mais que cependant il doit être pris d'une catégorie de choses déterminées (p. ex. je lègue £ 1000 à prendre sur des actions du G^t W. Ry.)

L'importance de cette distinction réside dans les causes de préférence ; si les fonds de la succession, dettes déduites, sont insuffisants pour acquitter tous les legs, un legs général serait réduit tandis qu'un legs spécifique ne le serait pas.

Quand les biens sont ainsi insuffisants, on commence par réduire tous les legs généraux au marc le franc ; les legs spécifiques ne seront réduits que si la suppression de tous les legs généraux est inefficace.

D'autre part, si le testateur a aliéné pendant sa vie la chose qui faisait l'objet du legs spécifique, le légataire n'aura rien.

Le legs *demonstrative* est assimilé au legs *specific* en ce qui concerne la réductibilité; il n'est pas sujet à caducité en cas d'aliénation des choses désignées pour le remplir.

L'exécuteur testamentaire qui a posé un acte d'administration quelconque doit faire valider le testament ; mais le plus proche parent, bien qu'il se soit immiscé dans la gestion, ne peut pas être forcé à prendre la charge d'administration.

Les droits du plus proche parent à l'administration d'une succession sont déterminés dans le *Statute of Distributions*. Celui au degré le plus rapproché l'emporte, et tous les parents paternels ou maternels, consanguins, utérins ou germains, concourent à déterminer ce degré, sans privilège de masculinité.

Lorsqu'il s'en trouve plusieurs d'un degré également proche, l'administration peut être confiée à l'un ou plusieurs d'entre eux. Si aucun parent ne veut se charger de l'administration, un créancier peut l'obtenir.

Un failli pourra être exécuteur testamentaire, mais il ne pourra être curateur.

Pour obtenir la délivrance d'un legs *general* et même d'un legs *specific* (à moins que dans ce cas l'exécuteur ne l'ait confirmé) le légataire devra, en cas de refus de l'exécuteur solliciter la *Court of Chancery* pourvoir à l'administration de la succession.

La promesse de l'exécution de payer une dette du défunt est un *nudum pactum*, à moins qu'il n'y ait à l'appui de sérieux motifs consignés par écrit.

Aucune action en délivrance de legs ne peut être intentée 12 ans après que le droit audit legs est né, ou après la dernière reconnaissance du droit audit legs, ou après que les intérêts dudit legs ont été payés la dernière fois.

Lorsque les biens mobiliers dépassent la valeur de £ 100 mais sont en dessous de £ 300, un droit fixe de £ 1-10-0 est imposé sur la déclaration assermentée préalable à la confirmation du testament ou à l'octroi des lettres d'administration.

Les droits fiscaux suivants sont encore imposés :

1 %, sur les legs à des descendants ou ascendants en ligne directe ;

3 %, sur les legs à des frères ou sœurs ou descendants d'eux ;

5 %, sur les legs à des oncles ou tantes ou descendants d'eux ;

6 %, sur les legs à des grands-oncles, grandes tantes ou descendants d'eux ;

10 %, sur tous autres legs.

X. Actions.

La violation des droits individuels donne ouverture à l'action en justice, et principalement à *l'action in County Court* et à *l'action in High court of justice.*

Les *County Courts* (tribunaux de Comté) furent établis par la loi 9 et 10 Vic. c. 95 ; à chacune est attachée un *Registrar*.

La compétence ordinaire des C. C. s'étend aux demandes où la dette ou les dommages intérêts réclamés ne dépassent pas £ 50. Mais les parties peuvent de commun accord étendre cette compétence ; pareille convention doit être constatée par écrit.

La procédure devant la C. C. est quelque peu différente de celle prescrite devant la *High Court.*

La demande est inscrite d'abord sur un livre tenu à cet effet par le *Registrar ;* après quoi celui-ci délivre un acte d'assignation (*writ of summons*) lequel doit être, à la diligence du demandeur, notifié au défendeur. Cet acte fixe un jour pour l'audience, et la cause est entendue par le juge au jour fixé.

Chacune des parties peut réclamer le jury lorsque le débat porte sur plus de £ 5, et dans tous les cas le juge peut, si bon lui semble, décréter l'adjonction d'un jury.

Les County Courts ont encore une certaine compétence en matière d'équité, dans les causes où la demande ne dépasse pas £ 500 (28 et 29 Vic. c. 99). Parmi les C. C. quelques-unes ont juridiction en matière de faillite (32 et 33 Vic. c. 71).

Signalons encore certains tribunaux spéciaux tels que les *Stannaries* pour les mines d'étain de Cornwall et de Devon, les tribunaux universitaires d'Oxford et de Cambridge, qui n'ont juridiction que sur certaines classes déterminées de personnes.

Actions in the High Court.

Le terme action est réservé aux procédures civiles entamées par acte d'assignation ou de toute autre manière prescrite par les *Rules of Court* (Réglements des tribunaux), à l'exclusion des poursuites répressives intentées au nom de la Couronne. (J. a. 1873. Sect. 100).

L'action sera entamée par un acte d'assignation, sur lequel le demandeur inscrira dans la forme d'un endos, la nature de la demande et des mesures sollicitées, et à quelle division de la High Court (*Chancery* ou *Common Law*) il se propose de porter la cause (Order 2, rule 1). Il n'est pas nécessaire que le détail complet de la base de l'action et des remèdes sollicités y soit mentionné.

Cet endos doit être fait avant que l'acte d'assignation soit délivré (*issued*) (O. 3, r. 1). On est tenu d'employer certaines formules concises arrêtées par les réglements (O. 2. r. 2) ; en outre tout acte d'assignation doit mentionner la date de sa délivrance et le nom du Lord Chancellor (O. 2, r. 8).

L'acte d'ajournement pourra exceptionnellement contenir l'exposé de la demande ainsi que du genre de mesures auxquelles on prétend avoir droit, dans les actions qui ont pour objet le payement d'une dette d'argent ou d'une obligation liquide déterminable en argent, avec ou sans les intérêts, en se fondant sur l'une des causes suivantes :

1º Sur une convention expresse ou tacite.

2º Sur une promesse ou contrat littéral, portant sur le payement d'une somme déterminée en espèces.

3º Sur une obligation dont l'exécution se résout en une somme déterminée, pourvu que celle-ci n'ait pas le caractère d'une pénalité.

4° Sur un cautionnement, lorsque la demande contre le débiteur principal est de la nature d'une dette ou d'une prestation liquide.

5° Sur un mandat.

6° Il en sera encore ainsi, lorsque l'action a pour objet la mise en possession d'une terre, intentée par le propriétaire contre un locataire (ou une personne tenant ses droits de ce dernier), lorsque le bail est terminé par expiration du terme ou par notification d'expulsion (O. 3, r. 6).

Dans tous les cas la somme réclamée sera spécifiée avec cette mention, que si elle est soldée en déans les 4 jours, il ne sera fait aucune procédure ultérieure (O. 3, r. 7).

En ce qui concerne le choix du tribunal au point de vue territorial, dans toute action autre qu'une *Probate action*, le demandeur en quelque lieu qu'il ait son domicile, peut notifier l'acte d'assignation obtenu du greffe de n'importe quel district, et le défendeur, s'il a un centre d'opérations en cet endroit, devra faire prendre acte de sa comparution au greffe qui a délivré l'acte d'assignation, ou bien au *Central Office*.

Dans le premier cas l'action sera plaidée devant les tribunaux de cet endroit, dans le second cas, elle le sera à Londres (O. 5. et 12).

Tout acte d'assignation sera dit délivré (*issued*) du moment où il sera revêtu du sceau de l'officier public compétent. Le demandeur ou son *solicitor* (avoué) en laisseront un double qui sera inscrit au greffe et d'après lequel la cause sera portée au rôle (*Cause Book*) (O. 5).

La notification de l'acte se fait en délivrant au défendeur ou à son *solicitor* une copie de cet acte ; l'original doit être exhibé, si le défendeur le requiert. Si la notification à personne est impossible, le tribunal peut permettre la notification par *advertisement* (annonces) ou de toute autre manière qu'il détermine (O. 9, r. 1 et 2).

En déans les 3 jours de la notification, le demandeur doit mentionner l'accomplissement et la date de cette formalité dans la forme d'un endos signé par lui, sur l'original de l'acte d'assignation, faute de quoi le tribunal n'allouerait pas de jugement par défaut.

Le défendeur est obligé de faire acter sa comparution au greffe qui a délivré l'acte d'assignation, si dans ce ressort territorial il a son domicile ou un centre d'affaires. Sinon il a le choix entre ce greffe, et le *central office* de Londres.

Cet acte de comparution est un *memorandum* rédigé en double par le défendeur, contenant soit le nom et l'adresse d'un *solicitor* constitué pour lui (résidant dans un rayon de 3 *miles* de la *Court of Justice* ou en déans le ressort territorial du *district registry*), soit la déclaration que le défendeur entend se défendre en personne. Il est daté et signé par lui. C'est dans le même acte qu'il doit sommer, s'il le veut ainsi, le demandeur à fournir un exposé complet de la demande et des moyens à l'appui.

Ensuite l'officier compétent appose son sceau sur l'un des exemplaires du *memorandum* et le remet au défendeur, qui l'enverra le même jour au demandeur, pour valoir notification de sa comparution. Celle-ci est ensuite inscrite au *Cause Book*.

Le défendeur peut se constituer de cette façon à tout moment jusqu'au prononcé du jugement. Mais s'il ne comparait pas en déans les 8 jours de la notification de l'assignation, il ne jouira pas, pour présenter sa défense, de délais plus amples que s'il avait comparu dans les délais de l'assignation (sauf autorisation spéciale).

Lorsque le défendeur ne comparaît pas, le demandeur avant d'obtenir jugement par défaut, devra faire *affidavit* (affirmation assermentée) que la notification de l'acte d'assignation a eu lieu conformément à la loi.

Il y a dispense d'affidavit si l'acte d'assignation est endossé pour une dette liquide et que le payement de la somme fixée est la seule chose demandée. Alors un jugement final pourra intervenir.

Lorsque le demandeur comparait avec un acte d'assignation spécialement endossé en vertu de l'ordre 3 rule 6 (supra), il peut aussitôt solliciter un jugement définitif, en délivrant *affidavit* qu'il n'y a aucun moyen sérieux du côté de la défense ; et à moins que le défendeur ne convainque le juge qu'il a des arguments sérieux à opposer à la demande, jugement conforme à la demande sera délivré sur le champ (Ord. 14, r. 1.)

Dans les causes ordinaires, si le *statement* (exposé de la demande) n'a pas été remis au défendeur, et que celui-ci le demande, le demandeur sera tenu de délivrer cet exposé endéans les 5 semaines de la notification (Ordre 20, r. 1).

Les défenses à cet exposé devront être délivrées endéans les 10 jours de sa remise, ou dans les 10 jours qui suivront l'expiration du délai fixé pour la comparution, ce qui sera en tous cas le dernier délai possible (O. 21, r. 6). Lorsqu'il n'y a pas eu remise de l'exposé de la demande, les défenses seront remises endéans les 10 jours de la comparution.

Les *Readings* (conclusions demanderesses et défenderesses) contiendront l'énoncé des faits qui sont de part et d'autre invoqués à l'appui de la cause, et ne pourront rien contenir au delà.

Le jury peut être réclamé par le demandeur ou par le défendeur dans toute action basée sur le *slander* (calomnie), *libel* (diffamation par écrit), *false imprisonment* (détention arbitraire), *malicious prosecution* (procès vexatoire), *breach of promise* (rupture de promesse de mariage) (O. 36, r. 2).

Tout juge ou tribunal peut décider qu'il n'y a pas lieu d'adjoindre un jury, lorsque la cause requiert un examen prolongé de documents écrits, de pièces comptables, ou certaines investigations scientifiques, ou des descentes de lieux, qui ne sauraient convenablement se faire à l'intervention d'un jury (O. 36, r. 5).

Dans toute cause où le jury peut intervenir, la requête à ces fins sera déposée endéans les 10 jours du *notice of trial* (ajournement). Le jury sera convoqué par ordonnance du juge compétent, et concourra à l'examen de la cause, à la constatation d'un élément de fait (*issue of fact*) ou de toute question se rapportant à la cause (O. 36, r. 6).

Dans les autres causes, le juge décidera seul. Toutefois à

toute période de l'instance, il peut soumettre la cause entière, ou certains points déterminés à l'intervention du jury, ou à la décision d'un *official referee* ou d'un *special referee* avec ou sans assesseurs (O. 36, r. 7).

L'action née *ex contractu* survit en règle générale aux parties qui originairement pouvaient la faire valoir, et passe à leurs administrateurs ou exécuteurs testamentaires.

Les actions nées *ex delicto (founded on tort)* s'éteignent par la mort du coupable ; il est fait exception dans les cas prévus par les lois 3 et 4 Will. IV c. 42. s. 2 — 9 et 10 Vic. c. 93.

Les actions sont soumises à des prescriptions très différentes, les lois qui les établissent sont nombreuses ; nous nous référons aux lois : 3 et 4 Will. IV c. 27 -- 7 Will. IV et 1 Vic. c. 28 — 37 et 38 Vic. c. 57 — 21 Jac. I c. 16. s. 3 — 31 Elis. c. 5 — 11 et 12 Vic. c. 44 sect. 8.

Les actions pour dettes sont prescrites après 6 ans ; les actions en pétition d'une terre ou d'un fermage sont prescrites par 12 ans à dater du jour où le droit est né en faveur du demandeur.

En règle générale les incapables ou leurs ayant cause jouissent en cette matière d'un délai supplémentaire de 6 ans à partir du jour où l'incapacité prend fin, ou du jour de la mort de leur auteur incapable.

Des actions répressives.

L'indictment (acte d'accusation) est une accusation écrite admise sous serment par le *Grand Jury* sur la plainte expresse d'une ou de plusieurs personnes.

L'indictment pourra avoir pour objet tout crime de trahison, de félonie, et tout délit ayant un caractère public de violation de la *Common law* ; il atteindra tous ceux qui ont commis l'infraction (auteurs principaux), ceux qui préparent l'infraction ou y concourent par leur assistance (co-auteurs, complices) et ceux qui protègent et cachent les délinquants. Il est rendu sur les poursuites du ministère public *(Director of public prose-cutions)* ou d'un simple particulier.

En vertu de la loi 22 et 23 Vic. c. 17. s. 1, il faut pour qu'un *bill* (dénonciation écrite) puisse être déféré au Grand jury et admis par lui, quant aux infractions spécifiées dans cette loi et notamment pour le *perjury* (faux serment et parjure) et la *conspiracy* (conspiration) :

1° Que l'accusé ait été mis au préalable en état d'arrestation, ou qu'il soit tenu sous *recognisance* (caution) à comparaître à l'audience pour se défendre au fond.

2° Que l'indictment soit poursuivi à la requête d'un particulier qui aura au préalable souscrit *recognisance*, ou sur les instructions par écrit d'un juge de la *High Court*, ou à la requête de l'Attorney General, ou du Solicitor General.

*
* *

Le *Bill* déféré au Grand Jury contient les charges précises portées contre l'accusé.

Le Grand Jury examine alors les preuves et entend les témoins au sujet de ces accusations ; s'il estime qu'elles sont fondées, il revient avec un verdict de sincérité, en termes sacramentels « *return a true bill* » c'est-à-dire, décider qu'il y a lieu à suivre. L'accusé, nécessairement détenu alors, est ensuite jugé au fond par un juge assisté d'un jury.

Si le Grand Jury n'est pas convaincu du bon fondement des charges, il rejettera la dénonciation (*throw the bill out*) et l'inculpé, s'il était détenu, sera mis en liberté.

Mais rien n'empêche qu'un nouvel *indictment* ne soit sollicité contre lui, tandis que lorsqu'il a été jugé au fond et acquitté, il ne pourrait plus être recherché pour les mêmes faits.

On appelle *recognisance*, une reconnaissance de dette sous-crite au profit de la Couronne, sous condition résolutoire qu'elle ne sera pas due si tel fait arrive. C'est ainsi par ex. que le par-ticulier dénonçant souscrit une dette envers l'Etat, laquelle ne sera pas due s'il fait toutes les démarches nécessaires pour la poursuite ; l'annulation de la *recognisance* n'empêcherait pas la condamnation du poursuivant aux frais, dans certains cas spécifiés où la poursuite serait évidemment vexatoire.

La loi 22 et 23 Vic. c. 17 s. 2. prévoit le cas où un *justice of the peace* refuserait de déférer au jugement une personne accusée par un particulier d'un des délits spécifiés dans cette loi.

En ce cas le plaignant peut exiger qu'on prenne acte de la *recognisance* qu'il donne comme sanction à l'engagement qu'il prend de poursuivre, et dès lors le *justice* est obligé de transmettre la *recognisance*, l'enquête et les dépositions des témoins s'il y en a, au tribunal compétent pour connaître de l'instance en *indictment*, tout comme si dès le principe il y avait d'office déféré le délinquant.

Les conclusions de l'enquête d'un *Coroner* ont la même valeur légale que le verdict du grand jury, et une personne peut être poursuivie pour meurtre ou homicide sur *inquisition* (résultant d'une instruction de Coroner) laquelle vaut alors *indictment*.

XI. Juridiction et Compétence.

Les tribunaux anglais se divisent en *Courts of record* et *Courts not of record*. Dans ceux de la première catégorie, tous les actes et procédures sont enregistrés (*enrolled*); ces tribunaux ont plus spécialement le pouvoir de prononcer des amendes et même l'emprisonnement en cas de mépris de leur autorité.

Les *County Courts* (tribunaux de comté) furent établis par la loi 9 et 10 Vic. c. 95 ; les juges sont nommés par le Lord Chancellor.

Chaque Comté est divisé en un certain nombre de districts ; dans chaque district il y a en règle générale une session de County Court par mois.

La juridiction de la *County Court* comprend toutes les affaires dans lesquelles la demande ne dépasse pas £ 50, à l'exception de quelques unes spécialement soustraites par la loi, parmi lesquelles nous signalons les demandes fondées sur une action vexatoire, sur une diffimation, ou une séduction (9 et 10 Vic. c. 95 — 13 et 14 Vic. c. 61 — 19 et 20 Vic. c. 108).

Néanmoins si les deux parties en conviennent par écrit, la *County Court* pourra connaître de toute action dont peut connaître la *High Court.*

Certaines actions en matière maritime (*admiralty*) (31 et 32 Vic. c. 71 — 32 et 33 Vic. c. 51) et en matière de faillites (46 et 47 Vic. c. 52) sont également du ressort de la *County Court.*

Pour plus de détails sur les pouvoirs de la *County Court* voyez 17 et 18 Vic. c. 104 — 18 et 19 Vic. c. 122 — 21 et 22 Vic. c. 95 — 30 et 31 Vic. c. 131 — 37 et 38 Vic. c. 42 — 38 et 39 Vic. c. 90 — 45 et 46 Vic. c. 75.

Le tribunal du Lord Maire de Londres est organisé dans sa compétence et sa procédure par la loi 20 et 21 Vic. c. 158.

Le tribunal *of the Stannaries of Cornwall et Revon* existe uniquement pour les ouvriers des mines d'étain de ces districts, conformément à l'ancien privilège dont ils jouissent, d'actionner et de défendre devant leurs juridictions spéciales. Mais la compétence de ces tribunaux ne s'étend pas aux affaires capitales, ni aux procès concernant la terre. L'appel de ces tribunaux est porté devant la Cour d'Appel de la *Supreme Court of Judicature.*

Les Universités d'Oxford et de Cambridge tiennent également d'anciennes chartes le droit de juger dans leurs propres tribunaux, les actions dans lesquelles les employés et les membres de l'Université sont intéressés (13 Eliz. c. 29).

La *Supreme Court of Judicature* comprend 1° la *High Court of Justice.* 2° la *Court of appeal.*

La *High Court of Justice* possède en degré de 1re Instance, la plénitude de la juridiction ; elle reçoit en degré d'appel, les jugements des *quarters sessions,* des *County Courts,* et en général de tous les tribunaux inférieurs.

Le décision de la *High Court* siégeant en degré d'appel est finale, si un acte du Parlement n'a pas expressément réservé le recours à la *Court of Appeal* (35 et 37 Vic. c. 66, s. 45).

La *Court of appeal* reçoit les appels des décisions rendues par la *High Court*, en tant qu'elles ne sont pas finales en vertu d'une loi.

La Chambre des Lords peut connaître et décider les appels relevés de toute décision de la *Court of appeal* en Angleterre, de toute décision d'un tribunal Ecossais ou Irlandais. Néanmoins il est des cas, déterminés par des lois particulières, où la décision d'une Court inférieure sera finale, de même qu'il n'y a pas de recours contre les sentences pénales rendues par la *Queen's Bench Division*.

La *High Court of Justice* comprend elle-même deux divisions: 1° La *Chancery Division* et 2° la *Queen's Bench Division*.

L'une et l'autre ont respectivement la compétence de la *Court of Chancery* et de la *Queen's Bench* avant la loi *The Judicature act of 1873*.

L'attribution principale de la Court of Chancery était autrefois l'application de cette partie de la loi désignée sous le nom d'*Equity*, par opposition à la *Common Law*.

L'usage de faire administrer ainsi l'*Equity* et la *Common Law* par deux juridictions différentes est particulier à l'Angleterre. Depuis 1616 il était même admis que les *Courts of Equity* pourraient adjuger une demande après qu'une décision des *Courts of Common Law* était intervenue, et même aller à l'encontre de celles-ci.

Les traits caractéristiques de la *Court of Chancery* et des *Common Law Courts* sont très bien mis en relief dans l'exemple suivant : Supposons qu'une somme d'argent ait été prêtée sur hypothèque ; si la somme n'est pas rendue au terme fixé, le prêteur devient immédiatement *in law* le propriétaire de la terre hypothéquée ; il est réputé avoir le *legal estate*. Mais en *Equity*, le prêteur hypothécaire est considéré comme le curateur de la terre, jusqu'au jour où l'argent et les intérêts seront repayés, et l'emprunteur est réputé avoir l'*equitable estate*.

Depuis le Judicature Act de 1873, Law et Equity sont administrés dans tous les tribunaux, mais quand deux plaignants ont des titres également valables en Equité, celui qui cumule ce titre avec celui en *Common Law* obtiendra la préférence du jugement. De là la maxime : « Où les équités sont égales, la loi l'emportera ».

Tribunaux Criminels.

1. La plénitude de la juridiction répressive depuis le plus minime délit *(misdemeanour)* jusqu'au crime de trahison, appartient à une Chambre Spéciale (*Crown Side*) de la *Queen's Bench division* dans la *High Court of Justice.*

2. Des Cours d'Assises se tiennent périodiquement dans chacun des Comtés du Royaume (la Métropole et les Comtés adjoints exceptés) ; les juges y siégent à titre de Commissaires royaux (36 et 37 Vic. c. 66 sect. 29).

3. La *Central Criminal Court* possède juridiction pour les infractions commises dans Londres, le Middlesex, et dans certaines parties de l'Essex, Kent, et Surrey (4 à 5 Will. IV c. 36). Y siégent comme Juges : le Lord Maire, les Juges de la High Court, les Aldermen, le Recorder et Common Sergeant de Londres, le Judge of the city of London Court. Ce tribunal siége généralement une fois par mois.

4. La *Court of General Quarter Sessions*, qui siége dans chaque Comté quatre fois l'an, connaît des délits et infractions moins graves, notamment des délits de chasse, de celles commises contre les lois sur la voirie publique, sur les contributions des pauvres etc. Les crimes de haute trahison, meurtre, bigamie, faux et les autres énumérés dans la loi 5 et 6 Vic. c. 38 sont soustraits à cette juridiction.

5. Les *Petty sessions*. — A côté de la compétence allouée aux juges des Comtés à la Quarter Session, différentes lois donnent certaine compétence sommaire aux juges des subdivisions judiciaires de chaque Comté, réunis en Petty Session. (7 et 8 Geo, IV c. 30 s. 29 — 11 et 12. c. 4 s. 3 — 18 et 19 Vic. c. 126 ss. 18, 20, 22 à 24 — 19 et 20 Vic. c. 118 — 24 et 25 Vic. c. 96 ss. 9, 14, 15, 17 à 19 — 42 et 43 Vic. c. 49).

XII. Appels.

1. *Appels à la Court of appeal.*

Tout jugement final peut être réformé par la *Court of appeal*, qui reçoit de nouvelles preuves, pour autant qu'elles ne constituent pas une cause différente de celle entendue en première instance.

La *Court of appeal* peut également connaître des injonctions (*orders*) de la *High Court*, y compris celles concernant les dépens que le juge peut allouer ou exclure en vertu de son pouvoir discrétionnaire (*discretional Costs*).

L'appel des *provisional orders* (jugements interlocutoires) sera interjeté endéans les 14 jours ; les autres, endéans les 3 mois.

L'appel n'est suspensif de l'exécution du jugement ou des mesures ordonnées que pour autant que cela est spécialement déterminé dans l'espèce, par la *Court of appeal* saisie de la cause, ou par le tribunal qui a jugé en premier ressort.

En règle générale la *Court of appeal* se compose de 3 *judges of the Court of appeal ;* le juge qui aurait eu connaissance de la cause en premier ressort, ne pourrait pas siéger en degré d'appel. (En vertu de la loi 36 et 37 Vic. c. 66, sect. 51, les juges de la *Court of appeal* siègent comme juges dans la *High Court*, sur la demande du Lord Chancellor).

Sont soustraites à l'appel, les décisions de la *High Court* que la loi en exempte expressément.

2. *Appels à la Chambre des Lords.*

La Chambre des Lords peut connaître en degré d'appel de toute décision ou jugement :

a) d'une *Court of appeal* d'Angleterre ;

b) de toute *Court* d'Ecosse ou d'Irlande dont les jugements étaient sujets à pareil appel en vertu de la *Common Law* ou d'une loi spéciale, antérieure à l'*Appellate jurisdiction act 1876.*

En principe les décisions de la *Court of appeal* en toutes

matières matrimoniales, de divorces ou de légitimité, sont soustraites à l'appel devant la Chambre des Lords.

Cependant les exceptions sont nombreuses ; le *Judicature act 1881* en prévoit deux catégories.

1° On peut appeler à la Chambre des Lords en vertu d'une permission de la *Court of appeal ;* elle se donne lorsqu'une décision repose principalement sur une question de droit.

2° On peut toujours appeler lorsque la *Court of appeal* a décrété ou refusé la dissolution ou la nullité d'un mariage, ou la légitimité d'un enfant.

Dans tous les cas où l'appel est recevable, il doit être interjeté en déans le mois de la décision de la *Court of appeal ;* si la Chambre des Lords ne siége pas, dans les 14 premiers jours de la rentrée.

3. *Appels aux Quarters Sessions.*

En matière répressive une condamnation par une *Court of summary jurisdiction* peut toujours être déférée à la *Quarter session.* L'appel doit être notifié à la partie poursuivante et au greffier de la Court of Summary jurisdiction.

L'appelant, dans les 3 jours qui suivent cette notification, devra souscrire une *security* envers le Trésor pour garantir qu'il poursuivra l'appel.

La cause sera portée à la réunion la plus proche de la *Court of Quarter session*, en laissant 15 jours francs après le jugement attaqué.

4. *Appels à la High Court.*

Toute condamnation devant la Court of Quarter Session siégeant en première instance peut être déférée à l'appel devant une chambre spéciale de la High Court.

La décision ainsi rendue en degré d'appel par la High Court sera finale, à moins que cette juridiction n'ait expressément réservé la faculté d'en appeler à la Court of appeal.

5. Si l'action répressive à été portée devant la *Queens Bench* (Banc de la Reine), il n'y a point lieu à appel ; cependant le condamné peut dans certaines circonstances, obtenir une nouvelle audience.

S'il s'agit d'un délit (*misdemeanour*), l'affaire sera reprise sur l'allégation de contradiction entre le verdict et les preuves reçues ou de la non recevabilité d'une preuve qui aurait été admise.

S'il s'agit d'un cas de *felony*, la procédure ne sera annulée que dans le cas où des preuves non recevables auraient été admises.

XIII. Frais judiciaires.

1. La condamnation aux frais judiciaires devant la *Supreme Court*, fait partie des pouvoirs discrétionnaires du juge. Si un jury a été appelé à prononcer, il est d'habitude de laisser les dépens suivre le principal ; cependant le juge pourrait en décider autrement, et mettre à charge du demandeur qui gagne son procès, tout ou partie des frais d'une instance frivole.

2. Lorsque dans une instance plusieurs questions de droit ou de fait sont débattues successivement soit pour le demandeur, soit pour le défendeur, les frais afférents à l'examen ou à la preuve de chacune de ces questions ne seront pas cumulés, mais mis séparément à charge de chacune des parties, selon qu'elle succombe dans ses prétentions ou que ses dénégations sont rejetées.

3. Dans le cas où une cause est retirée devant une juridiction inférieure qui était compétente et portée devant une juridiction supérieure, les frais déjà faits suivront le principal.

4. Le demandeur qui réside habituellement hors le ressort territorial de la juridiction devant laquelle il porte son action peut être obligé à verser une caution pour les frais, quand même il résiderait temporairement dans ce ressort.

5. Quelle que soit la juridiction devant laquelle le demandeur porte une action basée sur une convention, si le principal de

la condamnation qu'il obtient ne dépasse pas £ 50, les dépens récupérables ne seront taxés que d'après le tarif de la *County Court*. Il ne serait dérogé à cette règle que pour des motifs graves, et en vertu d'une disposition expresse insérée dans le jugement.

6. En ce qui concerne les actions introduites devant la *High Court* et qui auraient pu l'être devant la *County Court* :

a) Si l'action était basée sur un contrat et que le principal de la condamnation est inférieur à £ 20, le demandeur ne pourra récupérer aucun frais ; si la condamnation dépasse £ 20, mais est inférieure à £ 50, il n'aura droit qu'aux frais selon que la *County Court* les aurait taxés ;

b) Si l'action était fondée sur un délit, le demandeur auquel il est alloué une somme inférieure à £ 10, ne peut récupérer aucun frais ; si la somme allouée est entre £ 10 et £ 20, il pourra récupérer d'après le tarif de la *County Court*.

Néanmoins le juge peut expressément déroger à ces règles, en déclarant qu'il y avait des motifs suffisants pour introduire la cause devant la *Supreme Court*, ou en prenant une disposition expresse au sujet des frais.

7. En principe les frais faits par le demandeur dans une action en revendication de propriété qui échoue, et ceux faits par le défendeur qui succombe dans semblable action, ne grèveront pas la chose qui faisait l'objet de la contestation ; mais les frais faits pour vérifier à qui revient certain legs contesté seront pris sur l'actif du legs.

Dans l'un et l'autre cas le juge peut en décider autrement.

8. L'action terminée, la partie qui a obtenu refusion des frais judiciaires doit faire taxer l'état de ces frais par un fonctionnaire spécial attaché au tribunal, le *Taxing Master*. L'état arrêté par lui sera notifié en détail à la partie adverse ou à son *solicitor*, par le *solicitor* poursuivant.

Des dépens devant la County Court.

Une loi spéciale (*County Courts Act.* 1888, *Sect.* 113, 114, 119) établit le principe général que tous les dépens devant le tribunal de Comté sont compris dans le pouvoir discrétionnaire du juge. Ainsi les dépens pourront suivre le principal ; mais le juge pourra aussi allouer les dépens au demandeur tout en renvoyant la cause pour incompétence. Il peut allouer des dépens supérieurs au tarif ordinaire de son tribunal, quelque minime que soit l'objet en litige, en appuyant sa décision sur l'un des considérants suivants, qu'il annexera par écrit à la sentence : que l'action comportait l'étude d'une question de droit peu commune ou particulièrement délicate ; que le débat présentait un intérêt public, ou une importance notable pour une catégorie de personnes etc.

Frais dans les poursuites répressives.

Lorsqu'une poursuite pour *libel* a lieu à la diligence d'un particulier, le prévenu acquitté peut se faire rembourser les frais que sa défense a occasionnés.

Si l'accusé plaide le fondement du *libel* et échoue dans sa justification, la partie poursuivante pourra obtenir refusion des frais occasionnés par ce système de défense (6 et 7 Vic. c. 96. s. 4).

Lorsqu'une poursuite est faite par un particulier dans une matière spécifiée par le *Vexatious Indictment Act* (parjure, attentat aux mœurs, maison de jeu etc.), le prévenu acquitté aura droit aux frais à charge du poursuivant (30 et 31 Vic. c. 35).

XIV. Saisies.

Distress. Le propriétaire d'un immeuble peut pour sécurité des loyers dus s'emparer sans aucune formalité judiciaire des objets mobiliers et du bétail qu'il trouvera dans les lieux loués, ainsi que des moissons et foins sur pied.

Si la saisie est pratiquée sans qu'un terme de loyer soit dû, le saisi aura droit au double de la valeur des objets saisis et vendus.

Les objets saisis peuvent être vendus publiquement au plus offrant, après un intervalle de 5 jours francs ; cependant une simple lettre du saisi fera porter ce délai à 15 jours ; une action contestant la légalité de la saisie, intentée en déans ce délai, suspendra la vente.

En principe tous les objets mobiliers et le bétail se trouvant dans les lieux loués peuvent être saisis par le propriétaire, sans qu'il y ait lieu d'examiner s'ils appartiennent au locataire ou à un tiers. Mais la saisie ne peut avoir lieu en dehors des lieux loués ; si le locataire enlevait frauduleusement et clandestinement tout ou partie des objets soumis à *distress*, le propriétaire pourra les suivre pendant 30 jours et les saisir, sauf s'il se trouve en présence d'un acheteur de bonne foi qui en aurait payé la valeur.

Sont **exemptés** de la saisie d'une façon absolue :

1º Les objets usuels.

2º Les objets scellés ou attachés à demeure dans l'immeuble.

3º Les objets qu'on confie au locataire dans l'exercice de sa profession, p. ex. les objets remis à un prêteur sur gages.

4º Les objets sujets à se détériorer rapidement, car on ne saurait les rendre dans leur état primitif et la saisie (*distress*) n'est en principe qu'une garantie pour arriver au paiement du loyer.

5º Les animaux sauvages.

6º Les objets appartenant à un ambassadeur.

7º Les métiers et les châssis employés dans les filatures de laine, de coton et de soie.

8º Les compteurs à gaz appartenant à une Cie qui a reçu la personnification civile.

Sont exemptés dans certains cas :

1º Les objets appartenant à un sous locataire, pourvu qu'il se conforme aux prescriptions du *Lodger's Goods Protection act*. Il devra notamment notifier au propriétaire quels sont les meubles ou objets qui lui appartiennent et quel est le loyer qu'il paie au locataire principal. En cas de saisie, il devra payer les termes échus au propriétaire saisissant.

2° Les instruments et outils se rapportant à la profession du saisi, les bêtes de trait employées à la culture et les troupeaux de moutons, mais les objets de cette catégorie ne sont exemptés que pour autant que les autres biens meubles suffisent à garantir le paiement des loyers.

Garnishee Order. Lorsqu'une dette est établie par un jugement en due forme, le demandeur peut par requête, obtenir du tribunal une ordonnance obligeant un tiers, débiteur du défendeur, à satisfaire à la condamnation avenue, bien entendu dans les limites où il est vraiment débiteur. — Le tribunal compétent est celui dans le ressort territorial duquel habite le tiers saisi (*garnishee*).

Cette procédure n'est permise qu'après une condamnation au principal ; elle rentre donc plutôt parmi les mesures d'exécution des jugements.

XV. Exécution des jugements.

Après qu'une décision judiciaire est rendue, si le défendeur n'y satisfait point volontairement, il y sera contraint par le moyen du *writ of execution* (ordre d'exécution) terme général qui comprend :

I. — *Le writ of fieri facias*. C'est la forme usuelle toutes les fois qu'il s'agit d'exécuter un jugement qui porte condamnation à une somme d'argent. Le *sheriff* en possession de ce document, pourra se présenter au domicile du débiteur tous les jours, le dimanche excepté. Néanmoins il ne pourra forcer la porte extérieure, sauf pour dette envers l'Etat, et en ce cas après sommation formelle d'ouvrir.

Les objets trouvés au domicile du débiteur sont ensuite inscrits en détail (*cataloged*) et enlevés.

Ne peuvent être saisis : *a*) les literies, vêtements et les outils servant à la profession du saisi jusqu'à concurrence de £ 5 ;

b) les objets ayant le caractère d'immeubles par destination ;

c) les objets appartenant à un tiers.

Avant de passer outre à la vente, le *sheriff* doit payer au propriétaire un terme d'une année de loyer, ou si le bail est d'une durée moindre, 4 termes pleins (soit mensuels, soit hebdomadaires selon les cas) et en outre les taxes de l'Etat pour une année.

L'argent comptant et les titres de créances peuvent être saisis et si besoin en est ultérieurement, le sheriff peut ester en justice pour en poursuivre le recouvrement. (1 et 2 Vic. c. 110, s. 12).

Si un tiers se prétend propriétaire de certains effets compris dans la saisie, le sherif peut *interplead*, c'est-à-dire obliger le débiteur saisi et le revendiquant à régler leur différend dans une action dans laquelle il intervient.

Le *writ* doit être exécuté en déans l'année de la date de sa délivrance ; après ce délai un nouveau *writ* doit être délivré. Mais après six ans de la date du jugement, il ne pourra plus être délivré de *writ* sans l'autorisation spéciale du tribunal.

II. — *Le writ of Elegit* est également une forme d'exécution des jugements portant condamnation à des sommes d'argent. Elle est employée seulement pour exécuter les terres sur lesquelles le débiteur aurait un droit complet de propriété, ou un droit de reversion ou une rente.

Lorsque le *writ of elegit* a été exécuté par le sheriff, il est enregistré au tribunal, et dès ce moment le demandeur peut prendre possession de la terre, et la garder jusqu'à ce que tous les frais soient payés en outre du principal.

Le débiteur aura de son côté le droit de présenter au tribunal requête aux fins de voir ordonner la mise en vente judiciaire du droit que le demandeur a ainsi acquis sur ces terres. (27 et 28 Vic. c. 112).

Jusqu'au moment où le sheriff a effectivement procédé à la saisie de la terre, le débiteur pourrait la vendre à un tiers de bonne foi, et le titre de ce dernier serait inattaquable (27 et 28 Vic. c. 112).

III. *Writ of Distringas :* Mode d'exécution tendant à obtenir la possession d'un objet mobilier déterminé.

IV. *Writ of possession :* Mode d'exécution employé pour nantir le demandeur de la propriété d'une terre.

V. *Charging order :* Lorsqu'il a été rendu contre un débiteur un jugement le condamnant à payer une somme déterminée, si le demandeur découvre que le débiteur possède des titres ou actions financières, il sollicitera du tribunal un ordre en vertu duquel ces titres ou actions seront grevés de la dette judiciaire. Après le délai de 6 mois depuis pareil ordre, le demandeur pourra faire vendre ces titres ou actions et se payer sur le produit.

Garnishee order : Sert dans de semblables circonstances à saisir entre les mains d'un tiers, une somme d'argent due au débiteur. Cette somme est alors payée directement au demandeur, soit dans son intégralité, soit pour partie selon l'étendue de la dette.

XVI. Des preuves.

Suivant la division adoptée par Sir James Stephen nous ramenons ce qui concerne les preuves aux trois questions suivantes :

1° Quels sont les faits qui peuvent être prouvés ?

2° Quels sont les modes de preuves admissibles ?

3° Qui est tenu à faire la preuve et de quelle manière ?

§ I.

On peut prouver toute question de fait soulevée dans une procédure quelconque, ainsi que tout fait relevant dans la cause.

Mais dans les accusations de *Conspiracy,* tout acte ou toute

parole émanée de l'un des complices tendant à l'accomplissement du but poursuivi en commun par eux, forme preuve
valable contre les autres.

Toutes les fois que le débat roule sur un fait, seront recevables les preuves tendant à établir le motif de l'acte, ou la conduite tenue en conséquence de cet acte.

Lorsque la preuve d'un fait sera recevable, on recevra également la preuve de déclarations soit adressées à l'auteur, soit
émanées de lui, si ces déclarations sont nécessaires à l'interprétation de l'acte en question. — Lorsqu'il s'agit de la conduite
d'une personne, on pourra apporter la preuve de déclarations
faites par elle ou en sa présence, si ces déclarations ont eu
vraisemblablement de l'influence sur cette conduite.

On peut aussi prouver les faits nécessaires pour expliquer ou
amener des faits relevants en eux-mêmes.

Des événements similaires aux faits en question, mais n'ayant
aucune relation avec ceux-ci, sont irrelevants et non reçus à
preuve, sauf dans les trois cas suivants :

1° s'ils établissent la bonne foi ;

2° s'ils servent à démontrer l'existence d'un système arrêté ;

3° s'ils constituent une série de relations d'affaires, parmi
lesquelles se placerait vraisemblablement le fait en question.

Les déclarations faites par une personne non régulièrement
appelée comme témoin ne sont pas recevables. Cependant les
aveux (*admissions*) d'une personne qui, sans être portée en
cause dans la procédure, a cependant un intérêt dans l'issue,
par un co-associé, par un mandataire (agent) autorisé à les faire
ou par l'avocat, constituent une preuve contre la partie elle-
même. — L'aveu, s'il est volontaire constitue une preuve complète, mais seulement contre la personne qui l'a fait.

La déclaration d'une personne défunte constitue une preuve
dans les circonstances suivantes :

1° Dans les poursuites pour meurtre ou homicide sur la
personne dont on invoque la déclaration, pourvu que, au
moment où elle les faisait, elle fut en danger actuel de mort et
avait perdu tout espoir de guérison.

2° Lorsqu'elle a été faite dans l'exercice habituel de sa profession, à une époque concomitante ou voisine de celle où le fait serait arrivé, fait que le déclarant connaissait de science personnelle.

3° Lorsqu'elle était contraire à son intérêt. Mais alors la déclaration doit être admise dans son intégralité et non uniquement en ce qu'elle aurait de contraire à son intérêt.

4° En matière testamentaire lorsqu'elle émane du testateur et que le testament est perdu, qu'il y a des doutes sur l'authenticité du testament produit, ou, qu'il y a doute pour savoir lequel d'entre les documents produits est réellement le testament.

5° Lorsqu'elle tend à établir l'existence d'un droit public, ou d'une chose d'intérêt public.

6° En matière de généalogie.

Les énonciations contenues dans des livres et les documents, si la preuve n'en doit pas être reçue pour quelque autre motif, seront admissibles dans les cas suivants :

1° quand une question de fait est relatée dans des documents officiels (*public record*) ;

2° quand l'énonciation consiste en une mention dans les livres d'un banquier (livre journal, livre de caisse, etc.), et dans ce cas la copie produite constitue une *prima facie* preuve de la vérité des faits mentionnés.

Les jugements constituent à l'égard de toute personne une preuve décisive de l'existence de l'ordre de choses qu'ils produisent effectivement, toutes les fois que cet ordre de choses serait l'objet d'une contestation ultérieure. — Soit donnée l'espèce suivante : la question à trancher est si A a subi un préjudice par la négligence de son domestique B qui a blessé le cheval de C.

Le jugement en vertu duquel C a fait condamner A à des dommages-intérêts pour ces faits fera preuve décisive dans la cause de A contre B quant à l'existence d'un préjudice, mais non quant à l'existence d'une faute.

Quant aux faits qui forment le fond même d'un jugement, ce

jugement en fera preuve décisive entre ceux qui ostensiblement ou secrètement ont été les parties en cause. — Quant aux énonciations qu'il pourrait contenir au sujet des faits sur lesquels il est basé (les motifs), elles sont irrelevantes entre des tiers, ou entre un tiers et une des parties, sauf en matière maritime (*admiralty cases*) lorsqu'un navire est condamné à la capture.

Quant aux faits probables qu'on peut induire de l'existence du jugement, mais qui n'y sont ni relatés, ni décidés, le jugement n'en forme nullement la preuve, à moins qu'il ne soit invoqué comme contenant un aveu, ou se rapporte à une matière d'intérêt public.

Tout ce que nous venons de dire des jugements s'applique aux jugements émanés des tribunaux étrangers, en tant qu'ils peuvent être considérés comme exécutoires en Angleterre.

Une opinion ou avis personnel ne constitue pas en règle générale une preuve. Mais sur une question technique, de science ou d'art, l'opinion des experts peut être admise pour servir de preuve.

§ 2.

I. La preuve testimoniale doit toujours être directe. Ainsi si la preuve à fournir porte sur un fait qu'on prétend avoir été constaté par la vue, le témoignage apporté doit être celui de la personne même qui affirme avoir vu.

II. Le contenu des pièces écrites (*documents*) doit être prouvé par preuve immédiate (*primary*) ou par preuve médiate (*secondary*).

La preuve immédiate (*primary*) consiste dans la production de la pièce elle-même au tribunal, appuyée d'un témoin pour en affirmer l'authenticité (lorsque cette attestation est requise), ou bien reconnue comme telle par une personne ayant qualité pour faire pareil aveu (voir plus haut).

Lorsqu'un certain nombre de pièces ont été reproduites par l'imprimerie ou par un autre procédé qui assure l'uniformité, chaque spécimen est une preuve *primary* du contenu des autres ; mais aucune d'elles ne serait preuve *primary* du manuscrit original dont elles seraient alléguées être des copies.

Toutes les fois que la loi veut qu'un écrit soit attesté, il ne pourra être apporté comme preuve, tant que son authenticité ne sera pas établie par le témoignage d'une personne au moins. Si celui qui allait ainsi attester cette authenticité vient à décéder ou à disparaître, on peut avoir égard à son attestation écrite, mais il faudra prouver sa signature ainsi que celle de la personne qu'on affirme être l'auteur du document.

Dans les cas suivants on peut établir l'authenticité du document allégué, par toutes voies de droit autres que la déposition d'un témoin, bien que, eu égard au document en lui-même, cette attestation orale eût été nécessaire :

1° Toutes les fois qu'une preuve médiate (*secondary*) est admissible.

2° Lorsque le document est produit par le défendeur, qui l'invoque pour établir un droit en rapport étroit avec l'objet du procès.

3° Lorsqu'il s'agit de prouver le document contre un officier public, qui était tenu par la loi de veiller à ce que le document fût régulièrement rédigé.

On appelle preuves médiates (*secondary*) :

1° Les copies certifiées (*examined*).

2° Toutes autres copies tirées de l'original, pourvu qu'on fasse la preuve qu'elles sont conformes.

3° La contrepartie d'un document, à l'égard de celui qui ne l'a pas rédigé ; elle formerait preuve *primary* contre celui qui l'aurait rédigé.

4° Le compte-rendu oral donné par quelqu'un qui a vu le document.

La preuve *secondary* est recevable :

a) Quand l'original du document est entre les mains de l'adversaire et que celui-ci, après sommation, persiste à refuser de le produire.

b) Quand l'original est entre les mains d'un tiers qui n'est pas expressément tenu de par la loi de le produire, et qui, après la signification d'un *sub pœna* persiste néanmoins à refuser de le produire.

c) Quand l'original a été perdu ou détruit.

d) Quand il est impossible de déplacer l'original. Ex. diffamation inscrite sur des pierres qui font partie d'un mur.

e) Quand l'original est un document public.

f) Quand l'original consiste en une mention dans les livres d'un banquier. Mais dans ce cas il faudrait prouver au préalable que cette mention est portée dans les livres ordinaires d'une banque et à l'occasion d'un acte rentrant dans l'exercice habituel de la profession, et que ces livres sont actuellement en la possession de la dite banque.

g) Quand l'original est un document dont la preuve est spécialement organisée en vertu d'une loi.

Il faut interprêter restrictivement ce que nous avons dit sub litt. b. Ainsi, si un tiers, qui légalement est tenu de produire le document, refuse de le faire, bien qu'il ait été sommé dans un *sub pœna*, la preuve *secondary* ne sera pas recevable.

D'autre part, la sommation de produire n'est pas requise pour rendre recevable la preuve *secondary* dans les cas suivants:

1° Lorsque l'action contient l'admission implicite que le document est aux mains de l'adversaire et que sa production est indispensable ; (par ex. dans une action basée sur un contrat écrit (*Bond*) Stow. v. Stall. 14. Ex. 247).

2° Lorsque la partie adverse n'a obtenu possession de l'original que par suite de la sommation *sub pœna* faite à celui qui le détenait.

3° Quand la partie adverse produit l'original au procès.

De quelques présomptions qui s'appliquent aux actes écrits.

1° Quand le contenu d'un acte écrit a été prouvé comme il vient d'être dit, cet acte est présumé avoir été fait à la date qui y est mentionnée. Cependant la date devra être spécialement prouvée, si l'on peut croire qu'il y a, quant à la date une collusion dont l'effet serait de causer un dommage à quelqu'un, ou d'éluder les prescriptions de la loi.

2° Quand on produit un acte écrit qui a 30 ans de date, et qui a été réguliérement conservé au sens de la loi, on présume que ce qui y est représenté pour être de l'écriture d'une personne déterminée, l'est réellement.

3° Les altérations (ratures ou surcharges) dans une convention écrite sont présumées avoir été faites avant la signature définitive du dit acte.

4° Les altérations (id) dans un testament sont présumées avoir été faites avant la signature définitive du testament.

5° Les altérations dans un écrit qui n'est pas signé sont présumées avoir été faites de manière à ne pas constituer de fait illicite.

De l'exclusion de la preuve testimoniale par la preuve écrite.

Lorsqu'une décision judiciaire, une convention ou un acte de disposition de biens ont été mis par écrit, ce jugement, cette convention ou cette disposition ne pourront être prouvés que par la production du document lui-même, ou par une preuve *secondary* de ce document, si elle est recevable, ainsi que nous l'avons dit plus haut.

Dans ce cas, la preuve testimoniale ne pourra altérer, contredire ou modifier le contenu à cet écrit.

Toutefois, on pourra prouver les faits suivants :

1° La fraude, l'intimidation, l'incapacité de contracter, l'erreur, le manque d'examen suffisant (*want of consideration*) et en général tous les faits dont l'existence établie affecterait la validité de l'acte.

2° Si le tribunal décide que l'acte écrit n'était pas destiné à présenter le rapport complet des conventions avenues, on pourra faire la preuve de conventions verbales séparées, pourvu qu'elles ne soient pas incompatibles avec ce qui est contenu à l'acte écrit.

3° On pourra également faire la preuve d'une convention verbale séparée qui en réalité formait la condition préalable à l'obligation acceptée par le contrat, donation ou disposition écrite. (Ex. A et B font une convention écrite, dans l'hypothèse non écrite mais mutuellement acceptée que C. interviendra. Si le consentement de C. n'a pas lieu, B peut prouver que ce consentement formait la condition du contrat écrit).

4° On pourra également prouver l'existence d'une convention verbale subséquente et qui aurait pour effet d'annuler ou de modifier le contrat écrit ou l'acte de disposition, si d'ailleurs cette preuve n'est pas interdite pour d'autres motifs.

5° On pourra enfin prouver toute coutume se rapportant à l'acte écrit, pourvu qu'elle ne soit pas expressément incompatible avec les termes dont on s'est servi dans cet acte.

Il faut remarquer que la défense de prouver contre les actes écrits concerne seulement ceux qui ont été les parties contractantes et leurs ayant cause, et uniquement lorsqu'il s'agit d'apprécier un droit ou une obligation civile dépendant des termes de l'acte.

Pourront donc prouver par témoins contre l'écrit :

1° les tiers ; 2° les parties elles-mêmes, lorsqu'il ne s'agit pas de décider d'un droit ou d'une obligation civile déroulant des termes de l'acte.

§ 3.

I. — C'est à celui qui demande au tribunal à donner sa décision sur les droits ou obligations qu'il prétend résulter de l'existence ou de la non existence de certains faits, à prouver cette existence ou cette non-existence.

L'obligation de prouver qu'une personne a commis un crime ou une infraction incombe à celui qui affirme qu'il en est ainsi.

Le devoir de la preuve au cours de toute action, incombe d'abord à la partie qui serait condamnée (contre laquelle on prononcerait le jugement) si aucune preuve plus ample n'était produite, et en tenant compte des présomptions qui peuvent exister dans la cause.

Mais le devoir de la preuve peut être déplacé. Ex. Une femme mariée est accusée de vol : l'obligation de la preuve incombe à celui qui poursuit l'action pénale et qui établit qu'elle a été en possession des objets volés peu de temps après le vol. Dès ce moment le devoir de preuve ultérieure incombe à la dite femme. Elle prouve alors qu'elle a volé ces objets en présence de son mari. La preuve qu'elle n'a pas été déterminée à ce faire par son mari incombera de rechef à celui qui poursuit l'accusation.

Lorsqu'il y a des présomptions de part et d'autre, le cas est assimilé à celui où il y a conflit de témoignages et c'est au jury à trancher.

II. — Il y a dispense de preuve dans les cas de présomption légale suivants :

1° Le fait qu'un enfant est né durant le mariage ou en déans le délai légal à partir de sa dissolution, et avant la célébration d'un autre mariage, est une preuve satisfaisante que l'enfant est issu des œuvres du mari de la mère. A moins que l'impossibilité de toute réunion des époux ne soit démontrée, ou que les entrevues aient eu lieu de telle manière que tout rapport sexuel ait été impossible.

Le mari ni la femme ne peuvent donner leur témoignage sur le fait de rapports pareils.

2° Une personne qui depuis 7 années n'a plus donné de nouvelles à ses amis ou à sa famille est présumée morte, à moins que les circonstances de la cause ne permettent d'expliquer autrement son silence. Mais il n'y a aucune présomption quant à la date précise de sa mort.

3° — Quand une personne a exercé pendant longtemps des droits de propriété qu'elle pourrait vraisemblablement avoir acquis soit de la Couronne, soit d'un particulier, il y a présomption que son droit a une origine valable et qu'il a pris naissance dans une concession primitive dont le titre est perdu.

III. — *Exceptions spéciales opposables à la demande de preuve (estoppels).*

1° Quiconque aurait volontairement induit une personne en erreur par ses paroles, ses actions ou par l'omission calculée de certaines paroles ou actions, et serait ainsi la cause que cette personne agit autrement qu'elle n'aurait agi si elle eut connu la situation réelle, sera non recevable, lui et ses ayant cause dans le cours d'un procès avec cette personne, à dénier que la situation soit vraiment celle à laquelle il a fait croire.

2° Lorsqu'on est obligé envers une personne à poser certains actes avec une prudence raisonnable et qu'on néglige ce devoir, s'il advient que cette personne vous occasionne une perte par suite de la faute d'un tiers, faute devenue possible par cette négligence, on est non recevable à prouver cette négligence. (Ex. celui qui remplirait un chèque de telle sorte qu'il est très facile à un faussaire de modifier la somme, ne pourrait s'en prendre au banquier qui a payé de bonne foi).

3° L'accepteur d'une lettre de change ne peut contester :

a) L'existence, l'authenticité de la signature du tireur, ni la capacité ou son droit de tirer ;

b) (Si la lettre est payable à l'ordre du tireur) la capacité du tireur d'endosser à ce moment.

c) (Si la lettre est payable à l'ordre d'un tiers) l'existence de ce tiers et sa capacité d'endosser à ce moment.

Mais dans les cas *b* et *c* il pourrait contester la validité et l'authenticité de l'endossement.

IV. *Des Témoins.*

En principe toute personne peut valablement témoigner.

Un témoin peut être récusé pour cause d'insanité d'esprit ou d'extrême jeunesse.

Seront également non admissibles en toute matière pénale, les dépositions de l'accusé et de son conjoint, ainsi que celles de tous les coaccusés jugés en même temps et de leurs conjoints respectifs.

Des lois spéciales ont exceptionnellement admis pareils témoignages pour les faits qu'elles déterminent; voyez 45 et 46

Vic. c. 75 ss. 12 et 16 ; — 38 et 39 Vic. c. 86 ; 39 et 40 Vic. c. 80 — 46 Vic. c. 83 — 48 et 49 Vic. c. 69. sect. 20.

Un conjoint, tant que dure le mariage, ne doit pas révéler une chose qu'il ne saurait que par une communication de son conjoint.

Nul ne peut être contraint à déposer sur des affaires d'Etat.

Nul étant *barrister* (avocat) ou *solicitor* (avoué) ne peut être contraint à révéler une communication quelconque qui lui aurait été faite dans l'exercice de sa profession, mais cette immunité ne s'étend pas à la communication du dessein de commettre un crime.

Les médecins et membres du clergé (*clergymen*) peuvent être contraints de déposer sur les communications qui leur auraient été faites dans l'exercice de leur profession.

Nul étant témoin, n'est obligé de répondre à une question qui aurait pour but de l'incriminer lui-même.

En toute action pour rupture de promesse de mariage, le demandeur ne peut être écouté que si la demande est corroborée par un témoin au moins.

V. *Dépositions de témoins.*

En principe toute déposition orale doit être assermentée ; toutefois si quelqu'un refuse de prêter serment, soit à cause des préceptes de sa religion, soit parce qu'il n'a pas de croyance du tout, on pourra se contenter de son affirmation.

Mais si un serment a été prêté, le fait que le témoin en question n'aurait aucune croyance religieuse, ne peut affecter la validité du serment. (51 et 52 Vic. c. 46).

Les témoins comparaissant devant le tribunal doivent être d'abord interrogés au principal, ensuite ils peuvent être interrogés par l'autre partie (*cross examined*) après quoi, celui qui a causé leur comparution (*the examiner in chief*) peut les interroger de nouveau à propos des déclarations faites sur la demande de l'autre partie.

Si un témoin devient incapable de répondre davantage aux questions qu'on lui pose avant que son audition soit terminée, la partie du témoignage qu'il a pu donner est complètement valable.

L'interrogatoire direct et adverse doit porter sur les faits en question ou sur des faits qui en relèvent. Néanmoins l'interrogatoire adverse pourra avoir pour objet : 1° d'éprouver la véracité, la crédibilité ou l'exactitude du témoin lui-même ; 2° d'ébranler le degré de croyance qu'il a pu inspirer, en relevant les côtés désavantageux de sa propre conduite.

Si un témoin, au cours de l'interrogatoire adverse fait des déclarations en contradiction avec celles qu'il a faites en réponse à l'interrogatoire direct, la partie intéressée sera admise à apporter des preuves plus amples.

Dans une poursuite pour viol ou tentative de viol, on peut demander à la femme si elle a eu des rapports avec un autre homme, mais sa réponse sur ce point ne pourra être contredite par personne. On peut aussi l'interroger sur la question de savoir si elle a eu antérieurement des rapports avec l'accusé, mais si elle le désire, le contraire pourra être établi par les témoignages.

Le témoin peut rafraîchir sa mémoire en relisant des notes rédigées vers l'époque à laquelle se placent les faits sur lesquels on l'interroge. Il pourrait même se référer à des notes écrites par un tiers à la même époque et qu'il a lues autrefois déjà, si, lorsqu'il en prenait connaissance pour la première fois, il savait de science personnelle qu'elles étaient exactes.

Lorsqu'après une sommation de produire certain document, l'une des parties refuse de le produire, il ne pourra plus en faire usage ultérieurement sans le consentement de l'autre partie.

La déposition (c.-à-d. le résumé écrit d'un témoignage fait devant un *magistrate*) faite dans l'instruction peut, lors de la comparution en jugement, être produite comme preuve :

1° Lorsque le témoin est décédé depuis ou qu'il est trop malade pour se déplacer.

2° Lorsque le témoin est écarté par suite des manœuvres de l'accusé.

3° Lorsque la déposition est contresignée par le *magistrate*.

4° Lorsque la déposition a été faite en présence de l'accusé et qu'il avait ainsi pleinement la faculté d'interroger à son tour le témoin.

La déposition qui aurait été rédigée conformément à la loi 30 et 31 Vic. c. 35. S. 6, pour préserver les témoignages relatifs aux affaires criminelles, pourra servir de preuve :

1° Si le témoin est mort ; 2° s'il est trop malade pour se déplacer ; 3° si la déposition est contresignée par le *magistrate* qui l'a reçu ; 4° si avis de comparaître lors de l'audition du témoin avait été régulièrement donné à la personne actuellement accusée et qu'il en résulte que, si elle avait voulu comparaître, pleine latitude lui aurait été donnée d'interroger à son tour le témoin déposant.

XVII. Des fraudes.

Le droit anglais ne possède pas de règles générales sur cette matière ; c'est dans chaque espèce, avant tout une question de fait, de savoir si les circonstances justifient l'annulation d'une convention.

La fraude, qui est la cause la plus fréquente des annulations, consistera en une indication fausse ou une réticence calculée.

Dans son traité des contrats, Chitty énonce ainsi le principe : « Toutes les fois que volontairement on fournit une indication fausse sur un point essentiel dans la convention (*material fact*), ou qu'on tait à dessein un point essentiel qu'on devait faire connaître, la convention avenue sera annulable pour fraude ».

Il faut limiter ce principe par une jurisprudence récente (Peck v. Derry, 14 A. C.) en ce sens que les affirmations, faites un peu à la légère et sans qu'elles soient appuyées de circonstances qui feraient croire raisonnablement à leur exactitude, ne seront point une cause d'annulation de la convention.

En tous cas, la convention entachée de fraude sera seulement annulable, et liera les parties jusqu'à ce que celui qui pourrait se plaindre fasse connaître s'il entend l'attaquer ou non. (Clough

v. London and North Western Railway Co. L. R. 7 Ex.)
Mais si la partie qui a été victime de la fraude, exécutait le
contrat, elle ne pourrait plus revenir sur cette décision ; elle
ne pourrait plus l'attaquer non plus si, ayant attendu plus que
de raison, les droits acquis d'un tiers ou même ceux de l'autre
partie seraient affectés gravement (même décision que dessus).

Le délai qui sera écoulé depuis la découverte de la fraude
constituera la meilleure preuve de l'intention chez la personne
qui pourrait se plaindre, d'opter pour le maintien du contrat.

La fraude commise par le mandataire dans l'exercice de ses
fonctions usuelles, engage le mandant. (Barwick v. English
joint Stock Bank, L. R. 2 Ex. 259).

Cependant celui qui détient frauduleusement une lettre de
change, peut conférer une possession valable à l'acheteur de
bonne foi qui la payerait à sa juste valeur.

La validité d'un contrat est toujours présumée (Sissons
v. Dixon, 5 B et C. 758), mais elle peut être contestée également
ment par les deux parties (Taylor v. Chester L. R. 4 Q. B).

Lorsque dans un même contrat certaines clauses sont entachées de nullité, on ne pourra faire exécuter les clauses valables
que pour autant qu'elles seraient nettement séparables.

Au contraire si c'était parmi les motifs qui ont causé le contrat qu'il s'en trouve d'illégaux, le contrat sera annulable pour
le tout (Sound v. Grimwall, 39 ch. D). Un contrat ayant un
objet contraire aux bonnes mœurs, est nul ; ainsi, la stipulation
d'une somme pour des relations illicites futures, est nulle ;
mais elle serait valable si elle avait le caractère d'indemnité
pour des relations passées (Friend v. Harrison, 2 C et P. 584.
— Beaumont v. Reeve, 8 Q. B. 483).

Est nul un contrat ayant un objet contraire à l'ordre public.
Ainsi en matière de restrictions à la liberté individuelle, serait
nulle l'obligation souscrite de ne faire aucun commerce d'aucune sorte, dans un endroit et pendant un temps déterminés ;
la défense, restreinte à une profession en particulier serait
valable (Baker v. Hedgecok, 39 ch. D. 520 — Haywood v.
Young, 2 chit.).

Une convention ayant pour objet un acte défendu par la loi, ou frappé d'une amende est nulle et l'exécution n'en peut être poursuivie ; sauf si la défense ou l'amende n'ont qu'un caractère purement fiscal. (Smith v. Mawhood, 14 m. et w.).

En vertu de la loi 29 Car. II c. 7, s. 1 interdisant le travail dominical, il a été jugé qu'un contrat fait un dimanche, comme exercice de la profession habituelle ne pourrait servir de base à une demande en exécution (Fennel v. Riddler, 5 B et C).

En vertu des lois 1 et 2 Will. IV c. 3 et 50-51. Vic. c. 46, est nulle toute convention tendant à permettre de payer en nature tout ou partie des salaires d'ouvriers (dans les limites de la définition donnée par les mêmes lois).

Le *Gaming Act* (55 et 56 Vic. c. 9) dispose que toute promesse expresse ou tacite de payer une somme quelconque à l'occasion d'un des contrats prévus par la loi 8 et 9 Vic. c. 109 (jeux et paris), sera nulle et ne pourra donner lieu à action en justice, que la somme ait été stipulée à titre de commission, honoraires, récompense ou à quelque titre que ce soit.

XVIII. Privilèges et hypothèques.

1. On appelle *bailment* la remise d'objets mobiliers sous condition, avec une convention expresse ou tacite en vertu de laquelle ces objets seront restitués à celui qui les a remis, ou à son ordre, après l'exécution de certaines obligations.

Le *lien* est le droit de rétention que possède pareille personne, sur l'objet confié, jusqu'à ce que sa créance soit satisfaite.

Toute personne, à qui un objet mobilier a été confié dans le but d'y ajouter une somme de travail, a un droit de *lien* sur cet objet. Ce *lien* (privilège) est particulier, en ce sens que le droit de rétention s'éteint avec la dette résultant du travail exécuté.

Un *general lien* permet de retenir les objets jusqu'à l'apurement d'un compte général entre parties.

Pareils droits peuvent prendre naissance en vertu d'une convention, ou de plein droit en vertu de la coutume.

Ont ainsi, de par la coutume, un privilège général, les *solicitors* (avoués), les banquiers, les entrepositaires, les facteurs, les courtiers d'assurances et les voituriers.

En ce qui concerne les avoués, ils ont pour garantir l'ensemble de leur état d'honoraires, un droit de rétention sur toutes les pièces et actes appartenant à leur client, ainsi que sur les sommes d'argent qu'ils auraient recouvrées au moyen d'un procès.

Pour ce dernier point, il faut cependant l'assentiment du tribunal.

Le privilège du banquier s'étend à toutes les valeurs déposées chez lui par le client, pour garantie du solde final de compte entre parties.

L'hôtelier a un privilège particulier sur les choses apportées chez lui par les personnes qui sont en défaut de payement ; il a en outre le droit de vendre ces objets, après un délai de 6 semaines, et des annonces dans un journal de Londres et un journal local.

Le vendeur d'un immeuble terrien a un privilège sur ledit immeuble pour le montant du prix impayé ; s'il a quelqu'autre garantie, il ne perd pas nécessairement pour cela le privilège légal, cette autre garantie pouvant être cumulative, ou substitutive.

Il peut exercer son privilège à l'égard 1° de l'acheteur, de ses héritiers et des personnes qui tiennent d'eux leurs droits à titre gracieux ; 2° des acheteurs subséquents ayant-droit à titre onéreux, qui ont eu connaissance du privilège ; 3° du *trustee* (curateur) à la faillite de l'acheteur.

HYPOTHÈQUES.

Voici la définition donnée par Snell : L'hypothèque (*mortgage*) est une garantie donnée sur des immeubles pour la sécurité d'une créance ; désormais la propriété *légale* du bien est au créancier hypothécaire, mais la propriété *en équité* c.-à-d. la propriété effective et actuelle, reste au débiteur. En principe, tout immeuble peut être donné en hypothèque.

En vertu de l'ancienne *Common Law*, le droit de propriété du créancier était sujet à une condition résolutoire : si la somme empruntée était rendue exactement au jour fixé, ce droit s'éteignait. En sens inverse, le défaut de payement consolidait le droit de façon à rendre le créancier propriétaire absolu, dès le lendemain de l'échéance.

Les tribunaux d'Equité invervinrent pour faire admettre un droit de rachat, dans un temps raisonnable après l'échéance ; le prix devant comprendre alors le capital, les intérêts et les frais. En conséquence, malgré toute stipulation contraire, le débiteur conserve un droit de *rédemption* qu'il pourra faire reconnaître par les tribunaux d'équité.

Les circonstances particulières à chaque cause peuvent

seules déterminer si une convention donnée constitue une hypothèque ou un contrat de vente avec action de reméré.

Cette dernière forme est fréquemment employée ; comme l'essence du contrat de vente exclut le droit de rédemption, le délai prévu sera fatal, et les tribunaux d'Équité ne sauraient intervenir, comme ils le font lorsqu'il s'agit d'un contrat hypothécaire avoué.

Une différence importante existe entre les conséquences des deux conventions en cas de décès ; lorsqu'il est décidé que la convention est une vente, l'argent versé par le vendeur, qui fait usage de la faculté de reméré, est dévolu à l'héritier des immeubles (*real representative*) ; tandis que dans le cas d'une hypothèque, la somme irait à l'héritier des meubles (*personal representative*).

Pour exercer le droit de rédemption en déans le laps de temps raisonnable, comme il est dit ci-dessus, le débiteur s'adressera au tribunal ; si le créancier n'a pas eu la possession effective, le tribunal ordonnera le retour des droits, moyennant payement du principal, des intérêts et des frais du procès ; si le créancier a été en possession, le tribunal ordonnera qu'un décompte soit établi, pour, après le solde payé, comme dessus, les droits être retransférés.

Tout débiteur hypothécaire postérieur (*encumbrancer*) qui a pour sa créance personnelle, le droit de rédemption, peut racheter semblablement les droits de débiteurs qui le précèdent, quitte à devoir se soumettre à pareil rachat de la part du débiteur hypothécaire primitif (*mortgagor*).

Quand le créancier hypothécaire est en possession du bien, le débiteur ne pourra plus le racheter après un délai de 12 ans à partir du moment où la prise de possession a eu lieu, ou à partir du jour où il aurait reconnu le titre de ce créancier. (37 et 38, Vic. c. 57.)

A partir du moment où l'acte hypothécaire est passé, le débiteur devient possesseur à titre précaire (*tenant at sufferance*) du bien engagé, et n'a droit à aucun préavis s'il en est expulsé. Cependant ces actes contiennent fréquemment une clause en vertu de laquelle le débiteur aura le droit de rester en possession tant qu'il n'est pas en retard de payer les sommes stipulées.

Dans le cas de non payement, dans un délai raisonnable après l'échéance, le créancier hypothécaire peut s'adresser au tribunal pour obliger le débiteur à exercer immédiatement son droit de rachat, faute de quoi il sera non recevable à l'avenir, même devant le tribunal d'Equité.

Cette action est connue sous le nom de *foreclosure action*. Le tribunal peut alors ordonner soit la mise en vente du bien, soit son transfert pur et simple.

Le créancier hypothécaire pourrait d'ailleurs lui-même vendre le bien, en se conformant aux prescriptions de la loi 44 et 45, Vic. c. 41. Dans ce cas l'excédant produit par la réalisation appartiendra au débiteur.

Le créancier hypothécaire peut avoir sur les biens grevés, un droit *légal*, si le transfert des droits a été fait dans l'un des modes requis pour opérer transmission des droits réels de *freehold*, *copyhold* ou *leasehold* ; il peut aussi n'avoir qu'un droit d'*équité*, dérivant d'une convention sous seing privé ou de la remise des titres de propriété.

Peuvent exercer le droit de rédemption en vertu de l'Equité :

1" l'héritier du débiteur ;

2" son légataire ;

3" l'usufruitier, le reversionniste ;

4" l'ayant-cause (agent) ;

5" un débiteur hypothécaire postérieur en rang.

Le débiteur hypothécaire qui reste en possession peut faire valablement des baux emphythéotiques, ne dépassant pas 21 ans pour des terres, 99 ans pour des maisons.

Le créancier hypothécaire qui a pris possession est assimilé à un *trustee* (mandataire) pour le débiteur, et comptable envers lui des revenus et bénéfices qu'il en retire. En règle générale, dans l'établissement des décomptes entre parties, les revenus sont censés équivaloir aux intérêts, et les deux articles se balancent ainsi.

Le droit de consentir des baux est le même chez le créancier hypothécaire qui a pris possession, que chez le débiteur qui aurait gardé la possession.

CONCOURS D'HYPOTHÈQUES.

Les droits de créanciers successifs sont réglés d'après le principe suivant : là où les titres d'équité sont équivalents, le droit strict prévaudra ; une personne ayant seulement un titre en équité cédera à ceux qui auraient à la fois un titre de droit et d'équité.

Ainsi le créancier hypothécaire 3me en rang, qui au moment du prêt ignorait l'existence d'un créancier en second, en rachetant les droits du créancier premier en rang, qu'on suppose être muni d'un titre en droit, évincera complètement le créancier du second rang.

Mais un créancier en vertu d'un jugement, même s'il rachète les droits du créancier hypothécaire premier en rang, ne pourra pas évincer les créanciers hypothécaires intermédiaires, en joignant le montant de sa créance légale à celui de la créance hypothécaire rachetée.

Si la propriété de droit (*legal estate*) a été transférée à un *trustee*, ou si le créancier hypothécaire postérieur en rang (*puisne mortgagee*) en rachetant les droits du premier en rang n'a pas obtenu un titre de droit, il n'y aura pas cumul de créances en sa faveur, et chaque créancier intermédiaire viendra à son rang d'après l'ordre des dates.

Les droits de priorité peuvent être perdus par la négligence du créancier (Briggs v. Jones, L. R. 10 Eq. 92).

XIX. Sources du Droit.

Le droit anglais, pour ce qui nous concerne, comporte l'ensemble des divisions suivantes :

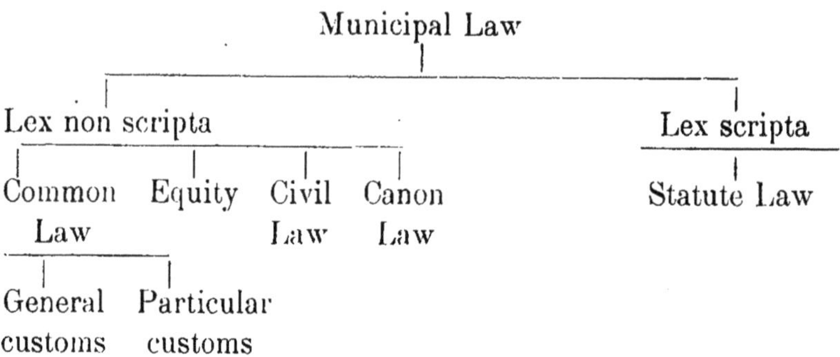

Les *general customs* de la *Common Law* régissent notamment la procédure devant les tribunaux ; le propre des *particular customs* est de ne valoir que pour les habitants d'un district particulier.

La Common Law, l'Equity, la Civil Law et la Canon Law composent ensemble le droit non écrit ; il n'existe pas d'acte écrit attestant le moment précis de leur origine, mais les différentes dispositions qu'elles contiennent ont été en vigueur de temps immémorial.

La jurisprudence très ancienne est la meilleure et souvent la seule preuve autoritative, pour justifier qu'un principe fait partie de la common law.

Dans un certain nombre de cas il a paru nécessaire de fixer par une loi spéciale la portée réelle de la Common Law, à cause des controverses et des obscurités que le temps avait accumulées sur certaines matières.

Dans le droit écrit (statutaire) nous ferons l'énumération des principales lois, d'après les groupes suivants : droit contractuel, droit délictuel, droit de procédure, droit réel (immobilier), droit personnel (mobilier), droit criminel.

I. Statutes on Contract (*droit contractuel*).

21 Jac. 1, C. 16 (Limitation).
29 Car. 2. C. 3 (Satute of Frauds).
 9 Anne C. 14 (Gaming).
 9 Geo. IV C. 14 (Frauds amendment. Lord Tenterden's Act).
11 Geo. IV & 1 Will. II (Carriers' Act).
 5 & 6 Will. IV, C. 42 (Limitation).
 5 & 6 Will. IV, C. 41 (Gaming).
 5 & 6 Vic. C. 39 & 40 & 41 Vic. C. 39 (Factors).
17 & 18 Vic. C. 31 (Railway & Canal Traffic).
17 & 18 Vic. C. 90 (Usury Laws Repeal).
17 & 18 Vic. C. 104 (Merchant shipping Act).
18 & 19 Vic. C. 111 (Bills of Lading negotiable).
19 & 20 Vic. C. 97 (Mercantile Law Amendment Act).
25 & 26 Vic. C. 89 (Companies Act).
30 & 31 Vic. C. 131 (Companies Act).
40 & 41 Vic. C. 26 (Companies Act).
42 & 43 Vic. C. 76 (Companies Act).
43 Vic. C. 19 (Companies Act).
26 & 27 Vic. C. 41 & 41 & 42 Vic. C. 38 (Innkeepers).
35 & 36 Vic. C. 93 (Pawnbrokers).
37 & 38 Vic. C. 62 (Infants' Relief Act).
41 & 42 Vic. C. 31 }
45 & 46 Vic. C. 43 } (Bills of Sale).
45 & 46 Vic. C. 61 (Bills of Exchange).
45 & 46 Vic. C. 75 (Married Woman's Property Act).
46 & 47 Vic. C. 52 (Bankruptcy).
53 & 54 Vic. C. 71 (Bankruptcy).

II. Statutes on Tort (*droit délectuel*).

21 Jac. I. C. 16 }
 3 & 4 Will. IV. C. 14 } Limitation of actions.

9 Geo. IV, C. 14.

6 & 7 Vic. C. 96 (Libel).

43 & 44 Vic. C. 60
45 & 46 Vic. C. 60 } Newspaper libels.

9 & 10 Vic. C. 93 (Death by accident).

25 & 35 Vic. C. 96 (Stolen goods, Trespass).

26 & 27 Vic. C. 41 (Innkeepers).

43 & 44 Vic. C. 42 (Employers' liability).

III. Statutes on Procedure (*droit de procédure*).

1 & 2 Will. IV, C. 58.

1 & 2 Vic. C. 45.

6 & 7 Vic. C. 73.

9 & 10 Vic. C. 95.

15 & 16 Vic. C. 76.

17 & 18 Vic. C. 125.

23 & 24 Vic. C. 126.

30 & 31 Vic. C. 142.

32 & 33 Vic. C. 62.

33 & 34 Vic. C. 28.

36 & 37 Vic. C. 66.

38 & 39 Vic. C. 50.

38 & 39 Vic. C. 77.

39 & 40 Vic. C. 59.

IV. Statutes on Real Property (*droit réel immobilier*).

9 Geo. II, C. 36 (Mortmain).

39 & 40 Geo. III, C. 96 (Accumulations).

2 & 3 Will. IV. C. 71 (Prescription).

3 & 4 Will. IV, C. 27 (Limitation).

1 Vic. C. 26 (Wills).

13 & 14 Vic. C. 60 (Trustees).

14 & 15 Vic. C. 25 (Distress, Fixtures).
16 & 17 Vic. C. 51 (Succession duty).
32 & 33 Vic. C. 46 (Specialty and Simple Contract debt).
37 & 38 Vic. C. 78 (Vendor and Purchaser).
41 & 42 Vic. C. 31 et 44 & 45 Vic. C. 43 (Bills of Sale).
44 & 45 Vic. C. 39 (Conveyancing).
47 & 48 Vic. C. 18 (Settled Land).
47 & 48 Vic. C. 71 (Intestate's Estates).

V. STATUTES ON PERSONAL PROPERTY (*droit personnel mobilier*).

7 Will. IV. & 1 Vic. C. 26 (Wills Act).
5 & 6 Vic. C. 45 (Copyright).
39 & 40 Vic. C. 36 (Copyright foreign reprints).
52 & 53 Vic. C. 42 (Copyright foreign reprints).
20 & 21 Vic. C. 77 (Court of Probate Act).
44 & 45 Vic. C. 41 (Conveyancing & Law of Property).
45 & 46 C. 61 (Bills of Exchange).
46 & 47 Vic. C. 52 (Bankruptcy).
46 & 47 Vic. C. 57 (Patents, Designs & Trade Marks).

VI. STATUTES ON CRIMINEL LAW (*droit criminel*).

11 & 12 Vic. C. 42 (Jurisdiction of magistrates).
20 & 21 Vic. C. 3 (Penal servitude).
24 & 25 Vic. C. 96-100 (larceny, malicious injury, forgery cornage offence, offences against the person.)
32 & 33 Vic. C. 99 (Habitual Criminals Act).
42 & 43 Vic. C. 49 (Summary Jurisdiction Act).
48 & 49 Vic. C. 69 (Criminal Law Amendment Act).

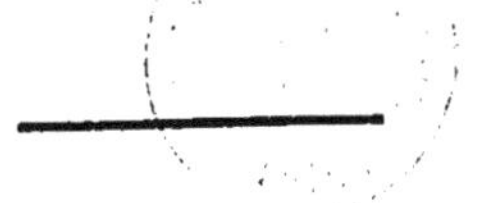

AVIS.

Une table détaillée établira par ordre alphabétique la concordance des matières pour chaque partie.

www.ingramcontent.com/pod-product-compliance
Ingram Content Group UK Ltd.
Pitfield, Milton Keynes, MK11 3LW, UK
UKHW021009140726
13695UKWH00001B/141